PSICOLOGIA DA EDUCAÇÃO

CB022650

Coleção Aspectos da Psicologia

- *Chaves para a psicologia do desenvolvimento: vida pré-natal e etapas da infância (Tomo 1)* – Maria Cristina Griffa e José Eduardo Moreno
- *Chaves para a psicologia do desenvolvimento: adolescência, vida adulta e velhice (Tomo 2)* – Maria Cristina Griffa e José Eduardo Moreno
- *Psicologia da educação: a observação científica como metodologia de estudo* – Silvia Perini
- *O psicopata: um camaleão na sociedade atual* – Vicente Garrido
- *Sentir-se só* – Maria Miceli

SILVIA PERINI

PSICOLOGIA DA EDUCAÇÃO

A OBSERVAÇÃO CIENTÍFICA COMO METODOLOGIA DE ESTUDO

Dados Internacionais de Catalogação na Publicação (CIP)
(Câmara Brasileira do Livro, SP, Brasil)

Perini, Silvia
Psicologia da educação : a observação científica como metodologia de estudo / Silvia Perini ; tradução Mário José Zambiazi. – 2. ed. – São Paulo : Paulinas, 2011. – (Coleção aspectos da psicologia)

Título original: Psicologia dell'educazione
Bibliografia.
ISBN 978-85-356-1225-7

1. Métodos de estudo 2. Psicologia educacional I. Título. II. Título: A observação científica como metodologia de estudo. III. Série.

11-08682 CDD-370.15

Índices para catálogo sistemático:
1. Psicologia da educação 370.15

Título original da obra: Psicologia dell'Educazione
© 1997 by Società Editrice il Mulino, Bologna.

2ª edição – 2011
2ª reimpressão – 2015

Direção-geral: Bernadete Boff
Editora responsável: Andréia Schweitzer
Assistente de edição: Marília Muraro
Tradução: Mário José Zambiasi
Copidesque: Gilmar Saint'Clair Ribeiro e Cristina Paixão Lopes
Coordenação de revisão: Marina Mendonça
Revisão: Patrícia Carla Rodrigues e Patrizia Zagni
Atualização ortográfica: Simone Rezende
Gerente de produção: Felício Calegaro Neto
Capa e diagramação: Manuel Rebelato Miramontes

Nenhuma parte desta obra poderá ser reproduzida ou transmitida por qualquer forma e/ou quaisquer meios (eletrônico ou mecânico, incluindo fotocópia e gravação) ou arquivada em qualquer sistema de banco de dados sem permissão escrita da Editora. Direitos reservados.

Paulinas
Rua Dona Inácia Uchoa, 62
04110-020 – São Paulo – SP (Brasil)
Tel.: (11) 2125-3500
http://www.paulinas.org.br
editora@paulinas.com.br
Telemarketing e SAC: 0800-7010081
© Pia Sociedade Filhas de São Paulo – São Paulo, 2004

SUMÁRIO

Kierkegaard escreve no seu diário
que, em sua lápide, gostaria de ter
gravadas apenas estas palavras:
"Aquele que é indiviso".
E se *educar* significasse *extrair*
de cada ser humano o *indivíduo* –
aquele que não pode ser dividido –,
para garantir-lhe dignidade pessoal?

INTRODUÇÃO

A grande maioria das pessoas reconhece que o ensino é uma arte, mas muitas acrescentam que será assim somente até se tornar uma ciência aplicada. A tradição humanística da educação, no Ocidente, frequentemente, opõe resistência às incursões científicas das ciências do comportamento só porque muitos preferem a beleza à verdade.
[De Cecco, 1964, pp. 11-12]

Vale para a psicologia da educação aquilo que é crítico em toda disciplina aplicada: a sua relevância depende, em larga escala, da definição do objeto a que se dedica. Estabelecer o que seja educação é, portanto, um preâmbulo indispensável. O termo "educação" define:

a) o campo relativo às três fases do processo educativo e, mais precisamente:
   - a formulação dos objetivos ou filosofia da ciência;
   - a oferta das possibilidades de aprendizagem, denotada como instrução;
   - a avaliação, o controle e a interpretação dos resultados da aprendizagem.

b) a metodologia para elaborar procedimentos de pesquisa mais rigorosos e melhores teorias.

A filosofia da ciência, que está na base da formulação dos objetivos educacionais, é um produto da cultura: os critérios de identificação são paradigmáticos do nível evolutivo da sociedade que os adota.

> As diversas sociedades criam condições para que os seus membros sejam capazes de conduzir uma vida produtiva e feliz, educando os jovens. Em geral, essa tarefa é desenvolvida pela escola; a escola encarrega-se não só de ensinar habilidades específicas que preparam os estudantes para agir

> de modo consciente também em situações que poderão acontecer muito tempo depois de terem concluído a instrução formal, mas também de ensinar valores éticos e culturais que trarão benefícios a longo prazo para o indivíduo e para toda a sociedade [Barrett et al., 1991, p. 79].

Eis como, segundo Harold W. Benjamin [1970], considerado um dos pais da pedagogia comparada, nasceu a ideia de uma educação consciente e sistemática.

> O estímulo imediato, que o fez entrar diretamente na prática pedagógica, foi-lhe dado pela observação dos seus filhos que brincavam [...]. Percebeu que nas suas brincadeiras pareciam não ter nenhum outro objetivo, senão o prazer imediato que tiravam daquela atividade. Comparou essa atividade com a dos adultos da tribo. As crianças brincavam pelo prazer de fazê-lo; os adultos trabalhavam para a própria segurança e para enriquecer a própria vida. As crianças mantinham-se ocupadas com ossos, paus e pedrinhas, os adultos, com o alimento, abrigo e vestuário. As crianças resguardavam-se do tédio; os adultos, dos perigos. Se fosse possível induzir essas crianças, pensou, a fazer o que é útil para conseguir alimento, abrigo, vestuário e maior e melhor segurança, isso ajudaria a tribo a ter uma vida melhor. Quando ficassem adultas, teriam mais carne, mais peles para se vestir, cavernas melhores para dormir e seriam menos ameaçadas pelo tigre mortífero dos dentes afiados. Tendo, assim, definido os objetivos da educação, passou a elaborar um plano de estudos que permitiria atingi-los,

ou seja, os métodos de ensino.

O sistema educativo, definido nesses termos e formalizado no "plano de estudos paleolíticos", assegurou a felicidade da tribo até a mudança das condições de vida, em função das mudanças ambientais. A água dos rios não estava mais tão clara e límpida por causa dos deslizamentos contínuos, e a pesca com as mãos já não fornecia abundância: os velhos métodos tornaram-se completamente ineficientes. Foi preciso esperar que educadores atualizados elaborassem modalidades inovadoras de pesca em águas turvas. E impôs-se o problema de ensiná-las na escola, substituindo as superadas. Mas os velhos sábios que dirigiam as escolas objetaram a que as novas técnicas, úteis e eficientes para garantir um sistema de vida otimizado, fossem ensinadas na escola, pois não correspondiam aos fins da educação e constituíam apenas itens de instrução. Somente as verdades adquiridas, diziam – e a pesca com as mãos era uma delas, com certeza –, são educativas e devem ser ensinadas, prescindindo da sua utilidade. Foi assim que a educação, até então definida como a transmissão do "saber fazer as coisas de que a comunidade necessita, da energia e da vontade para realizá-las", tornou-se o ensino de uma habilidade geral, que um simples treinamento com práticas específicas não podia conferir [Benjamin, 1979].

> Escrita sob o pseudônimo de J. Abner Peddiwell e distribuída, como amostragem, durante uma reunião da Associação dos Diretores-gerais do Ensino, em 1939, *La pedagogie paleolitique, ou prehistoire de la contestation* [A pedagogia paleolítica, ou a pré-história da contestação] tornou-se logo famosa e o editor foi obrigado a reeditá-la quase imediatamente [...]. Deve-se a Gilbert De Landsheere, pedagogo e pesquisador belga bastante conhecido, a descoberta desse texto e a sua difusão na Europa com uma tradução pessoal em francês, em 1970 [Ballanti, 1979a, p. 6].

Esse texto ainda está presente entre os modelos pedagógicos de muitas universidades norte-americanas precisamente porque, embora com o estilo metafórico das fábulas, "a pequena utopia educativa antecipou em algumas décadas os problemas e as crises que a pedagogia vive hoje" [Ballanti, 1979a]. Os vinte anos transcorridos desde a sua publicação em italiano não a tornaram menos atual. Na Itália, o debate sobre a reforma da escola média superior, por exemplo, repropõe, em âmbito nacional, muitos dos temas importantes para os sábios da tribo. As coisas não são diferentes em outros setores.

Quaisquer que sejam os objetivos educacionais que as diversas culturas proponham, a dialética continua acirrada. Esparta e Atenas são arquétipos sempre atuais. Os quesitos fundamentais de toda pedagogia sobre *o que o homem é* e *o que deve tornar-se* não comportam necessariamente e, muitas vezes, felizmente, respostas unívocas. Como foi dito, dependem de uma série infinita e incontavelmente articulada de variáveis histórico-culturais, às quais é difícil dar ordem e prioridade. Nesse sentido, as escolhas são primariamente políticas.

Não há dúvida, no entanto, que é um dever da psicologia contribuir para alcançá-los, oferecendo melhores possibilidades de aprendizagem e modalidades mais rigorosas de avaliação, controle e interpretação da própria aprendizagem. Nesses âmbitos, ela põe à disposição as suas competências metodológicas, para que todo o processo educativo esteja cientificamente fundamentado. A psicologia científica, afirma Benjamin, oferece à educação os instrumentos e as metodologias para verificar suas hipóteses; e as hipóteses a serem verificadas referem-se a *o que* e *como* o indivíduo muda no decurso de sua evolução, a fim de melhorar-se e de melhorar a qualidade de sua vida.

O ponto de vista científico, a que nos referimos ao longo do livro, é o da psicologia do comportamento, que, como teoria geral [Bijou, 1970], põe à disposição da educação:

- conceitos e princípios de aprendizagem provenientes da pesquisa experimental;
- tecnologias eficazes para promover, por meio da aprendizagem, as capacidades de cada estudante;
- metodologias rigorosas de controle, avaliação e interpretação dos resultados da intervenção educativa, atuada com tais tecnologias;
- uma filosofia da ciência que insista em aspectos observáveis das interações entre o comportamento individual e as condições que o determinam.

As motivações da escolha são numerosas. Antes de mais nada, a filosofia de base da ciência comportamental contemporânea privilegia um objeto de estudo e uma modalidade de coleta, apresentação e interpretação dos dados suscetíveis de pesquisa científica.

Em segundo lugar, e como teoria aplicada à educação, define como seu objeto de estudo o processo interativo entre quem aprende e quem ensina, e entre o método e os eventos ambientais. Nessa ótica, o papel e o estilo educativo do professor não são mais o de prescrever e aplicar receitas boas para todos e em todas as ocasiões, mas o de produzir e verificar hipóteses sobre o melhor método naquelas determinadas circunstâncias, para aquela determinada pessoa ou para aquele grupo de pessoas [Magoon, 1973]. Resumindo muito, quem ensina deve propiciar a cada estudante condições para aprender mais rapidamente, mais eficazmente e com maior satisfação do que se estudasse por conta própria [Keller, 1968].

O critério da eficiência, somado ao da individualização, parece bom, pois, se é verdade que

> a sociedade deve pôr todos os seus membros em condições de conduzir uma vida produtiva e feliz, a cultura tem o dever de educar os jovens e estes têm o direito a uma boa educação, isto é, a uma educação eficaz em conteúdos que promovam a adaptação e o crescimento individuais [Barrett et al., 1991, pp. 79-80].

Em terceiro lugar, responde ao critério da eficácia, pondo à disposição tecnologias educativas que os incontáveis controles experimentais já demonstraram amplamente serem capazes de melhorar as aptidões – das mais simples capacidades motoras às habilidades cognitivas, emocionais e sociais mais articuladas – de estudantes de todas as idades e de todos os níveis de capacitação. Um debate sério sobre as tecnologias não pode ser adiado.

> Enquanto outras disciplinas, como a medicina e a engenharia, se caracterizam por uma perspectiva científica, a educação caracteriza-se pelo dogmatismo e pelos modismos. Em vez de fundamentar-se num corpo crescente de conhecimentos científicos baseados numa pesquisa planejada mediante projetos de tecnologias e de instrumentos, a educação fundamenta-se no consenso. Falta um total conhecimento científico de base que forneça habilidade e competência e que também torne os professores capazes de exercer sua profissão de maneira eficaz [Carnine, 1992, p. 13].

Enfim, permite assumir, também na interação ensino-aprendizagem, a lógica do controle experimental que, por sua vez, permite

> conhecer muito bem as condições que estão sendo controladas, quando se diz que certa coisa é verdadeira ou falsa, e saber igualmente muito bem qual é o grau de segurança com o qual se está afirmando que algo é verdadeiro ou falso, num determinado contexto [Baer, 1992, p. 91].

É perceptível como tal abordagem deixa facilmente aberto o caminho para objeções e perplexidades de natureza "humanística". Espera-se que muitas sejam resolvidas com a leitura deste livro, pois, na maioria das vezes, nascem de um conhecimento desatualizado da teoria de referência. E, no entanto, por ser a verdade preferível à beleza ou ao consenso, a lógica do controle será ponto de referência constante também para o que será apresentado aqui aos poucos.

CAPÍTULO I

ORIGEM E BREVE HISTÓRIA DA PSICOLOGIA DA EDUCAÇÃO

A psicologia tem um longo passado,
mas uma história muito breve.
[Ebbinghaus, 1885]

1. Introdução

O passado da psicologia da educação é muito extenso para pensar-se em percorrê-lo todo. Será acenado, de vez em quando, para lembrar como muito daquilo que se considera atualmente inovador tem, na realidade, raízes longínquas. A referência à história será mais pontual, pelo fato de não ser possível compreender o estado da arte e antecipar-lhe as descobertas ulteriores, senão à luz da evolução dos seus conceitos básicos. A história, embora tão breve, é, de fato, repleta de eventos e marcada por incontáveis debates que têm, como motivos condutores, a definição do campo em relação às outras áreas da psicologia e a identificação do objeto de estudo.

A constituição formal da psicologia da educação, como disciplina específica e autônoma, remonta à década de 1920, quando a ênfase que o movimento funcionalista dava à necessidade de tornar a psicologia *útil* e *eficaz* obrigou os psicólogos a iniciar uma atividade mais sistemática de pesquisa na escola e, em consequência, a identificar como objetos de estudo de importância primária os problemas práticos ligados à relação ensino-aprendizagem.

A partir desse momento, os conteúdos vieram aos poucos tomando corpo: desde aqueles identificados aproximada e genericamente como "tudo aquilo que os psicólogos da educação fazem" àqueles considerados atualmente como paradigmáticos de um subconjunto de áreas de tópicos – teste, mensuração, diferenças individuais, comportamento, instrução, cognição, metacognição – que, por sua vez, enfocam questões ligadas, pelo menos, a duas categorias gerais de problemas: de um lado, as relativas à avaliação e, de outro, à compreensão e à mudança do comportamento.

Falta, portanto, um acordo conjunto sobre qual âmbito específico pode definir a psicologia da educação como disciplina em si. Os pontos de vista são ainda muito divergentes. Há quem enfatize como a evolução e o crescente grau de especialização das psicologias do desenvolvimento, escolar e psicométrica, de aconselhamento, da aprendizagem, da cognição e outras, não deixam lugar para uma psicologia da educação "pura". Seu âmbito, sob essa ótica, poderia identificar-se simplesmente com o da "área de trabalho" para a aplicação e verificação dos princípios individualizados por aqueles setores específicos.

Outros afirmam que a psicologia da educação já dispõe de tal patrimônio de dados empíricos que lhe permite programar a pesquisa de modo autônomo, buscando objetivos originais e integrando os resultados no âmbito das próprias teorizações. Se essa premissa for aceita, talvez seja possível definir a psicologia da educação como uma teoria dotada de um corpo de conhecimentos úteis, pelo menos para definir o papel do professor. Ao se libertar do dever de administrador passivo de "receitas", ele poderia ser promovido à posição de criador de hipóteses inteligentes. Hipóteses que, baseadas, por exemplo, naquilo que se sabe em relação às diferenças individuais, à estrutura do texto e aos processos de aprendizagem da leitura, permitem presumir que certa organização do *que* e *como* propor talvez seja mais útil e produtiva que outras para determinado indivíduo em determinada situação.

Criar hipóteses e verificá-las com base nos conhecimentos adquiridos também de outros setores da psicologia, sobre *o que* ensinar e *como* fazê--lo da melhor forma, pareceria, portanto, um modo bom e compartilhado de definir a psicologia da educação como área autônoma [Coladarci, 1973; Glover e Ronning, 1987].

Naturalmente o debate sobre *o que* e o *como* está mais aberto do que nunca e alimentado continuamente pelas propostas oferecidas pelas duas linhas mais significativas da psicologia científica: a cognitiva, de um lado, e a comportamental, de outro. As teorias gerais e os modelos específicos de aprendizagem e de desenvolvimento individual, analisados ao longo de dezenas de anos de pesquisa experimental pelas duas perspectivas, são evidentemente a base imprescindível de toda aplicação educativa.

A esses modelos, e especialmente àqueles oferecidos pela psicologia do comportamento contemporânea, a referência será constante e por diversos motivos. Embora ajudem a determinar definições diferentes de desenvolvimento, "compartilham a convicção no método experimental, a ancoragem de conceitos em manipulações experimentais e em observações sistemáticas e a assunção de que o objeto de estudo, embora complexo, seja ordenado e não sujeito aos caprichos do acaso" [Catania, 1992, p. 9]. Além disso, mas não menos importante, nos últimos anos está surgindo, sobretudo graças à pesquisa de base e aplicada à educação do desenvolvimento atrasado, uma conciliação entre as posições *estruturais* da psicologia cognitiva e as posições *funcionais* típicas da teoria comportamental. A necessidade de encontrar respostas eficazes aos problemas educativos "especiais" favoreceu o início de um diálogo mais produtivo entre cognitivistas e comportamentalistas.

O ponto de partida é aceitar o fato de que estrutura e função estão, muitas vezes, correlacionadas, embora a correlação seja, às vezes, ambígua, e ambas sejam determinadas pela pressão seletiva dos eventos ambientais. Nessa ótica, são o resultado da aprendizagem, e não a sua causa; ambas estão determinadas pelas relações entre comportamento e eventos ambientais e, portanto, colocam-se nos limites do mesmo *continuum* evolutivo e educativo. Compartilham do mesmo *continuum* também os processos que as caracterizam: aquilo que as distingue é o nível diferente de acessibilidade na observação direta [Catania, 1992].

Esses são os pressupostos comuns sobre os quais se poderá trabalhar num futuro próximo; para compreendermos como se chegou a isso, não podemos prescindir de um panorama sintético sobre o percurso histórico.

2. Os precursores

2.1. O movimento para o estudo da criança

No início do século XX, o movimento marca uma reviravolta de cento e oitenta graus no modo de conceber a criança, sua natureza e suas relações com a educação. Os estudos de J. Stanley Hall sobre o crescimento e o desenvolvimento encaram, pela primeira vez, e de modo sistemático, a análise em contextos e em situações concretas: a família, o grupo social e, sobretudo, a escola. O objetivo declarado é conciliar a visão intelectual e abstrata dos grandes teóricos da educação – Rousseau, Pestalozzi, Froebel – que, embora com ênfases diferenciadas, consideram a criança naturalmente predisposta à aprendizagem, e o professor, estímulo e guia de um processo educativo em sua maior parte autogerado, com a teoria de Darwin de um lado, e, de outro, as necessidades emergentes de uma sociedade cujas exigências, causadas pela industrialização e pelo ensino obrigatório, colocavam os educadores diante de um número crescente de estudantes relutantes em aprender.

The contents of children's minds [Os conteúdos da mente infantil], publicado em 1883, propõe, formalmente, o estudo da criança como núcleo fundamental de uma nova abordagem pedagógica; em resumo, uma teoria com estágios de desenvolvimento em que, como acontece com a evolução das espécies, cada estágio é fundamental para o desenvolvimento do estágio seguinte; e, do ponto de vista aplicativo, um método de ensino centrado nos interesses da criança e nas experiências de aprendizagem congruentes com o estágio de desenvolvimento atingido [Davidson e Benjamin, 1987].

Tal abordagem suscita grande aceitação, mas também uma oposição convicta: a criança, diziam os adversários, antecipando em algumas dezenas de anos aquelas atitudes demagógicas bem conhecidas, deveria ser amada antes que subjugada a uma "vivissecção mental" que, tornando-a ciente e autoconsciente, lhe tiraria a espontaneidade.

Na realidade, e de acordo com a teoria darwiniana, Hall ocupa-se não só da mente, mas também do corpo. Os dados normativos recolhidos pelo questionário com duzentos estudos, conduzidos ao longo de um período de vinte anos, estabeleceram, pela primeira vez, as *normas* que devem caracterizar a criança em idade escolar e constituíram a base do trabalho seguinte de Gesell. Tais normas relativas à idade, ao sexo, ao desenvolvimento corporal, às habilidades motoras e perceptivas são consideradas indicativas do estágio de desenvolvimento mental e, na medida em que representam condições que podem maximizar a aprendizagem, seu estudo permite reconhecer os elementos do *setting* escolar que podem ou devem ser aprimorados para melhorar a educação. A tentativa de fixar *normas* sempre mais aprimoradas e sobre vários aspectos da personalidade manteve, como se sabe, o debate em níveis mais do que dialéticos e suscitou, mais do que resolveu, problemas ainda existentes. Esses problemas atuais de avaliação e de diferenças individuais serão estudados mais adiante.

2.2. A escola funcionalista

Contemporaneamente ao estudo da criança e, em contraposição também ao estruturalismo, vai-se desenvolvendo nos Estados Unidos o movimento funcionalista. As estruturas mentais, as leis que governam as combinações dos elementos em si – percepção, ideias, sentimentos, emoções –, que as compõem, e as relações com os processos fisiológicos subjacentes estavam antes no âmago do trabalho de Wundt, depois no de seu discípulo anglo-americano Tichner e, como veremos, representam ainda hoje o núcleo central da filosofia da ciência cognitiva.

A ótica funcionalista, influenciada pela biologia evolucionista de Darwin, privilegia como objeto de estudo as *funções da mente* e desloca o *foco* da pesquisa para o comportamento ajustado, que, tipicamente, e ao longo do tempo, é ou foi vantajoso para garantir a sobrevivência de cada indivíduo. Para o desenvolvimento do funcionalismo e para a sua difusão no âmbito da psicologia da educação emergente, contribuíram, de modo determinante, dois expoentes de destaque: John Dewey e James R. Angell.

Como grande parte da cultura norte-americana da época, ambos sofrem a influência de William James. Publicado em 1890, *Principles of psychology* [Princípios de psicologia] é reconhecido como um dos livros determinantes para a evolução ulterior de toda a psicologia [Charles, 1987]. O desenvolvimento do conhecimento da mente está aí analisado como produto funcional da complexidade das experiências em relação às quais a psicologia é chamada a desempenhar um papel ativo, dinâmico e seletivo, e não de simples mediação passiva. Consequentemente, à educação é atribuído o dever de fornecer experiências completas que favoreçam a evolução e a consolidação de hábitos eficazes de aprendizagem.

Da conciliação do conhecimento, definido em termos pragmáticos e funcionais por James, com o processo darwiniano de adaptação – físico, mental e moral – do indivíduo ao ambiente, nasce o conceito de educação progressiva, elaborado por Dewey, no qual se encontra, pela primeira vez no âmbito do estudo da educação, o termo "necessidades". De fato, a formulação deweyana alicerça a educação sobre a compreensão das necessidades da criança e o seu crescimento como reconstrução progressiva da experiência, pelo fato de que a mente se desenvolve em função das circunstâncias ambientais e dos problemas que apresentam e também de acordo com estes. A capacidade de resolver problemas torna o indivíduo um ator eficaz, e a eficiência dá relevo também à sua função e ao seu valor social. A educação é, portanto, a participação ativa do indivíduo na vida, não simples preparação, como habilidade, para resolver problemas de modo eficaz; é "o método fundamental de todo progresso e de toda reforma social".

A caracterização do funcionalismo, como método útil para a resolução dos problemas surgidos da relação entre as necessidades do organismo e o ambiente, é reiterada em toda a obra de Angell [1904]. Sucessor de Dewey na Universidade de Chicago, faz da faculdade, na qual Watson também se formará, o centro de onde se propaga a atividade cultural e científica mais estimulante da época; e não só para a psicologia. Sua aspiração à utilidade é o terreno no qual toda a psicologia aplicada fincará suas raízes. Sobreviverá, de fato, também depois que o funcionalismo tiver perdido muito do seu impacto inovador em toda a tradição de estudos sobre a aprendizagem e sobre as teorias da aprendizagem.

3. A psicologia da educação

3.1. Thorndike

Thorndike é geralmente citado na história da psicologia e dentro da tradição associacionista por suas contribuições fundamentais ao estudo da aprendizagem com animais. As leis do efeito e do exercício, cuja enunciação baseia-se em princípios análogos elaborados por Spencer, um dos últimos associacionistas, e que serão modificadas substancialmente por outros autores, representam uma ajuda fundamental ao projeto da metodologia de pesquisa, particularmente pela evidência que atribuem às consequências do comportamento voluntário.

Além disso, reconhece-se que nenhum outro psicólogo teve um impacto tão significativo quanto o seu na educação [Travers, 1983]. De fato, atribui-se a Thorndike, por consenso geral, a paternidade do nome, a primeira definição de *psicologia da educação* como disciplina autônoma, o reconhecimento dos temas críticos que a definem, uma descrição inovadora de como aplicá-la, bem como o primeiro tratado de metodologia estatística aplicada à pesquisa educacional.

Thorndike explicita a filosofia fundamental do seu método – o *como* – ainda no prefácio da primeira edição de *Educational psychology* [Psicologia educacional], em 1903:

> este livro tenta aplicar aos numerosos problemas da psicologia da educação os métodos das ciências práticas. Portanto, não foi dada atenção às opiniões especulativas e foi dedicada muito pouca às conclusões dos especialistas que apresentam dados de maneira muito irregular e incompleta, a ponto de ser impossível um tratamento quantitativo preciso [Thorndike, 1903, p. V].

Entre esses especialistas ele menciona Hall, sem dúvida, cujo método do questionário é rejeitado por ser pouco objetivo. As suas quase quinhentas publicações, a maioria resultado de pesquisas experimentais, contribuíram muito para proporcionar à psicologia da educação, pela primeira vez, a *condição* de disciplina científica.

Na edição de 1913 do *Educational psychology*, ele escreve:

> as artes e as ciências ajudam o homem a mudar o mundo para melhor, até a si próprio. A palavra educação refere-se especialmente àqueles elementos da ciência e da arte que entram em ação nas mudanças do homem. A possibilidade de melhorar os desejos do ser humano e de torná-lo mais hábil no seu cumprimento depende, antes de mais nada, do conhecimento do que é sua natureza, prescindindo da educação, e, em segundo lugar, do conhecimento das leis que governam as suas mudanças. É tarefa da psicologia da educação fornecer conhecimentos sobre a natureza originária do ser humano e sobre as leis de modificação ou de aprendizagem, no plano do intelecto, do caráter e das habilidades [Thorndike, 1913a, p. 1].

Os títulos dos três volumes em que se articulam a segunda (1913) e a terceira edições (1921) do livro são mais do que indicativos dos objetos de estudo que considera críticos para a psicologia da educação: *Natureza original*; *Diferenças individuais*; *Leis da aprendizagem*.

O estudo da natureza humana, cuja definição de Thorndike em termos de dotação biológica inata está de acordo com a de James, e das mudanças evolutivas representam partes vitais da sua psicologia da educação. Elementos de ambas têm um papel fundamental na interface entre psicologia e educação, tanto nos padrões da pesquisa de base como nas aplicações educacionais. E com relação às leis da aprendizagem bastará recordar como os seus trabalhos sobre a transferência da aprendizagem, tema central também na psicologia da educação contemporânea, contribuíram para derrubar a teoria das faculdades e da disciplina formal e para estabelecer alternativas de grande sucesso no âmbito educacional.

Suas posições acerca das diferenças entre os indivíduos e sobre a mensuração merecem algumas palavras a mais. Antes de Thorndike, o estudo das diferenças na inteligência dos indivíduos e dos métodos de mensuração era um dos temas centrais da psicologia e da psicologia aplicada à educação. A ligação entre sucesso na aprendizagem e habilidades intelectuais sempre foi um dos fenômenos mais óbvios para qualquer professor, mas permanece entre os mais complexos a serem analisados. De fato, poucos temas foram tão violentamente controversos, e a questão está aberta ainda hoje.

Thorndike, todavia, representa, também sob esse aspecto, um primeiro ponto de referência importante.

> Qualquer coisa que exista, existe numa certa quantidade. Conhecê-la implica conhecer sua quantidade além de sua qualidade. A educação refere-se às mudanças nos seres humanos; uma mudança é a diferença entre duas condições, cada uma delas conhecida graças àquilo que produz - coisas feitas, palavras ditas, atos concluídos e assim por diante. Medir cada um desses produtos significa definir sua quantidade de modo que uma pessoa competente possa conhecer sua amplitude, maneira bem mais eficiente do que sem tê-la medido [...]. Esse é o credo geral dos que, nos últimos anos, procuraram estender e melhorar as medidas das produções educativas [Thorndike, 1918, pp. 16-24].

Seu ponto de vista é particularmente importante com relação às escalas de mensuração e à credibilidade das medidas e abre caminho para uma tradição de pesquisa também na metodologia estatística, ainda hoje vital, sobretudo no âmbito da pesquisa experimental. Menos satisfeito, no entanto, estaria Thorndike com o baixo grau de coerência existente, ainda hoje, entre a mensuração em âmbito educacional e os objetivos educacionais a serem medidos e com o método utilizado para selecionar critérios e instrumentos, muitas vezes demasiadamente casual. Provavelmente, sugeriria como mais plausível o seu procedimento por "tentativa e erro", no qual, pelo menos, é prevista uma forma de aprendizagem.

O pós-Thorndike desenrola-se também na psicologia da educação, bem como na psicologia *tout court*, ao longo de dois percursos muitas vezes paralelos, outras vezes alternativos, continuamente em forte dialética, porém sempre estimulantes: o cognitivismo e o comportamentalismo.

4. A abordagem cognitiva

4.1. As origens

Propor uma síntese das diversas posições teóricas que se sucederam no decurso da evolução da psicologia cognitiva só pode resultar numa simplificação indevida e subjetiva; no entanto, parece oportuno destacar pelo menos alguns dos aspectos mais diretamente envolvidos nas suas aplicações educacionais.

Já acenamos que cabe a Wundt a definição constitutiva, em sentido estrutural, da psicologia cognitiva. A cognição é, segundo Wundt (1873-1874), um processo ativo e criativo que permite assimilar a experiência dentro das estruturas mentais inatas. A assimilação, pouco influenciada por fatores externos, ambientais, é o resultado criativo fornecido por quem aprende, graças a uma organização ativa das informações, em vez do simples acúmulo de fatos, experiências e exemplos.

Os motivos fundamentais da psicologia cognitiva que se lhe seguiram já estão todos enunciados: o processamento ativo das informações exercido por quem aprende, a intencionalidade e a organização da memória seletiva, a assimilação criativa das novas informações nas estruturas existentes e a definição dos produtos da aprendizagem em termos de regras, princípios ou novas estruturas.

A descrição atual da atividade cognitiva como "arquitetura geral que pode criar representações de características salientes do ambiente e, portanto, por meio da atividade de mecanismos cognitivos gerais, construir procedimentos domínio-específicos eficazes para manipular as representações" [McShane, 1991] é o resultado, geralmente compartilhado, de quase cem anos de estudos conduzidos sob diversos pontos de vista e com ênfases diversificadas, em relação às *estruturas* e às *estratégias*.

4.2. As teorias clássicas da Gestalt

Os anos entre 1920 e 1950 são cruciais: veem o desenvolvimento dos sistemas teóricos gestálticos, cuja importância notável no plano educacional deve-se à ênfase com que se salienta o processo de descoberta e de compreensão ativa por parte de quem aprende. As estruturas de conhecimento de que se dispõe e as estratégias necessárias para organizá-las são fatores críticos em qualquer situação de aprendizagem, aí subentendidas as complexas situações de resolução de problemas. A solução de um problema, de fato, só é possível a partir da identificação da sua estrutura cognitiva subjacente, graças ao *insight* ou, preferivelmente, à descoberta de regras estratégicas eficientes. As estruturas cognitivas e estratégias são, portanto, condições, ambas necessárias, para que a aprendizagem se verifique e seja significativa.

4.3. As posições contemporâneas

É o conceito de esquema elaborado especialmente por Piaget [1970] e Ausubel [1968], entre 1950 e 1970, como estrutura do conhecimento que caracteriza algumas das contribuições mais significativas da psicologia cognitiva contemporânea para a educação. Usado por Piaget para indicar conteúdos e organização do conhecimento no decurso de níveis sucessivos de desenvolvimento, é ulteriormente elaborado por Ausubel [1968, p. VI]:

> Se eu tivesse de reduzir toda a psicologia educacional a um único princípio, diria o seguinte: o fator isolado mais importante a influenciar a aprendizagem é aquilo que o aprendiz já conhece. Descubra o que ele sabe e baseie nisso os seus ensinamentos.

No mesmo período, os estudos de Bruner, Goodnow e Austin [1956] sobre a aprendizagem de conceitos abrem o caminho à análise sistemática das estratégias da aprendizagem e das habilidades cognitivas aí envolvidas. Os quesitos, aos quais se procuram respostas possíveis também no plano educacional, implicam a identificação das estratégias a serem utilizadas no decurso do desenvolvimento, se são generalizáveis mais do que específicas para cada campo cognitivo, se e como podem ser ensinadas, modificadas ou tornadas mais eficientes mediante instruções adequadas.

As posições construtivistas do contextualismo e as proposições acerca da natureza e das funções do sistema de processamento de informações têm, por sua vez, um papel fundamental na pesquisa ao longo da década de 1970 [Hoffman e Nead, 1983; Jenkins, 1979; 1980; Pepper, 1942]. Na descrição de quem aprende como um processador ativo de informações está implícito o princípio de que não existe um conjunto generalizado de regras estratégicas aplicáveis a todos os campos, mas que a escolha depende do contexto em que a aprendizagem acontece. As exigências implícitas na situação e na tarefa escolar, e também as características e as intenções de quem aprende, interagem e contribuem para definir a qualidade de um evento em termos de episódio de ensino-aprendizagem, e, por sua vez, o contexto da aprendizagem influencia a construção das representações produzidas pelo episódio educacional.

Mas são as teorias e os modelos do *processamento de informações* que, entrando em confronto a partir de 1960, dão nova vitalidade à pesquisa cognitiva de base e aplicada e a tornam mais dialética em relação às posições comportamentais, que, na época, gozavam de uma notável simpatia. A proposição preliminar comum define a mente como um sistema que constrói e manipula símbolos [Newell, 1980], isto é, representações abstratas da informação. Os *scripts* são um bom exemplo de representações abstratas, internas, que correspondem a sequências de comportamentos. O sistema cognitivo, à semelhança de um computador digital, elabora os símbolos serialmente, transforma-os, codifica-os e finaliza-os de acordo com regras precisas e com estratégias que se modificam no decurso do desenvolvimento.

Dois são os problemas a que se procura dar respostas: o primeiro, de ordem geral, refere-se à natureza do sistema de elaboração de informações, à sua organização e aos processos que o guiam. O segundo, mais especificamente educacional, analisa o modo como o sistema pode ser adaptado a tarefas típicas, como, por exemplo, o raciocínio matemático ou a leitura, em sujeitos de nível educacional desigual. Para tarefas tão complexas, os recursos colocados à disposição pelo sistema serial parecem insuficientes. Para uma criança pode ser difícil tanto descobrir quais procedimentos funcionam, como reconhecer e reproduzir a sequência correta de passagens para aquela tarefa.

Os limites da teoria serial da elaboração de informações estão precisamente nessa ineficiência. O objetivo da pesquisa atual é encontrar procedimentos capazes de otimizar, em sentido quantitativo além de qualitativo, as regras e as estratégias de elaboração.

Desse ponto de vista, os modelos de conexão parecem constituir uma solução possível. Não substituem os da elaboração de informações, no sentido de que os dois pontos de vista não são incompatíveis e utilizam o mesmo paradigma, mas oferecem uma contribuição avançada à compreensão da arquitetura da atividade cognitiva. O modelo explicativo da aprendizagem dos conceitos exemplifica, de modo claro, a inovação.

Graças ao paralelismo com o funcionamento sináptico dos neurônios do sistema nervoso central, o armazenamento e a elaboração das informações são vistos como processos que acontecem paralelamente, e não em sequência serial, por causa de unidades que têm um efeito recíproco facilitador ou inibidor. Cada uma dessas unidades elabora simultaneamente uma pequena porção de informações, que permaneceria sem sentido se considerada isoladamente, e ativa uma rede de sinais facilitadores ou inibidores em direção a outras unidades que estejam elaborando uma ou outra porção. A configuração de conexões, facilitadoras ou inibidoras, ativadas pelas unidades que agem simultaneamente, constitui uma arquitetura associativa que varia de vez em quando em função dos sinais seletivos que cada unidade recebe das outras. As novas experiências, portanto, estão em condições de modificar uma representação conceitual preexistente, ativando contextualmente uma rede diferente de conexões.

No final da década de 1970, e de modo transversal a todas as abordagens da elaboração de informações, tornou-se comum o conceito de metacognição, que define um conhecimento introspectivo acerca do próprio funcionamento mental e dos processos que o regulam.

> O âmbito relativo ao metaconhecimento pode ser mais ou menos amplo, e o seu objeto pode partir do caso extremo, relativo a todas as características psicológicas do indivíduo, até chegar aos aspectos cognitivos do funcionamento mental ou – mais especificamente ainda – até os processos que permitem o conhecimento [Cornoldi, 1995, p. 34].

Apesar de ainda ter uma base empírica mais propriamente limitada [Borkowski, Reid e Kurtz, 1984], a metacognição reveste-se de um interesse notável tanto no plano teórico como nas suas aplicações educacionais.

Para tentar-se uma síntese, pode-se dizer que, sob o aspecto conceitual e teórico, todas as abordagens definem o sistema cognitivo em termos de componentes inatos capazes de transformar e manipular a informação, a fim de armazená-la de modo funcional, e de elaborar estratégias que sejam sempre mais aperfeiçoadas e promovam o conhecimento, desde os níveis mais elementares até os bem mais evoluídos. Pressupõem que o indivíduo tenha uma capacidade inata de fazer associações e de representar a realidade e que a intervenção educativa favoreça unicamente o nível de eficiência das representações. Portanto, são todos modelos de competência, no sentido de que se interessam por regras normativas assumidas como função mediadora entre as estruturas pré-comportamentais e o comportamento que provocam.

Nesse contexto, a educação não é mais considerada uma forma de comunicação unívoca, em que o professor planeje e controle um currículo com objetivos precisos e iguais para todos, organize os conteúdos em todos os contextos ou verifique a aprendizagem acontecida com testes padronizados. A educação é uma comunicação de dois sentidos na qual o estudante tem um papel importante naquilo que aprende, mesmo quando a situação parece estar totalmente controlada pelo professor. O estudante constrói representações, codifica-as e guarda-as na memória com base nas suas estruturas de conhecimento e nas suas habilidades estratégicas e de procedimento, mas também em função das suas expectativas em relação às próprias habilidades e aos objetivos que deve atingir e da consciência que tem do que está fazendo.

A nova autonomia do estudante implica uma mudança significativa no papel do professor: não é mais sua tarefa prioritária controlar o processo de aprendizagem; em vez disso, deve ser capaz de levar o estudante a compreender o que é importante aprender, como processar a informação para construir representações a serem aplicadas em diversos contextos e para objetivos diferentes e como usar estratégias gerais e específicas e habilidades cognitivas eficientes. A nova atividade "empresarial" do professor torna-se mais produtiva por uma série de providências aplicativas – desde a gestão da educação orientada à sugestão de elementos organizacionais avançados ou o uso de exemplificações sinalizadas até formas de organização do contexto – que ajudem aquele que aprende a selecionar os processos de aprendizagem, cada vez mais adequados, e, portanto, a atingir definitivamente os objetivos desejados.

Talvez o aspecto mais significativo da abordagem cognitiva contemporânea para a psicologia da educação esteja exatamente nessa passagem de uma atitude voltada ao controle e à previsão das condições que determinam o comportamento de quem aprende, como sugeriam as primeiras teorias da aprendizagem, a uma abordagem em que prevaleça o interesse por modelos ligados a aspectos específicos da cognição, na tentativa de delinear eventuais características transituacionais que permitam definir a natureza da aprendizagem e do ensino na interação educacional [Di Vesta, 1987].

O controle e a previsão das condições que contribuem para descrever e modificar o comportamento humano continuam sendo o objetivo prioritário da psicologia comportamental contemporânea, também nas suas aplicações educacionais.

5. A abordagem comportamental

5.1. O comportamentalismo clássico de Watson

O comportamentalismo nasce oficialmente em 1913, com o célebre artigo *Psychology as the behaviorist views it* [A psicologia como os comportamentalistas a veem], mas não é uma "invenção" de Watson. Ele apareceu como escola no início do século XX, num contexto cultural e científico rico, variegado e estimulante, no qual iam impondo-se, por exemplo, o positivismo lógico na filosofia [Ayer, 1959] e o operacionismo na física [Bridgman, 1927]. Alternativo tanto ao estruturalismo como ao funcionalismo – do primeiro rejeita o objeto de estudo e, de ambos, o método de pesquisa –, demonstra-se atento às posições do objetivismo – que, a partir da concepção dualista cartesiana e por meio do empirismo inglês, minimiza a importância das experiências pessoais e enfatiza a exigência de métodos de estudo mais objetivos do que introspectivos – e do associacionismo, que – na tradição de John Stuart Mill e com as contribuições de Bain e Spencer – propõe em cada evento mental complexo a combinação, graças a leis específicas associativas, de elementos irredutíveis de origem sensorial. Também de grande importância são os subsídios das teorias evolucionistas que enfatizam a continuidade entre espécies, humanas ou não, e a importância da adaptação ao ambiente, da afirmação do método de observação e da "lei da parcimônia" no estudo do comportamento animal, da evolução de sistemas mais acurados de mensuração do comportamento, dos progressos na metodologia da pesquisa experimental, graças aos estudos de Ebbinghaus sobre a memória e de Flexer e Weber sobre os fenômenos psicofísicos.

Sensível às novas instâncias, Watson sintetiza-as assim:

> O comportamentalista vê a psicologia como ramo experimental, puramente objetivo, da ciência natural. Seu fim teórico é a previsão e o controle do comportamento. A introspecção não é parte essencial dos seus métodos, nem o valor científico dos seus dados depende da facilidade com que se prestam a interpretações em termos de consciência [Watson, 1913, p. 158].

Segundo Watson, portanto, as duas características fundamentais do comportamentalismo referem-se à rejeição dos conceitos intelectualistas por não serem observáveis, dos quais, porém, não se nega a existência, e à afirmação de que os objetivos a serem perseguidos são a previsão e o controle do comportamento, em vez da exploração da consciência com métodos introspectivos. Os objetivos expressos em termos de *previsão* e *controle* do comportamento são, sem dúvida nenhuma, os aspectos da contribuição de Watson que estão entre os mais conhecidos, citados e controversos. Mas são também os que sofreram a transformação mais consistente nas elaborações sucessivas do comportamentalismo. Ignorar o percurso que, ao longo dos anos, levou aos atuais conceitos de *previsão* e *controle* no âmbito da psicologia do comportamento corresponde àquilo que Catania [1991] chama de "erros de fato e de interpretação" e que ele atribui a preconceitos intelectuais, às vezes intencionais, e Morris [1992], mais delicadamente, a incompreensões e equívocos. Mais adiante o assunto será retomado na esperança de contribuir para o seu esclarecimento ou, pelo menos, estimular a curiosidade para um devido aprofundamento na história da psicologia do comportamento.

Influenciado também pela pesquisa de Pavlov [1927], elabora um programa de trabalho no qual os reflexos e as combinações de reflexos são os objetos privilegiados de estudo, a pesquisa experimental de respostas condicionadas define o método de estudo, a interpretação dos resultados baseia-se inteiramente no princípio do condicionamento – sem levar em consideração outros tipos de processos de adaptação e de aprendizagem – e as causas do comportamento e das suas mudanças referem-se, sistematicamente, às modificações fisiológicas subjacentes [Perini e Bijou, 1993].

As contribuições de Watson para a psicologia da educação são consideradas bastante irrelevantes, não obstante a célebre asserção – aliás tomada de Inácio de Loyola – a respeito do papel da programação ambiental sobre o futuro individual, e o outro estudo igualmente célebre sobre o condicionamento do medo em Albert. Num período em que a criança começava a ser considerada central no processo educacional, sua ideia de que "o professor deveria tratá-la como um recipiente escuro e vazio, de modo que os rendimentos pudessem ser controlados pelos conteúdos" [Travers, 1983, p. 430] estava destinada ao insucesso.

As críticas dos contemporâneos não se reduzem à metáfora da caixa preta. A reconhecida debilidade de sua teoria, descrita como mecanicista, fisicista, reducionista e ambientalista, é sintetizada na linearidade da função $C = f(s)$, em que os estímulos são fontes de energia que ativam os órgãos dos sentidos, e as respostas são movimentos reativos, segundo os princípios do condicionamento pavloviano. Nessa contingência de dois termos, o ambiente – considerado como padrão de estímulos – está continuamente ativo, ao contrário do indivíduo que permanece passivo enquanto não estimulado. Tal conceito de *reatividade* limita enormemente a possibilidade de estudo dos fenômenos complexos, englobando todos os comportamentos voluntários e finalizados, presentes na aprendizagem por tentativa e erro, elaborada no mesmo período por Thorndike [1932]. Esse tipo de comportamento, que implica o reforço contingente, teria um papel fundamental nas formulações da psicologia do comportamento e da educação, que se seguiriam.

Não obstante os limites dos seus postulados fundamentais, do objeto estudado e da interpretação dos resultados da pesquisa, o papel do *comportamentalismo metodológico* de Watson foi, sem dúvida, crítico ao determinar a passagem da psicologia como estudo da consciência e da subjetividade ao materialismo e à objetividade [Perini e Bijou, 1993]. Era indubitável, porém, o fato de que não teria condições de tornar-se uma filosofia da ciência adequada a uma psicologia entendida como disciplina histórica e do desenvolvimento. A melhor descrição da contribuição de Watson à psicologia, mas também dos seus limites, foi a de um comportamentalista, contemporâneo seu.

> Na história da psicologia, naquela época, o maior mérito do comportamentalismo watsoniano está no fato de ter promovido a evolução do tema para

> o *status* de ciência natural [...] e, no entanto, é considerado apenas como uma versão preliminar da psicologia naturalista. Mudanças notáveis foram necessárias antes de ele poder tornar-se comportamentalismo autêntico [Kantor, 1968, p. 160].

5.2. As teorias da aprendizagem

O movimento iniciado por Watson estimula a pesquisa do comportamento animal em laboratório e dá vida a uma grande variedade de teorias da aprendizagem. Entre as numerosas tentativas de dar coerência às aquisições experimentalmente recolhidas, recordam-se as contribuições fundamentais oferecidas pelo comportamentalismo intencional de Tolman [1932], pela teoria da contiguidade de Guthrie [1952], pela teoria objetiva do comportamento de Hull [1943], pela teoria bifatorial de Mowrer [1947; 1969]. A contribuição dos neocomportamentalistas à compreensão dos processos básicos da aprendizagem também influencia, obviamente, o desenvolvimento da psicologia da educação, especialmente nos aspectos específicos ligados à pesquisa e às aplicações na modificação do comportamento.

No entanto, são o comportamentalismo radical de Skinner e o intercomportamentalismo de Kantor que abrem o caminho para uma evolução sistemática do setor, dotando-o com uma filosofia da ciência explícita e lógica, com posições claras a respeito do objeto de estudo, da metodologia e da relação entre pesquisa de base e pesquisa aplicada.

5.3. Skinner e o comportamentalismo radical

> A teoria original desenvolve-se dentro de um sistema que encerra uma filosofia da ciência - comportamentalismo radical -, uma teoria do comportamento - análise experimental do comportamento -, uma metodologia de pesquisa - desenhos com sujeitos individuais - e uma ampla gama de aplicações na análise experimental e aplicada [Kratochwill e Bijou, 1987, p. 138].

Na condição de *filosofia da ciência*, o comportamentalismo radical conserva do comportamentalismo watsoniano a convicção de que o dever da ciência psicológica é prever e controlar o comportamento e, em alternativa àquele, interessado exclusivamente no comportamento observável, rejeita o dualismo corpo-mente e afirma que os processos mentais, embora *eventos privados*, podem ser indagados com a metodologia e a lógica das ciências naturais.

Sob esse enfoque, supera a inadequação da psicologia de Watson, substituindo a unidade de estudo de dois termos - o comportamento do indivíduo descrito em termos fisiológicos e o ambiente definido em termos físicos - por uma *contingência de três termos*, em que entram em jogo diferentes *funções* de estímulos e respostas. O estímulo consequente, com função reforçadora ou punitiva, seleciona a resposta; a função discriminativa do estímulo antecedente representa o contexto para a relação resposta--reforço, e a resposta é um exemplo, dentro de um tipo de comportamento operante, definido funcionalmente em relação às suas consequências e ao seu antecedente, por sua vez, ambos, funcionalmente definidos em relação à resposta [Morris 1992].

Na condição de *teoria do comportamento*, a análise experimental estuda, portanto, com o método das ciências naturais, as relações funcionais entre um organismo e as variáveis ambientais. Nesse contexto, os estímulos não são mais trocas evidentes de energia, com um início e um fim, definíveis em termos físicos, mas qualquer condição relativa à resposta emitida pelo indivíduo, pela qual não são mais considerados "o comportamento e o ambiente como dois fatos ou eventos separados, mas são consideradas as suas *inter-relações*" [Skinner 1980, p. 17].

As modificações do comportamento relacionadas à manipulação e ao controle experimental exercido sobre certa variável ambiental são atribuíveis diretamente às manipulações em si mesmas. O objetivo principal é a descrição dos eventos diretamente observáveis, ou dedutíveis, sem recorrer a constructos não observáveis - especialmente dos estados e processos cognitivos - que expliquem o comportamento observado, especialmente a aprendizagem.

A *pesquisa de base* está interessada em estabelecer a generalização das relações funcionais em indivíduos diferentes que interagem em situações ambientais semelhantes. A metodologia da pesquisa skinneriana privilegia, portanto, o estudo dos indivíduos, mais do que dos grupos, e o faz com paradigmas de pesquisa da pessoa em si que estão na base de um tipo de procedimento já bem conhecido como *projeto intrassujeitos de repetição* [Sidman, 1960].

É com *The science of learning and the art of teaching* [A ciência da aprendizagem e a arte de ensinar] [1954b] que Skinner apresenta e descreve, de modo explícito e completo, a transposição da sua teoria, em âmbito educacional. É o período em que a generalização dos princípios operacionais, desde o plano conceitual até o empírico, assume dimensões relevantes em muitos âmbitos: são especialmente interessantes, entre outras, as aplicações da modificação do comportamento não apenas aos problemas psicopatológicos, psiquiátricos e de saúde mental [Kazdin, 1981], mas também a questões relativas às dificuldades e atrasos na aprendizagem em idade evolutiva e ao ensino de condutas sociais em adolescentes problemáticos.

Seu ponto de vista sobre a educação, muitas vezes reduzido e hipersimplificado à educação programada e ao uso das *máquinas de ensinar*, será apresentado e discutido mais detalhadamente no Capítulo X, com o de seu mestre-discípulo Fred Keller, a quem é atribuído, geralmente, o mérito da aplicação sistemática da psicologia comportamental da educação.

5.4. O intercomportamentalismo de Kantor

O conceito de interação é elaborado ulteriormente por Kantor [1959a], cuja sistematização teórica é conhecida como intercomportamentalismo. Partindo do pressuposto de uma interação dinâmica, Kantor propõe uma teoria dos sistemas, holística e naturalista, que enfatiza a interação mútua, recíproca e simultânea entre as funções do estímulo ambiental e as funções da resposta e que privilegia como objeto de estudo a coordenação do organismo inteiro dentro de um campo [Morris, 1982].

O comportamento humano é descrito como uma sequência de interações entre um organismo, entendido como unidade biopsicológica única e irrepetível, e o ambiente funcional, entendido como *campo* dentro do qual acontecem as interações. O conceito de *campo* é, sem dúvida, uma das contribuições fundamentais introduzidas por Kantor na análise do comportamento. Põe em questão, de fato, além dos elementos que definem a interação direta entre organismo e ambiente, também os outros que a tornam possível, favorecendo ou não a probabilidade [Ribes, 1994]. Portanto, os elementos – conhecidos como *fatores do setting*, ou *eventos de situação* – que entram em ação em cada ato comportamental, embora parcial, são, diretamente, as funções de estímulo e as funções de resposta e, indiretamente, os fatores de disposição. Estes últimos referem-se:

- às características e aos limites do meio de contato: especialmente a todos aqueles elementos que caracterizam o *setting* interno ou externo ao indivíduo e que, embora não participando nisso diretamente, são capazes de modificar a interação;
- à história individual das interações passadas, ao significado que cada indivíduo aprendeu a atribuir, no decurso da sua história interacional particular, às pessoas, coisas e eventos que fazem parte de seu ambiente biológico, físico e social.

Ambos têm, nas interações atuais, uma função igualmente crítica, como aquela dos tipos de eventos diretamente envolvidos.

A lógica do campo que descreve, explica e verifica o fenômeno psicológico como *segmento intercomportamental*

> supera a lógica mecânica caracterizada por uma causalidade linear e diacrônica no tempo, pela escolha de propriedades precisas do *continuum* de eventos sob análise e pela carência de uma representação conceitual dos fatores históricos e contextuais da situação e qualifica-se, ao contrário, graças à relação de causalidade interdependente e sincrônica com que analisa unidades molares do comportamento e à representação conceitual de fatores históricos e contextuais, tanto em termos de categorias de disposição como de categorias de dimensão [Ribes, 1994, p. 12].

Em síntese, o modelo do campo:

- é conceitualmente específico dos eventos psicológicos; não é comum a nenhuma outra disciplina e, portanto, sua lógica não responde a categorias identificadas que assumem eventos não psicológicos, pois se refere exclusivamente ao caráter historicamente específico, isto é, ontogenético do comportamento, evitando, assim, atribuições de propriedade que não correspondam à sua especificidade histórica;
- elimina todo tipo de reducionismo e de determinismo. A definição de comportamento como interação do indivíduo com eventos, objetos e outros organismos específicos, em condições definidas e baseadas em contatos precedentes com eventos estimuladores, não pode referir-se a um só – organismo ou evento ambiental – dos elementos da relação. Analogamente, as propriedades da

relação não se identificam com as propriedades de um dos fatores que aí participam, por isso não podem ser explicadas como funções de um órgão específico nem do sistema biológico em geral. Além disso, se o comportamento é o produto da inter-relação de campos multifatoriais, é indispensável, para explicá-lo, conhecer tanto os fatores quanto o modo como interagem;

- permite uma análise causal não mecânica do comportamento, na medida em que a participação de fatores específicos e distintos é funcionalmente sincrônica. A sincronia funcional dos fatores – subentendidos os fatores de disposição, como a história interativa, as condições do organismo e os fatores situacionais – não permite atribuir a nenhum destes o poder de causar algum outro elemento do campo. As causas do campo são individualizadas no próprio campo, nos seus elementos e na estrutura das suas relações.

Uma análise desse tipo, enquanto considera a história interativa dos organismos como dimensão que se atualiza em cada interação, modulando-lhe a probabilidade, define uma teoria geral e resolve, assim, a questão do desenvolvimento, incluindo-o na teoria geral, como processo histórico, não prefigurado na biologia.

A obra de Kantor é crítica para todas as elaborações aplicativas na idade evolutiva e na educação que se lhe seguiram. Merece menção especial a elaboração proposta por Bijou, que, por volta da década de 1960, integra o intercomportamentalismo de Kantor aos paradigmas operacionais skinnerianos.

A análise experimental e aplicada do desenvolvimento, resultado de tal integração, representa, atualmente, o ponto de vista compartilhado por grande parte dos estudiosos da área comportamental. Não só isso. As aplicações, em âmbito educacional e na programação da intervenção nos sujeitos com atraso no desenvolvimento, são consideradas muito interessantes também pelos estudiosos de orientação divergente. Serão analisadas em detalhes quanto ao desenvolvimento individual.

CAPÍTULO II

A PSICOLOGIA DO COMPORTAMENTO COMO SISTEMA

Se vocês quiserem saber dos físicos teóricos
alguma coisa sobre os métodos que utilizam,
aconselho-os a seguirem sempre um princípio:
não escutem as suas palavras,
mas prestem atenção ao que fazem.
[Einstein]

1. Introdução

A psicologia do comportamento contemporânea, que nasce da integração de muitos aspectos do comportamentalismo radical de Skinner com a psicologia intercomportamental de Kantor, configura-se de forma muito mais acentuada do que outras teorias psicológicas como um *sistema psicológico unitário* [Morris, 1982].

Como sistema está dotada, primeiro, de uma filosofia da ciência específica, isto é, de um "modo de pôr em ordem" [Toulmin, 1967] em que o objeto de estudo, o método, o critério de validade dos resultados e a convicção de que "o relacionamento de adequação dos dois primeiros deveriam permitir determinar o terceiro" [Buis, 1971] são comuns e transversais aos diversos setores em que aquela ciência específica se articula, prescindindo das diferenças de objetivos que cada uma delas persegue. Estabelece, em outros termos, as regras que delimitam o que e como se estuda, prescindindo dos porquês setoriais.

Em segundo lugar, propõe uma teoria elaborada coerentemente com as regras da sua filosofia da ciência. Uma teoria é um conjunto orgânico de princípios e leis derivados de uma coleta, a mais ampla possível, de dados empíricos capazes de explicar a regularidade da relação entre eventos específicos, de reproduzi-la e de prever o seu desaparecimento. No âmbito dessa teoria, a análise do objeto de estudo – o comportamento – é conduzida segundo aquilo que Toulmin define como "hipersimplificação baconiana" em que "a atividade de coleta de fatos, se não for a essência ou o fim de cada ciência nova, é pelo menos o seu início" [Toulmin, 1971, pp. 28-29]. A coleta de fatos empíricos ao longo dos anos de pesquisa permitiu uma progressão na atividade de elaboração teórica, que, sem pretender "ter descoberto a verdade nem aproximações mais significativas a ela, demonstra saber resolver, com sucesso, um número crescente de problemas" [Laudan, 1977; 1984; Reese, 1989], prescindindo da sua contextualização na idade evolutiva, nas situações de deficiência, na educação, na clínica e assim por diante.

A análise do comportamento é a teoria geral que resolve problemas na pesquisa de base [Skinner, 1966a], na pesquisa aplicada [Baer, Wolf e Risley, 1968; 1987] e nas elaborações filosóficas, históricas e especulativas [Day, 1980; Morris, 1992].

O objetivo do capítulo é o de explicitar como, no âmbito desse sistema, a filosofia da ciência, definindo como objeto de estudo as interações entre o comportamento individual e as circunstâncias ambientais, permite uma análise experimental e uma elaboração teórica governadas pelas mesmas leis e pelos mesmos princípios, qualquer que seja o contexto – experimental e/ou aplicativo – em que se verifiquem. A descrição dos modos que regulam a reciprocidade das interações permite, de fato: *a)* verificar o que varia no comportamento em função das mudanças de situações ambientais e vice-versa; *b)* delinear os critérios pelos quais classificar algumas dessas mudanças como aprendizagem; *c)* descrever a sua progressão no decurso do desenvolvimento individual; *d)* intervir para promover, mediante uma gestão correta da aprendizagem, os repertórios de competências e de habilidades de cada indivíduo; *e)* avaliar, rigorosamente, os resultados da intervenção.

2. A filosofia da ciência

A ciência e a filosofia encontram-se em inúmeros pontos e relacionam-se de inúmeros modos. Como consequência, pretendeu-se que a filosofia da ciência entrasse em contato com uma ampla variedade de coisas e que se estendesse de um ramo da lógica simbólica até a difusão dos evangelhos leigos [...], o que é decisivo, no entanto, é saber que tipos de perguntas é necessário responder para se ter uma explicação satisfatória de uma teoria [Toulmin, 1967].

A filosofia da ciência da psicologia do comportamento responde a perguntas relacionadas ao objeto de estudo, ao método, aos procedimentos de coleta de dados, à forma em que são apresentados e interpretados e aos critérios de validade.

2.1. O objeto de estudo

A tese inicial afirma que *o objeto de estudo* da psicologia consiste nas *interações* entre o comportamento de um indivíduo e os eventos ambientais. Essas interações manifestam-se em termos observáveis, mensuráveis, reproduzíveis e são, portanto, suscetíveis de pesquisa científica [Kosso, 1992]. As palavras-chave que descrevem o objeto de estudo – indivíduo, ambiente e interação – merecem uma descrição mais detalhada, já que o significado que assumem na literatura psicológica não é sempre unívoco.

O indivíduo. Indivíduo é todo ser humano como entidade biológica e cultural única, capaz de comportar-se conforme os modos característicos da espécie. Ter mãos e pés, mas não asas, ser dotado de uma estrutura fonadora ou de um aparelho visual com certas características são fatores determinados pela história evolutiva da espécie e, portanto, ativos e comuns a todo ser humano.

A unicidade depende, então, na mesma medida, de caracteres biológicos irrepetíveis e da história pessoal. *Os caracteres biológicos*, por sua vez, são o resultado da carga genética – genótipo – diferente em todos, exceto nos gêmeos homozigóticos, e das características biológicas – fenótipo – que se desenvolvem graças à interação entre genótipo e ambiente biológico e físico. Em outras palavras, o patrimônio único de cromossomos herdados e o ambiente biológico e físico do qual faz parte *constroem*, no relacionamento recíproco, os traços e as características biológicas fenotípicas individuais [Oyama, 1989]. Nesse sentido, as condições genéticas e ambientais – hereditariedade e ambiente – contribuem na mesma medida para definir, de modo irrepetível, os traços e as características biológicas ontogênicas de cada indivíduo.

O indivíduo biológico participa, portanto, da interação com os eventos do ambiente dentro dos limites impostos pela filogênese e pela ontogênese biológica. A natureza da interação diferencia os comportamentos biológicos dos comportamentos psicológicos e, compreendidos nestes últimos, determina especificidades ulteriores.

Os comportamentos biológicos. Dos comportamentos biológicos, que compreendem as atividades de reação das células, tecidos, órgãos e sistemas de conexão – isto é, a estrutura anatômica, o seu funcionamento fisiológico, os sistemas sensoriais e neurológicos –, os biólogos sempre se ocuparam e, mais recentemente, os neurobiólogos também começaram a se ocupar. Os psicólogos interessaram-se por eles de modo relativo e somente porque abrem o caminho a comportamentos psicológicos. Todavia, a atenção a esse tipo de comportamento foi aumentando, sobretudo quando a neurobiologia

> consolidou-se como uma ciência multidisciplinar, apoiada na ideia de que uma compreensão do sistema nervoso pressupõe pesquisas experimentais em todos os setores biológicos [...], porém, baseia-se em um princípio unificador [...] que vê no neurônio a unidade estrutural e funcional do sistema nervoso de cada espécie animal [Reichert, 1990].

Os resultados da pesquisa nesse setor, muitas vezes surpreendentes, trouxeram à luz, de modo sistemático, como

> muitas zonas do cérebro podem mudar *estrutural e funcionalmente* em relação à experiência sensorial. Alguns sistemas neuronais dependem, portanto, da informação sensorial proveniente do ambiente para poderem formar-se corretamente durante o desenvolvimento após o nascimento. Os mecanismos que formam a base dessa plasticidade condicionada ao desenvolvimento podem ficar ativos por muito tempo depois da primeira fase pós-natal. Também no cérebro maduro tanto a estabilidade das sinapses formadas quanto uma parte dos nexos neuronais pode ser influenciada continuamente pela experiência. Uma vez que todo animal está exposto a diversos influxos ambientais sensoriais, a plasticidade neuronal dependente da experiência contribui para a estabilização da individualidade de um organismo [...], por isso os sinais sensoriais podem ser incluídos no processo de desenvolvimento como elementos com capacidade de estruturação [...]. Considerando-se que: o ambiente no qual o organismo se desenvolve seja bastante diferenciado; haja possibilidades de interação com o ambiente

> dos estágios anteriores de desenvolvimento; os sinais sensoriais recebidos sejam adequados às capacidades de resposta intrínsecas à célula nervosa interessada [...], os sinais sensoriais podem influenciar de maneira eficaz o desenvolvimento funcional e estrutural de determinadas partes do sistema nervoso [Reichert, 1990].

Os comportamentos psicológicos. Os modos pelos quais os sinais sensoriais provenientes do ambiente interagem com o indivíduo biológico definem, precisamente, os comportamentos que interessam aos psicólogos: os comportamentos psicológicos (sensações, percepções, aprendizagem, conhecimento, pensamento, emoções e assim por diante). A confirmação dada pela neurobiologia de que a estrutura e o funcionamento biológicos são condições necessárias, mas não suficientes, para explicar um ato psicológico não causado por eles – aliás, o seu relacionamento é recíproco e, em certas condições, o ambiente é capaz de modificar também a estrutura biológica –, atribui importância crítica ulterior à análise experimental da interação indivíduo-ambiente. Uma criança que não "engatinha", quando chega o momento de fazê-lo, sinaliza um problema que pode depender da combinação de fatores biológicos – uma doença hereditária, imaturidade física, desnutrição – e de fatores psicológicos ligados à pouca diferenciação do ambiente em que vive, a poucas oportunidades de movimentar-se e/ou à falta de estímulos adequados em sua comunidade. Em cada caso, o dever do psicólogo consiste em sugerir o que fazer para enfrentar o problema, organizando as interações indivíduo-ambiente de modo a resolvê-lo, ou, pelo menos, limitar-lhe os efeitos negativos, com intervenções alternativas que compensem as limitações biológicas e/ou psicológicas e, portanto, "normalizem" o seu relacionamento recíproco. Como veremos, as interações psicológicas são de vários tipos e têm efeitos diferentes tanto no indivíduo como no ambiente.

O ambiente. O ambiente com o qual o indivíduo interage é, antes de mais nada, identificável como ambiente interno, isto é, como *locus* onde os estímulos com que o indivíduo interage têm origem. A sensação de fome, a acidez causada por uma má digestão ou o cansaço determinado por uma corrida prolongada são estímulos gerados pelo funcionamento fisiológico ou pela atividade muscular e percebidos pelos sistemas receptivos do próprio organismo. Portanto, todos os estímulos internos percebidos pelo indivíduo adquirem propriedades *funcionais*, no sentido de que desempenham uma ação precisa sobre o comportamento daquele indivíduo, numa determinada circunstância.

A definição do ambiente, tanto interno como externo, em termos *funcionais*, além das características biológicas, físicas, sociais e culturais dos eventos que aí acontecem, provavelmente é um dos pontos críticos da abordagem comportamental. É a consequência direta da opção metodológica de Skinner de estudar o comportamento individual mais do que o do grupo. Para fazê-lo de modo correto e produtivo é indispensável não só conhecer as características daquilo que atua sobre todos os indivíduos e de modo análogo, mas também daquilo que opera sobre um só e de modo específico.

O *ambiente físico e sociocultural* é o conjunto de elementos circunstantes ao indivíduo. Alguns têm propriedades físico-químicas específicas – as coisas concretas –, outros são caracterizados, em termos sociais e culturais, segundo a influência especial que exercem sobre todos os indivíduos de uma comunidade. Uns e outros agem sobre o gênero humano e sobre tudo aquilo que ele produz.

O *ambiente funcional*, por outro lado, constitui-se de elementos, coisas e influxos que atuam sobre aquela pessoa em particular, além das condições aferentes aos caracteres biológicos individuais. Um computador, por exemplo, que, embora tenha características físicas ou socioculturais evidentes, pode ou não ter características funcionais para certa pessoa, na medida em que ela saiba usá-lo, e graças ao nível de competência com que domina o *hardware* e o *software*.

O ambiente físico e sociocultural e os eventos que o caracterizam podem ser medidos com instrumentos físicos e sociais, e o ambiente funcional, pelas mudanças que provoca no comportamento do indivíduo. O computador tem dimensões, peso, *kilobytes* quantificáveis de modo objetivo; e de modo igualmente objetivo podem ser descritas as vantagens, em termos de tempo ou de organização do trabalho, que o computador produz na gestão de dados de uma biblioteca, por exemplo. No entanto, suas propriedades funcionais são medidas e quantificadas somente com base nas modificações que induzem no comportamento de quem o utiliza.

As condições que definem o ambiente funcional são quase infinitas, porém podem ser conceitualizadas em duas categorias: funções do estímulo e fatores do *setting*.

As *funções do estímulo* são especificadas por aquilo que uma determinada pessoa faz em relação a determinado evento-estímulo, baseada na sua história interativa anterior. Em outros termos, quando uma pessoa se comporta de determinado modo na presença de determinado estímulo, pode-se dizer que o estímulo tem uma função e que entre os dois há uma relação funcional.

O mesmo estímulo pode ter três tipos de função: uma iluminação muito intensa pode ter função: *a) eliciadora*, se provocar um comportamento involuntário de constrição da pupila; *b) reforçadora*, se fizer aumentar a probabilidade dos comportamentos de fechar os olhos ou de se afastar da fonte luminosa; *c) discriminadora*, se sugerir, entre outras possibilidades, o comportamento de observar acuradamente e mais de perto os detalhes do objeto.

Os estímulos com funções eliciadoras precedem sempre o comportamento e o determinam de modo causal; as interações que caracterizam são assim conhecidas, a partir de Pavlov, como proporcionais. As funções reforçadoras – e/ou punitivas – e discriminatórias dos estímulos determinam as interações operacionais e têm um papel ou outro, conforme venham antes ou depois da resposta.

Os eventos biológicos, somáticos, físicos, sociais e culturais com os quais se entra em contato continuamente adquirem, no decurso da história experiencial individual, funções diferentes que, na maioria dos casos, ficam no repertório individual.

A possibilidade de agrupá-los em categorias funcionais que põem em ordem a sua infinita variedade é fundamental, entre outros motivos, para descrever, compreender e prever objetivamente a sua relação com o comportamento e, portanto, explicar a aprendizagem e a sua progressão no decurso do desenvolvimento e, eventualmente, intervir para modificá-la na direção desejada. Classificar, com base nas funções, a variedade infinita de estímulos que agem durante a interação entre o adulto e a criança, por exemplo, permite superar os problemas ligados a pareceres de categorias subjetivas, como indulgência, permissividade, autoritarismo, que, não fornecendo nenhuma informação útil em âmbito descritivo, e muito menos, previsível, não servem para explicar o que acontece e o porquê daquele modo.

Os *fatores do setting* incluem características tanto do ambiente biofisiológico interno, como do ambiente físico e sociocultural externo, que, embora não participem diretamente da interação, são capazes de influenciá-la. Estados de privação ou abundância de elementos necessários ao bem-estar do organismo (alimento, água, sono e assim por diante); condições biomédicas alteradas (uma doença ou um estado de excitação causado por álcool ou droga); a idade (como índice cronológico de crescimento ou de declínio biológico); ritmos e estados fisiológicos (distúrbios do sono, excessos de fadiga, mas também estresses emocionais) são exemplos de fatores do *setting* interno.

As circunstâncias físicas do ambiente externo, tratadas pela psicologia como problemas perceptivos que envolvem todos os sistemas sensoriais, definem o *ambiente* de toda interação. A sala de aula é um ambiente físico, em que a luminosidade, a temperatura, o nível de ruído, os estímulos iconográficos, e assim por diante, podem incidir na interação educacional que aí se desenvolve.

A sala de aula, quando estão presentes professor e colegas, define os eventos do *setting* no sentido sociocultural, assim como o estádio e o público que assiste a um clássico do futebol ou a igreja e o grupo de fiéis que acompanham a missa. Nesses casos, os fatores do *setting* especificam: as instituições culturais, a presença e a atividade de uma pessoa ou um grupo de pessoas, as regras. Estar na igreja implica comportamentos diferentes dos que se têm no estádio e adquirem-se, em geral, modos e formas adequados, graças à intervenção educativa, à imitação do comportamento dos outros, mas também a regras prescritas em algumas situações ou compartilhadas, no caso do jogo, por exemplo. O conjunto de todos esses elementos induz uma criança a comportar-se de certo modo quando está com o professor na sala de aula, de outro quando está no ginásio com os amigos e de outro ainda quando fala com os pais sobre o que aconteceu na escola.

Internos e externos, os fatores do *setting* definem, portanto, o *contexto* da interação, o *campo* kantoriano, no sentido de que esclarecem a história pessoal que levou aos caracteres biológicos e psicológicos atuais à estrutura da situação atual e à relação funcional que se estabelece entre estímulos e respostas que aí tomam parte. O conceito de contexto é, portanto, de importância crítica, pois define, também no plano psicológico além do biológico, a unicidade do indivíduo e da sua história [Bijou e Baer, 1980b;

Gewirtz, 1972; Goldiamond e Dryud, 1967; Kantor, 1933; Keller e Schoenfeld, 1966; Michael, 1982; Morris, 1992; Skinner, 1989].

A interação entre o indivíduo e o ambiente. É o objeto de estudo. Reciprocidade e interdependência funcional representam suas características críticas. O indivíduo isolado do ambiente, e vice-versa, não reveste nenhum interesse; para o analista do comportamento é o modo como as variáveis que os definem se relacionam e se modificam reciprocamente que constitui o problema a ser indagado e resolvido.

O toque do telefone é definido funcionalmente como estímulo do comportamento da pessoa que responde e, por outro lado, o comportamento da pessoa é definido funcionalmente como resposta por aquilo que ela faz em consequência do toque do telefone. A análise funcional descreve a unidade de estudo como uma *contingência de três termos*: *contingência* é, no sentido técnico, a probabilidade de que um evento seja influenciado e/ou influencie outros eventos, e os termos são os eventos considerados. O primeiro é a *função estímulo antecedente*, o segundo é a *resposta* e o terceiro é a *função do estímulo que acompanha a função da resposta*. No exemplo anterior, o toque do telefone não obriga a uma forma específica de ação, mas simplesmente cria a ocasião para uma resposta. Atender a ligação e dizer "Alô!" é a resposta, a voz de um amigo do outro lado da linha é a *função do estímulo que acompanha a função da resposta* e, neste caso, é uma função reforçadora em toda a sequência, no sentido de que tornará mais provável, em situações análogas, a resposta que a produziu.

As dimensões funcionais de um evento-estímulo são adquiridas no decurso da história experiencial individual, portanto, têm valor diferente e pessoal; valor geral tem, ao contrário, o princípio pelo qual são capazes de modificar o comportamento de cada pessoa. Já enfatizamos como a classificação dos eventos ambientais, nas categorias funcionais, permite analisar, em termos objetivos, as contingências estímulo-comportamento-consequência, sobre cuja base se organizam as condições que controlam o desenvolvimento. A classificação, em termos de funções do estímulo, permite fazer emergir aquilo que modifica o mesmo estímulo luminoso em circunstâncias diferentes e, também, organizar os mais diversificados estímulos dentro de uma única categoria, baseados na sua função comum. Um sorriso da mãe, um abraço da pessoa amada, uma bala, uma boa nota em matemática, um mergulho num mar claro podem ser eventos-estímulo com função reforçadora para o comportamento da pessoa que os causou. Pode-se dizer, nesse caso, que pertencem a um tipo de estímulo definido funcionalmente como reforçador para aquela pessoa.

O significado do conceito *tipo de estímulo*, como conjunto de eventos de natureza diversa que, no entanto, têm em comum a função que exercem, é facilmente compreensível em situações análogas às do exemplo. A menos que se considerem as situações de laboratório muito controladas, é muito raro que o ambiente proponha um estímulo qualquer sempre e exatamente do mesmo modo. Portanto, é oportuno falar em classes de estímulos também em relação aos eventos que se assemelhem nos seus atributos físicos.

O mesmo esclarecimento é necessário em relação aos comportamentos. Uma resposta, por mais simples que possa ser, é passível de muitíssimas variações. Uma observação, mesmo distraída, do modo como uma pessoa atende ao telefone evidencia uma série de respostas que implicam uma gama de atividades motoras diferentes, tais como pegar ou pressionar o aparelho, exercidas por uma mão ou pela outra para levá-lo a um ouvido ou ao outro, e assim por diante. Todavia, está fora de discussão que todas as formas de resposta são funcionalmente classificáveis dentro da mesma categoria "atender ao telefone", pois produzem o mesmo efeito no ambiente. De agora em diante, tanto o termo estímulo como o termo resposta subentenderão o conceito de tipo.

2.2. O método de estudo

O método é o segundo elemento que define a filosofia de base de uma ciência. O método com que a psicologia do comportamento procede no estudo das interações é próprio às ciências naturais, o qual delimita o campo de pesquisa ao que se pode observar diretamente ou com instrumentos específicos ou que se pode inferir de modo verificável. Objeto e método controlam-se reciprocamente e, nesse sentido, são garantias da validade dos resultados. É bom recordar que a *validade*, no âmbito do debate científico, conota tanto a coerência interna do sistema teoria-dados experimentais-teoria como a generalização dos dados a exemplos e situações não diretamente verificados.

O procedimento é experimental: manipula, de modo controlado, as variáveis independentes – as condições que se supõe que podem ser relevantes – e observa quais mudanças resultam na variável dependente – o comportamento. A relação entre as mudanças de comportamento induzidas pelas manipulações experimentais das condições e as próprias manipulações é considerada relação de dependência direta. Explicar o comportamento significa, portanto, descobrir e descrever as suas relações empíricas com as condições manipuladas. O comportamento é o que interessa, não um meio indireto de estudar alguma outra coisa: a mente, o cérebro, a cognição, a competência etc. [Bijou, 1993; Catania e Harnad, 1988; Skinner, 1972].

Essa é a diferença substancial com as outras teorias, especialmente com a cognitiva, que, embora compartilhem a escolha do comportamento como objeto de estudo e dos procedimentos experimentais como método, supõem que o comportamento seja apenas o efeito observável da atividade de estruturas cognitivas não observáveis. As mudanças do comportamento observado em função da manipulação controlada das condições são, nessa ótica, atribuídas àquelas atividades cognitivas que se presumem influenciadas pelas manipulações experimentais.

A atividade de elaboração teórica congruente com essa filosofia da ciência acompanha "o princípio da hipersimplificação cartesiana", segundo o qual a coleta de dados empíricos só pode ser iniciada se, preliminarmente, tiverem sido formuladas ideias precisas sobre o que se quer começar a estudar [Toulmin, 1971]. Enquanto derivadas de ideias *a priori*, mais do que da coleta de dados empíricos, as estruturas cognitivas são constructos abstratos cuja natureza metafórica implica a explicação dos fenômenos observados graças à dedução das suas relações hipotéticas. Aquilo que se observa pode descrever, mas não explicar, os comportamentos observados. A *performance*, sobre a qual a psicologia comportamental concentra e mantém sua atenção, refere-se, conforme a psicologia cognitiva, à competência subjacente, da qual é um reflexo incompleto e, muitas vezes, distorcido [Catania, 1992].

Por volta da década de 1960, a mente, como objeto de estudos, volta a ser fortemente atual, embora até mesmo os cognitivistas só possam defini-la em termos metafóricos de *entidade que faz as coisas*: "É a executora dos processos cognitivos. Ela percebe o mundo, organiza os dados sensoriais em entidades significantes e processa a informação. É o dublê das pessoas, sua réplica [...]" [Skinner, 1995]. O problema é que, uma vez restabelecida como objeto de estudo, a mente não pode ser estudada, sem dúvida, com os métodos introspectivos pré-watsonianos. E por serem os seus produtos, não os processos que os elaboram para serem observáveis, a dialética é alimentada pelo modo com que se fala dos produtos da pesquisa, mais do que pelos próprios produtos. Os dados referem-se aos mesmos fenômenos em exame, mas o tipo dos fenômenos não impõe necessariamente um tipo especial de interpretação: são possíveis interpretações comportamentais de fenômenos cognitivos e vice-versa [Salzinger, 1986].

A psicologia comportamental não põe em dúvida a existência de um tipo específico de fenômeno que inclui pensamento, lembrança, solução de problemas, emoção etc. Pelo contrário, faz disso objeto de pesquisas sistemáticas, mas os considera atividades comportamentais mais do que estruturas pré-comportamentais e, portanto, explica-os como todos os outros comportamentos que não exigem um *status* causal especial, como produtos significativos das condições postas em jogo, e não como manifestações de estruturas metafóricas subjacentes.

3. A teoria

A teoria psicológica e a tecnologia que dela deriva são sistemas abertos e flexíveis. Em outras palavras, não representam um protótipo absoluto e imutável, mas devem contemplar a integração de novos conceitos, princípios ou técnicas, contanto que sejam obtidos mediante a praxe experimental, sejam funcionais e não sejam redundantes [Bijou, 1970].

Como em todas as ciências naturais, os dados empíricos, recolhidos progressivamente graças aos procedimentos experimentais, são ordenados dentro de uma teoria geral, isto é, dentro de uma rede coerente de proposições gerais usadas como princípios explicativos e previsionais para o tipo de fenômeno estudado. A correspondência entre os princípios já organizados e os novos dados experimentais que vão sendo recolhidos consolida a teoria; o contrário impõe uma revisão dela ou até a rejeição de uma nova teoria que possa compreender coerentemente os dados contraditórios [Perini, 1996; Reese, 1973; 1989].

Em outros termos, a qualidade essencial de uma teoria científica é a de poder ser sempre confrontada, direta ou indiretamente, por dados empíricos sempre novos, dos quais é, portanto, a um só tempo, ponto de chegada e ponto de partida [McBurney, 1994; Robert, 1984]. Uma teoria que não usa metáforas está, evidentemente, mais exposta ao risco de contínuas revisões. De fato, não é possível justificar exceções que sejam fácil e reciprocamente englobadas pela metáfora. Inacessível por definição ao controle empírico, a metáfora contém ou é capaz de supor, se for preciso, os recursos necessários à sua sobrevivência também quando se revela claramente incongruente com os dados da realidade. Obviamente, tal atitude, que estigmatiza como "erros de realidade" a incoerência entre dado empírico e teoria, é epistemologicamente inaceitável, porque nunca permite reduzir a metáfora à função analógica, isto é, atribuir-lhe significado empírico [Boyd e Kuhn, 1983; Reese, 1989].

Talvez seja oportuno recordar que a metáfora forneceu grande parte do vocabulário teórico de base da psicologia moderna. Algumas teorias fizeram dela um uso exclusivamente exegético; assim que iam enriquecendo o seu patrimônio de dados empíricos, substituíam os modelos analógicos, que, todavia, serviram inicialmente para encaminhar a pesquisa e selecionar os primeiros dados úteis aos fins da elaboração teórica, com termos e constructos empiricamente fundamentados, controláveis experimentalmente e modificáveis pela aquisição de novos dados [Boyd e Kuhn, 1983; Caracciolo, 1984; 1992; Moderato e Perini, 1987]. A psicologia do comportamento, com sua versão baconiana, está entre elas.

Outros sistemas parecem oferecer maior resistência à ideia de abandonar os modelos metafóricos mesmo quando perderam o seu valor heurístico e, aliás, acabam por inibir qualquer progresso ulterior na medida em que - ao aceitarem apenas confirmações - interrompem o caminho para qualquer outro nível de pesquisa que poderia conduzir a uma revisão ou substituição. Esse problema, muito evidente no âmbito de todas as formulações teóricas psicanalíticas, é amiúde crítico na maioria das formulações cognitivas, em que termos e constructos como mente, conhecimento, estrutura cognitiva, atividade cognitiva e assim por diante não são nem observáveis nem redutíveis empiricamente e, portanto, são inverificáveis.

Os princípios da teoria comportamental descrevem relações de regularidade entre as variáveis manipuladas e as observadas; e as regularidades verificadas permitem concluir que as interações entre o comportamento individual e os eventos do ambiente são governadas por leis. Dado um indivíduo com sua especificidade biológica, as mudanças no seu comportamento psicológico são uma função reciprocamente definida da sua história interacional igualmente específica e das situações contextuais em que progressivamente se evolve.

Todo indivíduo interage e se comporta de modo pessoal nas diversas circunstâncias, mas as leis que regulam a relação são objetivamente válidas para todos. É evidente, por exemplo, que aquilo que pode funcionar como reforçador para o comportamento de um recém-nascido não produzirá o mesmo efeito sobre uma criança em idade escolar ou sobre um adolescente. O leite, um brinquedo, o sorriso da garota mais querida da sala de aula, na medida em que se mostram capazes de fazer aumentar a frequência, a duração ou a intensidade do comportamento que os produziu, são estímulos com função reforçadora. E a função reforçadora de um estímulo tem sempre o mesmo efeito: fazer aumentar a probabilidade da resposta que o provoca. Nesse sentido, quaisquer que sejam os estímulos, o comportamento dos diversos indivíduos é governado pela mesma lei.

Os objetivos pelos quais se estuda o comportamento podem ser diferentes. Se o interesse for "manipular um conjunto de condições para ver o que acontece ao comportamento e às outras condições previstas pela situação experimental" [Bijou, 1993, p. 24] e ampliar, assim, a bagagem de conhecimentos relativos às relações comportamento-ambiente, o âmbito define a ciência e a pesquisa de base. No âmbito da psicologia do comportamento, ciência e pesquisa de base são a *análise experimental do comportamento.*

A psicologia do comportamento aplicada, por outro lado, tem por objetivo prioritário saber se os resultados obtidos pela pesquisa de base podem responder a quesitos socialmente relevantes em diversos setores – evolutivo, formativo, educativo, terapêutico – e define o seu âmbito como *análise aplicada* do desenvolvimento, da educação, da formação etc.

Em ambos os casos, vale a pena enfatizar mais uma vez: o objeto de estudo, os métodos de investigação, os procedimentos de análise, de interpretação e de elaboração teórica dos dados são os mesmos. Isso implica, entre outras coisas, que muitos dos resultados obtidos pela pesquisa de base, uma vez aplicados a situações práticas, apresentam novos problemas à pesquisa de base e assim por diante.

3.1. A análise experimental do comportamento

Em seu artigo *The aim, progress, and evolution of behavior analysis* [O objetivo, o progresso e a evolução da análise comportamental], Morris [1992] sintetiza o *status* atual da análise experimental do comportamento especificando os termos da contribuição de Skinner na definição do objetivo, da unidade de estudo e da evolução da ciência do comportamento, salientando como a interpretação a que muitas vezes deram lugar é completamente errônea e não corresponde ao seu significado efetivo. É chegado o momento de entrar no mérito dos preconceitos e tentar entender o que mudou em substância, desde o comportamentalismo metodológico de Watson até o comportamentalismo radical de Skinner. A síntese é a seguinte [Morris, 1992, p. 4]:

	Contribuição de Skinner	Interpretação preconceitual	Significado correto
Objetivo	Previsão e controle	Controle arbitrário	Compreensão
Unidade de análise	Contingência de três termos	Psicologia S-R	Contexto
Evolução	Comportamentalismo radical	Mecanicismo	Contextualismo

Já falamos sobre a evolução do comportamentalismo radical em relação à psicologia de Watson, por causa da introdução da contingência de três termos, e sobre o significado que a análise funcional assume em termos de contextualização da experiência individual. Vale a pena nos determos no conceito de controle e suas relações com a descrição, explicação e compreensão do comportamento.

O problema conceitual que provocou o maior número de equívocos, de interpretações errôneas e, portanto, de oposições ferrenhas é o do controle. Morris atribui parte da responsabilidade à permanência do preconceito e também ao fato de que, "muitas vezes [os analistas do comportamento] foram excessivamente econômicos ao descreverem os objetivos, os progressos e a evolução da análise do comportamento" [Morris, 1992, p. 5]. Em quem não está tão familiarizado com as questões epistemológicas que pontilharam o caminho da teoria comportamental, evoca imagens de imposições arbitrárias dignas, pelo menos, de Orwell.

Na realidade, na psicologia comportamental contemporânea, que, é bom lembrar, não é o behaviorismo clássico de Watson, o termo controle, aplicado ao comportamento, está a serviço da epistemologia e da filosofia de base do conhecimento, ou seja, é "um modo econômico de afirmar o critério pragmático de verdade empírica como ação eficaz" [Morris, 1992, p. 7] ou como "um modo de trabalhar que leva a um final feliz" [Pepper, 1960]. Por sua vez, "ação eficaz" ou "modo de trabalhar que leva a um final feliz" são modos "econômicos" para significar a compreensão. Prever e controlar o comportamento significa, portanto, compreendê-lo. E na praxe experimental que caracteriza as ciências naturais, das quais a análise do comportamento compartilha os procedimentos, as ocasiões em que se pode afirmar compreender o fenômeno que se estuda são aquelas nas quais se descobriu *o que* o controla, além do *como*.

Na análise experimental, qualquer que seja o objeto de estudo, é, sem dúvida, fundamental *compreender como* agem as variáveis postas em questão e demonstrar que, ao manipular algumas delas, outras se modificam. Os exemplos poderiam ser infinitos, mas basta pensar nos problemas ligados a patologias como o câncer ou a Aids. Além disso, *compreender o que* implica a descoberta das relações funcionais de um fenômeno, seguida pela demonstração de que, mudando-se aquelas variáveis, o fenômeno mudará. Em outras palavras, a compreensão de que o câncer e a Aids são funções, e não só como podem se modificar, define o conhecimento que se tem deles.

> A demonstração sozinha, isto é, o controle sem a descoberta, será muitas vezes necessária, especialmente quando a descoberta exigir tempo ou for inútil, ou perigosa, ou pouco prática, ou impossível, ou quando a diferença não fizer diferença. Mas entre as duas, a descoberta das variáveis que controlam – não somente a demonstração do controle – leva à definição precisa de compreensão do comportamento [Morris, 1992, p. 9].

Compreender o comportamento é o que interessa ao analista experimental, pois a compreensão também promove o crescimento e o desenvolvimento de soluções capazes de responder com uma ação eficaz aos problemas postos pelos diversos setores aplicativos. Na análise aplicada do comportamento, compreender significa, de fato, descobrir as funções que mantêm, por exemplo, um comportamento impróprio de um estudante e demonstrar que, mudando de modo controlado aquelas variáveis específicas

– a sequência dos temas, o tipo de instrução verbal, a atenção do educador –, o comportamento do estudante mudará.

Saber como e o que controlar para mudar o comportamento de um estudante é naturalmente o objeto de estudo privilegiado, embora não o único, da psicologia da educação. Todavia, para poder analisá-lo de modo eficaz, e conforme modelos que levem a um final feliz, é oportuno, antes de tudo, definir a relação entre comportamento e aprendizagem.

CAPÍTULO III
A APRENDIZAGEM

Os progressos recentes na análise experimental do comportamento sugerem que atualmente é possível uma verdadeira tecnologia da educação. Já estão à disposição técnicas aperfeiçoadas para atingir os dois objetivos fundamentais da educação: construir repertórios mais extensos de comportamento verbal e não verbal e determinar uma probabilidade maior para aquela conduta definida como interesse, entusiasmo ou desejo intenso de aprender.
[Skinner, 1964, p. 93]

1. Introdução

"É possível continuar com o tipo de escola que se tem hoje?" O problema não angustiava apenas Skinner em 1989. As vicissitudes recentes da escola não deixam dúvidas quanto à atualidade da questão, ainda hoje. Na Itália, as medidas tomadas para mudar a escola foram, nos últimos tempos, numerosas, polêmicas e, não raro, contraditórias. E não apenas por causa da rápida mudança dos ministros. Parte da responsabilidade cabe ao que De Cecco define como "resistências que a tradição humanista ocidental opõe às incursões científicas", que não permitem sequer pôr à disposição dos sucessivos ministros sistemas, quem sabe, alternativos entre si, mas verificados e, portanto, confrontáveis com base nos resultados obtidos.

Sintetizado nas páginas introdutórias, o ponto de vista desta obra aponta para a melhoria, e para a melhoria da qualidade de vida, como o objetivo que a educação deve perseguir, e para o ensino eficaz, como o modo de persegui-la.

Ensinar de modo eficaz quer dizer, segundo Skinner [1984], "oferecer aos professores e estudantes melhores motivos para ensinar e aprender", e, para se fazê-lo, o próprio Skinner acredita que é preciso, antes de mais nada, resolver os problemas que impedem os estudantes de aprender o dobro, no mesmo intervalo de tempo e com o mesmo esforço. Menos sinteticamente, é importante: *a)* dominar um conjunto extensivo de operações para projetar as interações ambiente-comportamento em todos aqueles *settings* geralmente correlacionados à aprendizagem e *b)* seguir uma metodologia, rigorosamente controlada, de pesquisa e de avaliação a ser usada contextualmente, para adaptar as aplicações tecnológicas derivadas da ciência do comportamento em cada indivíduo. Por fim, mas poderia ser o primeiro, *c)* rever radicalmente o modo de considerar o déficit e a aceleração da aprendizagem, considerando que o estudante sempre tem razão, "não está com sono, desmotivado, cansado, atrasado ou problemático e pode aprender uma grande quantidade de coisas se o professor lhe fornecer as contingências certas de reforço. Caso contrário, será encorajado a dizer adeus à educação formal" [Keller, 1968, p. 88].

Os resultados de sessenta anos de pesquisa de laboratório e de trinta anos de pesquisa aplicada constituem a base, empiricamente fundamentada e publicamente controlável, da ciência e da tecnologia da educação e da formação [Fraley, 1981; Skinner, 1975b].

> Os princípios do comportamento sobre os quais a maior parte das tecnologias se baseia foram submetidos a mais verificações empíricas do que as feitas com os novos medicamentos, aditivos alimentares, técnicas cirúrgicas ou políticos concorrendo em eleições. E, como em toda ciência, estão sob constante controle [Greer, 1983, p. 3].

Especialmente, "nunca antes na história do homem conheceu-se tanto sobre os processos de aprendizagem e sobre as condições em que um ser humano pode ser eficaz e satisfatoriamente instruído e educado" [Keller, 1978, p. 53]. Saber muito sobre aprendizagem, é bom lembrar, é uma das premissas fundamentais características das opções de base que escolhemos para definir a psicologia da educação. Delinear, de modo explícito, qual é, atualmente, "a oferta de possibilidades de aprendizagem", isto é, quais seriam os "conceitos e princípios de aprendizagem derivados da pesquisa experimental" que podem ser empregados "em termos de formação e educação", será, portanto, o próximo objetivo.

2. A aprendizagem

Aprendizagem e comportamento são termos estritamente relacionados: fala-se de aprendizagem em relação às novas maneiras pelas quais um organismo se comporta. E também, se é verdade que as mudanças de comportamento nem sempre são exemplos de aprendizagem, a definição relatada pelos dicionários de psicologia e por quase todos os manuais é descrita como "uma mudança relativamente permanente do comportamento devido à experiência".

Em geral, aprende-se *algo sobre alguma outra coisa*, mas também a *fazer algo*, e isso se refere aos dois âmbitos, que não são inevitavelmente interdependentes, como o conhecimento da estrutura e o conhecimento da função. Não se diz, por exemplo, que o conhecimento da estrutura do computador e a habilidade em usá-lo devem ser aprendidos nessa ordem nem que ambos sejam necessários. Pode-se saber tudo sobre computação sem nunca se ter posto as mãos num computador ou, ao contrário, saber usá-lo de modo eficiente embora ignorando o que sejam *hardware* e *software*.

Conhecer as funções e as estruturas não define, portanto, os tipos de conhecimento reciprocamente exclusivos, embora a tradição de estudos sobre a aprendizagem tenha consolidado no tempo a sua dicotomia. De fato, promoveram duas linhas de pesquisa e de elaboração teórica que se reconhecem pela diversidade de problemas a que buscam dar respostas: uma ocupa-se da análise funcional, a outra, da análise estrutural. Mas, enquanto no âmbito das respectivas linhas de pesquisa é possível encontrar um denominador comum, no método experimental e nos procedimentos de coleta de dados as elaborações teóricas são ainda hoje bastante divergentes.

2.1. As linhas de pesquisa

Estudar as *funções*, como já foi dito, significa estudar as consequências de relações particulares entre eventos ambientais específicos e comportamentos específicos. A análise experimental é conduzida mantendo-se constantes os estímulos e as respostas e modificando-se, de modo controlado, as suas relações no âmbito da contingência entre as funções do estímulo antecedente, as funções da resposta e as funções do estímulo consequente. Um exemplo pode servir para esclarecer o que acontece.

Considere-se a tarefa de classificação de 12 blocos lógicos com base na cor. O que interessa estudar é se e como o comportamento de seleção muda quando as respostas corretas provocam reforçadores e as erradas, punidores. O confronto permite compreender o que é capaz de mudar a interação entre os blocos lógicos e o comportamento de seleção. Os estímulos são sempre os mesmos 12 blocos, o comportamento é o de seleção. O que muda, de modo controlado, é aquilo que acompanha as seleções certas e as erradas. O que acontece é descrito em termos observáveis como funções do estímulo antecedente, funções das respostas e funções dos estímulos consequentes, enriquece o conhecimento sobre as relações comportamento-ambiente e, além disso, pode contribuir para resolver problemas em âmbito educacional.

Estudar as *estruturas* implica procurar respostas a quesitos sobre a natureza de capacidades ou habilidades particulares. A análise é conduzida mantendo-se constante a relação entre estímulo e resposta e alterando-se, de modo controlado, as propriedades críticas de um e de outro. Nesse exemplo, estuda-se a natureza da habilidade de classificação modificando-se a estrutura da tarefa, aumentando-se, por exemplo, o número de blocos a serem classificados ou o número de critérios de classificação e mantendo-se invariável a idade do sujeito ou se variando a idade dos sujeitos, mas não a complexidade da tarefa. O que interessa é verificar se e como o comportamento de seleção muda nas diversas situações. O confronto permite estabelecer a relação entre estrutura da tarefa e estrutura mental. O que acontece é descrito, em termos observáveis, como estrutura da tarefa e, em não observáveis, como habilidade mental. Esta última não é acessível, e o comportamento que a descreve – no entanto, é tudo aquilo de que se dispõe – não é considerado senão uma representação inadequada. Os resultados da análise, no fim, enriquecem os conhecimentos de base e os aplicativos em relação à estrutura da tarefa, mas não à da mente.

Evidentemente, os problemas funcionais e estruturais são muitas vezes interligados entre si. Pense-se, por exemplo, naqueles implícitos na definição da atividade de leitura e da sua programação didática. A variação das unidades textuais, a organização hierárquica da estrutura do texto – em termos de relações entre letras, sílabas, palavras, frases, períodos – e a correspondência entre estrutura do estímulo e estrutura da resposta – em termos de relações entre texto escrito e produção verbal – são igualmente importantes na promoção da aprendizagem de relações específicas entre funções discriminativas dos estímulos antecedentes e funções reforçadoras, como aquelas que acompanham a resposta.

Na medida em que o método e os procedimentos comuns possibilitam analisar problemas estruturais em termos funcionais e vice-versa, as contribuições das duas linhas de pesquisa são igualmente legítimas na pesquisa de base e igualmente significativas para a aplicada. Uma conciliação torna-se menos fácil quando se passa da atividade de pesquisa à interpretação teórica dos dados experimentais.

2.2. As linhas interpretativas

O comportamento e suas modificações são elementos suficientes aos analistas do comportamento para descrever e explicar não só o que acontece quando se está ocupado fazendo coisas – por exemplo, selecionando elementos diversos com base em um ou mais critérios de classificação, guiados pelas consequências das escolhas –, mas também quando se explica em que consiste a operação de classificação. Coerentemente com a filosofia da ciência com base na qual trabalham, convencidos de que aquilo que um indivíduo faz é o único dado objetivamente acessível, não podem examinar senão o comportamento: também em situações de aprendizagem de estruturas, a terminologia, as observações e as teorizações só podem, em última análise, derivar do comportamento, do que o indivíduo faz [Catania, 1979]. O conhecimento que um indivíduo tem da estrutura da classificação, ou do computador, é deduzido, por exemplo, do seu comportamento verbal enquanto fala.

Não há dúvida, portanto, sobre a existência da mente e da ideia de sala de aula ou de computador, nem sobre o fato de que tal ideia possa estimular um comportamento. O que se rejeita é a convicção de que a ideia seja a *causa* do comportamento.

> É muito fácil se satisfazer com uma explicação nesses termos; não basta dizer que alguém faz algo por causa de uma ideia, de um pensamento ou de uma impressão. As ideias, os pensamentos e as emoções referem-se à realidade e, portanto, devem originar-se no contato com a realidade [...], são as experiências passadas, em outras palavras, é a aprendizagem passada a testemunhar aquilo que se faz [...] e *ideia* é o nome que se dá aos fatos que acontecem quando se interage com os eventos da realidade [Catania, 1979, p. 8].

Os cognitivistas, por outro lado, acreditam que, no decurso das interações com os eventos da realidade, se verificam processos que envolvem além das estruturas dos eventos também as estruturas da mente, que não coincidem com o comportamento observável, de que, aliás, são a causa e sobre cuja natureza é necessário indagar mais.

Permanecendo firme à diferente filosofia da ciência que subentende a definição do objeto de estudo, o problema da interpretação dos dados da pesquisa pode ser resolvido renunciando-se à questão controversa da prioridade das estruturas sobre as funções, ou vice-versa, e compartilhando-se o pressuposto, ao qual está contribuindo muito a neurobiologia e cujas funções e estruturas são ambas determinadas pela pressão seletiva dos eventos ambientais: as propriedades funcionais e estruturais dos organismos de uma espécie podem ser compreendidas e explicadas graças à evolução daquela espécie [Dawkins, 1979; 1986]. Nesse sentido, ambas são o resultado da aprendizagem, não sua causa; ambas são determinadas pelas relações entre comportamento e ambiente e, portanto, colocam-se nos extremos do mesmo *continuum* definido pela história evolucionista. Por sua vez, os processos comportamentais e cognitivos que os caracterizam desenvolvem-se sem solução de continuidade; o que os separa é apenas o nível diferente de acessibilidade à observação direta.

Coerentemente com essa leitura, tal análise da aprendizagem leva em consideração, antes de mais nada, os aspectos funcionais sobre os quais, graças à sua "visibilidade", já existe um acordo compartilhado. O objetivo é o de descrever como a modificação das relações entre eventos ambientais e ações específicas do indivíduo abre espaço a *tipos de comportamento* que representam os pilares da estruturação posterior e complexa dos diversos repertórios.

3. O *status* da arte na psicologia da aprendizagem

A psicologia da aprendizagem tem evoluído historicamente graças aos resultados experimentais obtidos com uma grande variedade de paradigmas, isto é, de "realizações científicas universalmente reconhecidas que, durante algum tempo, fornecem problemas e soluções modelares para uma comunidade de praticantes de uma ciência" [Kuhn, 1998, p. 13]. Sucessivos paradigmas deram importância crítica às leis da associação ou da contiguidade, às regras do condicionamento respondente, aos princípios do reforço e da punição; cada um deles foi sendo substituído assim que se demonstrava incapaz de corresponder a todos os fenômenos complexos da aprendizagem.

Atualmente, a análise experimental do comportamento enfrenta uma variedade infinita deles segundo o pressuposto de que os problemas da aprendizagem podem ser considerados paralelos aos da evolução, e a seleção e a manutenção das configurações - padrões - comportamentais no decurso da vida individual têm muito em comum com a seleção e a sobrevivência dos indivíduos no decurso da evolução da espécie [Catania, 1979; 1992; Catania e Harnard, 1988; Moderato e Chase, 1995; Morris, 1992; Skinner, 1966b; 1975].

Obviamente, o que é selecionado para a sobrevivência de um grupo e do indivíduo dentro do grupo são as "práticas culturais", não aqueles que as praticam. Isto é, são tipos de comportamentos que sobrevivem como práticas culturais e são transmitidos por serem mais adaptativos, e não o grupo, o indivíduo, ou seus descendentes em sentido biológico.

> Graças aos mecanismos filogenéticos que operam ao longo das gerações, o comportamento de um pai pode sobreviver no comportamento dos filhos. Graças aos mecanismos ontogenéticos que operam durante a vida de um único organismo, alguns tipos de comportamento têm mais probabilidade de sobreviver no comportamento daquele organismo. Quando os filhos podem aprender o comportamento dos pais ou de outros mediante a observação, a imitação ou o comportamento verbal, por exemplo, cria-se um terceiro âmbito para a seleção [Catania e Harnad, 1988, pp. 474-475].

Embora o âmbito comportamental não supere, evidentemente, o biológico *in totum*, é importante enfatizar algumas analogias que sugerem soluções apropriadas a um e a outro. Insistir nos aspectos descritivos do que acontece no decurso da aprendizagem, mais do que nos aspectos explicativos, é a analogia mais significativa. Na análise experimental do comportamento, por exemplo, o termo reforço, que, no âmbito de algumas teorias da aprendizagem, tinha funções explicativas, assumiu exclusivamente funções descritivas para uma categoria de fenômenos. Em outros termos, os problemas de pesquisa que os analistas do comportamento examinam não indagam se o reforço explica o comportamento de forma causal, mas dedicam-se a uma gama de circunstâncias em que o termo reforço pode ser adequadamente usado para descrever e para compreender o que acontece, de modo que possa ser repetido. As teorias e os modelos vão e vêm, ao passo que a descrição do comportamento e dos modos pelos quais ele muda permanece.

A psicologia da aprendizagem tentou explicar seguidamente a aprendizagem, pondo em questão, a cada vez, causas diferentes: os traços neuronais, as associações, as estruturas cognitivas. Porém, parece mais oportuno fazer o contrário: usar o desenvolvimento do comportamento para definir tipos comportamentais e defini-los em função de sua origem e de como são aprendidos.

Em alguns casos, isso já foi feito: uma pessoa é capaz de distinguir comportamentos inatos dos adquiridos por meio da experiência e diferenciar o comportamento eliciado pelos estímulos daquele produzido por suas consequências também em termos taxionômicos; por isso se fala em comportamento respondente e operante. Mas também é capaz de modificar hierarquias comportamentais, de formular novas respostas, de estabelecer discriminações, de resolver problemas; e a compreensão desses fenômenos depende, em grande medida, da competência com que se pode falar disso em termos descritivos.

A análise experimental do comportamento descreveu, infinitas vezes, o que acontece em circunstâncias controladas em laboratório; o patrimônio de informações relativas às operações experimentais específicas e aos processos a que abrem espaço está na base de todas as aplicações em *settings* naturais, especialmente os educacionais. De fato, é evidente que a relação educativa é amplamente definida pela eficácia da relação ensino-aprendizagem, isto é, da relação entre condições ambientais e modificações do comportamento. Organizar do melhor modo possível tais condições só pode favorecer a evolução do comportamento, promovendo tempos, modalidades e potencialidades de aprendizagem. Organizar do melhor modo possível, no entanto, significa poder prever como o comportamento mudará em relação às condições programadas. E o poder de previsão, na ciência, é claro, apoia-se na regularidade dos dados empíricos recolhidos com a experimentação. Uma rápida resenha de alguns princípios de regularidade fundamentais para a programação educativa é, a esta altura, indispensável.

4. Operações e processos de aprendizagem

As relações entre os eventos do ambiente - os estímulos - e o comportamento do organismo - as respostas - são suscetíveis de análise experimental, na medida em que seja possível observar se e como a manipulação controlada de algumas influencia as outras. No âmbito da análise experimental do comportamento, o que o experimentador faz ou o modo como organiza as variáveis independentes - os eventos ambientais - determinam as *operações*, enquanto as mudanças do comportamento observadas - as variáveis dependentes - descrevem os *processos*. As operações que um experimentador pode predispor são inúmeras, e podem-se considerar os seus efeitos em termos de processos, pondo-as em questão, não só uma por vez, mas também as associando em unidades mais complexas.

A *observação* do comportamento é, no entanto, a operação preliminar. Permite ver o que um organismo faz, como se comporta dentro de um ambiente especial apropriadamente predisposto em laboratório e também em situações naturais. Não prevê a manipulação de variáveis, mas é um momento imprescindível da análise experimental, pois descreve o comportamento antes que sejam introduzidos os eventos que, supõe-se, poderiam modificá-lo. É evidente que a modificação induzida sucessivamente poderá ser confirmada apenas se baseada numa observação inicial acurada. Sua importância na avaliação da eficácia da intervenção educativa é crítica. Será analisada em detalhes com relação à programação educativa.

As *operações* experimentais são classificáveis em três modalidades específicas de organização dos eventos ambientais: *a)* operações de apresentação do estímulo, *b)* operações consequentes à resposta, *c)* operações de controle do estímulo.

O primeiro modo (*a*) é o mais simples, mas também o menos interessante em termos aplicativos, pois descreve um número muito limitado de comportamentos: quando a apresentação de apenas um estímulo é suficiente para provocar uma resposta do organismo, o processo é descrito como eliciação. Modos mais complexos (*b*) implicam operações que o experimentador faz quando organiza o ambiente a fim de que o comportamento do indivíduo produza consequências capazes de alterar-lhe a frequência. As operações de organização dos eventos que acompanham o comportamento descrevem processos chamados de reforço e punição.

Enfim, pode-se agir de modo (c) que os estímulos que se apresentam indiquem eventos especiais, por exemplo, o aparecimento ulterior de outro estímulo ou a oportunidade de produzir consequências especiais. Operações desse tipo são conhecidas como controle do estímulo e são possíveis tão só em combinação com aquelas mais simples de apresentação do estímulo ou de organização das consequências. Isso será estudado no próximo capítulo.

4.1. Operações de apresentação dos estímulos

A operação experimental consiste na apresentação de um estímulo que mude o comportamento, e o processo é descrito como *eliciação de uma resposta*. A relação sistemática descrita por um estímulo que elicia uma resposta chama-se reflexo ou respondente. Exemplos de respostas eliciadas por estímulos específicos são conhecidos: o reflexo do nervo patelar do joelho é eliciado pela batida do martelo; a salivação, pelo alimento na boca; a contração da pupila, pela luz. Por causa de sua relativa simplicidade, os reflexos e suas relações foram, por certo período de tempo, utilizados para explicar uma variedade considerável de processos comportamentais. Do sistema de reflexos condicionados de Pavlov até o comportamentalismo de Watson, constituíram a unidade de base de cadeias em que cada resposta funcionava simultaneamente como resposta eliciada, e a ulterior, como estímulo eliciador. Depois de Watson, no entanto, o conceito de reflexo perdeu significado na análise do comportamento, mantendo um papel mais propriamente limitado a que se acenará nas fases iniciais do desenvolvimento e, mais tarde, em tipos especiais de comportamento emotivo.

4.2. Operações de organização das consequências das respostas

A relação organismo-ambiente é recíproca. A observação permite descrever as coisas que cada indivíduo faz e como estas modificam o seu ambiente natural, produzindo estímulos capazes de mudar o comportamento futuro em diversas direções, mas também removendo estímulos. Se o fato de chorar permite obter mais atenção por parte do adulto, toda a contingência será reforçada e a interação operante da criança com o ambiente repetir-se-á sempre com maior frequência. Ela também chorará, seguidamente, se o choro produzir, como consequência, a remoção da fralda molhada.

Estudar experimentalmente essas relações implica operações de organização controlada dos estímulos que acompanham uma resposta, para analisar de modo sistemático sua relação com o comportamento; portanto, não basta apresentar estímulos, é necessário que sejam apresentados numa determinada relação com uma resposta. As operações que organizam os estímulos que acompanham uma resposta são várias e conhecidas, como *reforço, punição* e *controle aversivo*. Naturalmente, elas abrem caminho a processos diferentes. Sua importância nas aplicações educativas é crítica e, ademais, facilmente mal-entendida. Portanto, vale a pena descrevê-las com maiores detalhes.

O reforço. Reforço é a operação – e o processo – que descreve o que acontece com uma resposta quando acompanhada de estímulos específicos. Descreve em outros termos uma *relação de contingência*: aquela determinada relação de probabilidade entre respostas e estímulos consequentes. A relação é complexa, e sua definição atual leva em consideração as elaborações conceituais referentes à relatividade do reforço, aos tipos de consequências que podem ser reforçadores, ao significado da extinção e à gama de respostas que podem ser reforçadas.

A relatividade. As condições necessárias e suficientes para que se verifique uma contingência de reforço preveem: *a)* que a resposta tenha uma consequência; *b)* que aumente em probabilidade – que o seu surgimento se torne mais provável do que seria sem ou antes de causar aquela consequência –; e que *c)* o aumento em probabilidade dependa daquela consequência e não de outras.

São as propriedades *reforçadoras* que fazem de um estímulo consequente um *reforçador* e, portanto, um estímulo só pode definir-se como reforçador em relação ao efeito que tem sobre a resposta e à função que exerce: se não aumentar a probabilidade de surgimento, não é um reforçador. A relatividade do estímulo já é um princípio geral do comportamento, bem definido por causa da verificação experimental sistemática. E torna relativos a operação e o processo de reforço.

Tipos de consequências reforçadoras. Os eventos potencialmente reforçadores são inúmeros: alguns parecem eficazes desde os primeiros momentos da existência, outros adquirem sua função ao longo do tempo; alguns podem tornar-se obsoletos, outros têm valor simbólico; em todo caso, não podem ser identificados *a priori* e por nada mais a não ser o efeito que têm sobre o comportamento. Enfatizá-los pode parecer redundante; na realidade, muitas vezes, nos processos educativos, presume-se que alguns estímulos tenham propriedades conaturais sempre e sejam reforçadores em todos os casos e para todos - o que não é verdade. Nem sequer a comida e a água, usadas normalmente no decurso da experimentação com animais, são sempre reforçadores. Sua capacidade de tornar a resposta mais provável depende do nível de carência alimentar - ou de outros fatores do *setting* - do organismo, cujas respostas deveriam tornar-se mais prováveis. Com as crianças é fácil constatar, por exemplo, que uma bala perde rapidamente seu poder reforçador pela saciedade.

O exemplo da bala não deve fazer pensar que os reforçadores correspondam necessariamente ao que na linguagem corrente se chama de *recompensa*. Outra característica sua é, de fato, ter efeito não por fazer o indivíduo sentir-se melhor ou porque ele gosta delas. É provável que os efeitos dos estímulos causados pelo *jumping* não agradem, particularmente, a quem o pratica nem o façam sentir-se "melhor"; todavia são evidentemente eficazes.

Às vezes é a possibilidade de empenhar-se numa resposta mais provável que tem um efeito reforçador sobre a menos provável. São conhecidos a esse respeito os experimentos de Premack [1962]: dadas as duas respostas de um sujeito experimental, das quais uma é mais provável que a outra, a oportunidade de empenhar-se na primeira pode ser usada como reforçador da segunda. Se beber é a atividade mais provável para o animal e correr dentro de uma roda, a menos provável, tornar o beber consequência do correr na roda faz aumentar rapidamente a probabilidade desta última atividade. Isso talvez pareça óbvio; menos óbvio é que aconteça também o contrário, porque, se correr na roda é a atividade mais provável, torná-la consequente à menos provável faz aumentar a probabilidade do comportamento de beber.

As implicações educativas do princípio de Premack não podem ser eludidas; sua importância é crítica, por exemplo, na indução e manutenção da motivação. Se, para uma criança desenhar, assistir à televisão ou fazer qualquer outra coisa é um comportamento que se repete muitas vezes, torná-lo acessível a ela como consequência de uma atividade menos frequente fará aumentar a probabilidade de que se empenhe mais seguidamente na leitura ou na solução de problemas. E ler mais seguidamente poderá fazê-la descobrir que também esse tipo de passatempo pode ser igualmente reforçador quanto assistir à televisão.

A extinção é a operação experimental que, interrompendo a relação contingente entre a resposta e o reforçador, faz com que a resposta volte ao nível de probabilidade que tinha antes de ser reforçada. Uma resposta, portanto, está extinta quando a operação de reforço volta ao nível anterior e mantém-se nele. Também a extinção é, a um só tempo, uma operação e um processo; propõe novamente, em ambiente controlado, aquilo que acontece em circunstâncias naturais, quando as consequências não mudam o nível de probabilidade das respostas que as causam. No decurso da existência do indivíduo são muitíssimas as respostas que produzem consequências que mantêm constantes a sua probabilidade.

Verificar, experimentalmente, que é possível tornar menos provável uma resposta, interrompendo a contingência com as suas consequências, garante a possibilidade de intervir eficazmente quando as circunstâncias o exigirem; quando, por exemplo, os comportamentos são mantidos em níveis excessivos em relação ao que é considerado "normal", por reforçadores fortes; quando são perturbadores para a pessoa ou para a comunidade; quando é preciso que passem de contingências de reforço de um tipo para outras de natureza diferente. Em todo caso, o sistema educacional, no plano familiar, antes, e escolar, depois, fornece provavelmente o melhor exemplo de como se organizam as consequências para reforçar comportamentos especiais, para enfraquecer alguns ou para fazer com que outros ainda – o de controlar a urina ou o de resolver problemas aritméticos –, que, num primeiro momento, foram necessariamente reforçados por consequências artificiais ministradas pelo educador, sejam, em seguida, mantidos por suas consequências naturais.

A extinção e o reforço são, portanto, dois aspectos do mesmo processo, ou melhor, a extinção é uma parte do processo de reforço: demonstra a relação entre a resposta e aquela consequência específica que modifica sua probabilidade, corroborando assim as propriedades reforçadoras daquela consequência; e, além disso, define, por certo período, os efeitos do reforçador. O tempo necessário para que uma resposta volte a exprimir-se nos níveis de probabilidade que tinha antes de ser reforçada, isto é, a resistência à extinção, representa um bom parâmetro de medida da eficácia do reforçador. Relembrá-lo pode ser importante quando, por exemplo, se pretende levar a níveis normais, e num breve período de tempo, um comportamento que foi mantido, por contingências eficazes de reforço, a um nível muito alto, por meses ou mesmo anos.

Respostas que podem ser reforçadas. É importante salientar que são as respostas que devem ser reforçadas, e não o indivíduo. Por causa do reforço, o indivíduo muda o próprio comportamento, *aprende* respostas. Em outras palavras, o reforço é uma parte da descrição da aprendizagem, não sua explicação. A distinção é substancial:

> as consequências das respostas são críticas para a compreensão da aprendizagem não por ser a aprendizagem uma consequência delas, mas porque *elas são aquilo que se aprende.* As contingências entre comportamento e consequências são os modos pelos quais o ambiente é influenciado pelo comportamento e, portanto, são características importantes do ambiente para o indivíduo que aprende [Catania, 1984, p. 76].

Tudo o que se faz ao longo da vida produz consequências e, portanto, é suscetível de aprendizagem. A gama de respostas modificáveis ou amoldáveis pelas contingências de reforço é vasta e articulada. Voltaremos a falar sobre isso mais adiante.

A punição. De modo inteiramente análogo ao que acontece com a relação estabelecida entre resposta e consequência por causa do reforço, pode-se descrever uma relação em que a resposta torna-se menos provável. A operação de *punição* reduz, de fato, a probabilidade de surgimento da resposta que produz um estímulo com características punitivas: também nesse caso, é oportuno salientar que é a resposta que é punida, e não o indivíduo que a emite. O motorista é multado, mas é a resposta de ter estacionado em lugar proibido que é punida. As especificações não são de pouca importância: suas implicações esclarecem por que, em situações educativas, pode ser oportuno não usar a punição. Amiúde acontece de serem punidas respostas diferentes das que se quer eliminar. A punição infligida pelo pai, à noite, pelo comportamento desobediente que a criança teve à tarde, de fato pune outro comportamento. A relação de contingência cria-se com a resposta que a criança emitiu imediatamente antes de receber a punição, e o risco é o de ver diminuir a probabilidade de um comportamento totalmente correto.

Como acontece com o reforço, também a punição prevê três condições das quais a última determina sua relatividade, especificando que a diminuição da probabilidade da resposta deve depender daquela consequência e não das outras.

A tipologia dos estímulos punitivos é vasta e variegada, pelo menos como a dos reforçadores, e para identificá-los vale o mesmo critério. É a característica do estímulo que faz diminuir a probabilidade da resposta, por esta ser punitiva. Além disso, é a contingência entre a resposta e o estímulo, e não simplesmente a distribuição do punidor, que deve mudar a probabilidade da resposta.

Em experimentos de laboratório, é relativamente fácil demonstrar que os choques elétricos têm um efeito mais consistente quando são contingentes à resposta do que quando não o são, posto que, assim mesmo, o choque distribuído de modo não contingente ao comportamento possa fazer diminuir a taxa de bicada de um pombo. Acontece o mesmo com a criança: a mesma punição, se é contingente ao "bater o pé", faz diminuir o comportamento de maneira bem mais acentuada do que quando não o é.

Também em relação à extinção, o reforço e a punição são simétricos. Os punidores, assim como os reforçadores, têm efeito temporário; quando a contingência entre resposta e consequência punitiva é interrompida, a resposta tende a voltar ao mesmo nível de probabilidade que tinha antes do início da operação. Apenas ocasionalmente, e isso é bem conhecido, um único punidor – ou um número muito limitado deles –, embora suficientemente intenso, faz desaparecer uma resposta para sempre. Uma pessoa que fraturou uma perna esquiando pode eliminar completamente essa atividade esportiva dos seus programas de lazer. Por outro lado, o mesmo acontece com o reforçador: quem ganha um milhão de reais na loteria, dificilmente continua comprando bilhetes. Em geral, para se evitar a extinção da função punitiva e, portanto, se manter um comportamento em níveis baixos, é preciso haver a continuidade da operação de punição. Um bom exemplo poderia ser ainda o da multa por estacionamento em local proibido que, por ser felizmente descontínua, não obstante a consistência pelo notável incremento do custo, não elimina, de fato, o comportamento incorreto.

Em âmbito educacional, este é outro dos pontos críticos considerados antes de se decidir usar a punição. Empregar punições consistentes e de modo contínuo, além das óbvias dúvidas éticas, levanta problemas práticos de monitoramento constante do comportamento a ser eliminado e pode, assim mesmo, ser útil apenas em parte. Em geral, o problema do educador não é simplesmente o de eliminar um comportamento, por ser presumivelmente incorreto ou inadequado, mas o de fazer emergir ou de potencializar, como alternativa, um comportamento correto. A punição não sugere qual deve ser o comportamento alternativo. A operação de substituição obtém mais, como se verá, utilizando outras estratégias.

Enfim – e nem sempre se pensa nisso – também a punição, por agir sobre a resposta, faz aprender a contingência resposta-estímulo que a acompanha; a probabilidade da resposta, acompanhada pelo punidor, diminui precisamente em virtude de a contingência ter sido aprendida. Se pode ser útil ter aprendido as consequências do pôr os dedos na tomada elétrica, de um ponto de vista educativo parece completamente supérfluo aprender (e, muitas vezes, lembrar por muito tempo) os erros que causaram punições sistemáticas e/ou consistentes em trabalhos acadêmicos.

Aspectos especiais da punição, que não têm um correspondente no reforço, referem-se aos efeitos secundários da operação. Quer em circunstâncias naturais, quer nas situações experimentais de laboratório que as reproduzem, pode-se demonstrar a eficácia da contingência punitiva apenas se a resposta fizer parte do repertório comportamental do indivíduo e, portanto, for emitida com certo nível de probabilidade. Nesse caso, a resposta já está mantida por estímulos consequentes com características reforçadoras, com os quais o punidor pode também entrar em um relacionamento competitivo. Desse modo, os seus efeitos podem depender do tipo de reforçador que mantém a resposta e são descritos como efeitos discriminativos da punição. Em laboratório, a demonstração prevê que se proponha uma sequência durante a qual, inicialmente, a resposta não produza consequências; num momento seguinte, toda resposta produz um choque elétrico, e alguma, por acaso, também o aparecimento da comida. A resposta do sujeito experimental mantém-se em nível constante até que não produza punidores, mas, paradoxalmente, tende a aumentar assim que começar a produzir choques, porque só então poderá, ocasionalmente, produzir também o alimento; se a carência alimentar for muito acentuada, o incremento será bastante consistente. Circunstâncias análogas são as que descrevem o comportamento da criança maltratada que provoca o pai violento até apanhar, pois apanhar é quase sempre seguido por um nível de atenção mais alto do que o normal, e a atenção é um poderoso reforçador.

Reforço e punição para remoção dos estímulos. Tanto as operações de reforço como as de punição até aqui analisadas acontecem por causa da organização das consequências de uma resposta que prevê *operações de apresentação de estímulos*, numa contingência que é definida como *positiva* enquanto propõe algo de novo, algo que antes não estava presente no ambiente do indivíduo. Mas é possível obter os mesmos efeitos de aumento e diminuição de probabilidades de resposta organizando as consequências com *operações de remoção de estímulos punitivos ou de estímulos reforçadores.* Nesse caso, a contingência é *negativa*, no sentido de que tira os estímulos presentes no ambiente. Paradoxalmente, fala-se em reforçadores negativos e em punidores positivos, mas os adjetivos positivo e negativo indicam exclusivamente a contingência aditiva que põe à disposição algo que não existia ou a contingência de subtração de algo que, ao contrário, estava presente. Fechar os olhos permite eliminar uma luz muito forte e, portanto, reforça aquele comportamento; ficar sem sobremesa após o jantar tira um reforçador, portanto, pune o comportamento "bater o pé".

Na prática educativa, o uso dessas formas de reforço e de punição, especialmente da punição negativa que elimina consequências reforçadoras, é, muitas vezes, utilmente previsto no decurso de programas específicos de intervenção, que serão descritos mais adiante.

Existe, enfim, uma modalidade especial de reforço que consiste em prevenir ou em evitar a apresentação do estímulo aversivo, que teria funções punitivas. Um indivíduo deixa a mesa de jogo antes de perder mais ou sai da sala para não se encontrar com uma pessoa, realizando uma fuga propriamente dita. Em outros casos, com um comportamento evasivo, pedem-se desculpas para não ser repreendido ou levanta-se um braço num sinal convencional antes que o adversário se desforre. Em ambos os casos, as respostas são reforçadas por causa do controle que permitem exercer sobre os estímulos punitivos que, do contrário, acompanhariam a resposta. Por isso, são conhecidas como *formas de controle aversivo.*

Os programas de reforço e de punição. No dia a dia, dificilmente uma resposta, ou melhor, um tipo de resposta é acompanhado sistemática e regularmente por uma consequência tão consistente que modifique de modo significativo sua probabilidade. Em geral, as condutas são mantidas por reforçadores intermitentes, isto é, por reforçadores que acompanham algumas respostas e não outras. O segredo do sucesso da loteria está justamente no fato de que, depois de um acerto, embora modesto, seguem-se casualmente algumas respostas, e isso basta para manter o comportamento de aquisição dos bilhetes em níveis constantes.

Uma vez que os reforçadores organizam-se com base no número das respostas mais do que no intervalo de tempo decorrido entre um reforço e o sucesso, os programas são classificados como de razão ou de intervalo. Um e outro podem ser fixos ou variáveis. Um programa com razão fixa "três" implica a distribuição de um reforçador a cada três respostas, ao passo que um programa com intervalo variável de três minutos implica a distribuição de um reforçador basicamente a cada três minutos. O programa de reforço de uma máquina caça-níqueis tem, em geral, razão variável: a descarga de moedas é programada, obviamente ao acaso, para cada "x" jogadas. Um jogo com bilhetes numerados, ao contrário, baseia-se num programa com intervalo de tempo variável, no sentido de que o acerto não depende do número de jogadas anteriores, mas do transcurso do tempo antes que certa combinação aconteça.

Naturalmente, também outros comportamentos de natureza completamente diversa seguem a mesma lei. Continua-se a "fazer o próprio trabalho", embora o pagamento seja feito uma vez por mês, e o "chefe" não reconheça cotidianamente os merecimentos do trabalhador; continua-se a cultivar rosas por *hobby*, independentemente do número de enxertos que vingam; continua-se a ir ao cinema sem ser encorajado pela qualidade mediana da produção mais recente; continua-se a estudar, independentemente das provas do dia seguinte, porque se quer aprender mais. Em todos os casos, também no último, os reforçadores de natureza diversa mantêm em níveis constantes os comportamentos diferentes.

No entanto, como se aprendeu a fazer essas coisas e, sobretudo, por que se continua a fazê-las? Qualquer que seja a conduta e o reforçador intermitente que as mantenha, elas foram aprendidas porque se aprendeu a contingência resposta-consequência que inicialmente se verificava, presumivelmente, de modo contínuo. Para uma criança que começa a ir à escola e não teve experiências anteriores de "estudo" formal, a probabilidade de tipos de respostas de "aplicação ao estudo" é constante e em níveis geralmente muito baixos. Para que se possa verificar um aumento consistente da probabilidade de tais condutas é necessário que as contingências resposta-funções estímulo consequentes sejam contínuas. Somente se a resposta se verificar com uma probabilidade sempre crescente, graças a uma contingência sistemática de reforço, será possível que a criança comece a ser reforçada por estímulos consequentes diferentes dos ministrados pelo professor. Uma criança com uma alta probabilidade de apresentar comportamentos de estudo tem mais ocasiões de descobrir os reforçadores naturais implícitos na atividade e, nessa altura, a intervenção do professor que ministra outros reforçadores pode tornar-se intermitente, sem que a resposta se extinga.

É exatamente em situações educacionais que é importante saber administrar, conforme programas funcionais, não só as diversas maneiras de organizar os reforçadores para favorecer a aprendizagem, mas também a manutenção daquilo que é aprendido, além da progressiva autonomia do controle exercido por reforçadores não naturais ministrados por outros.

Em geral, no âmbito educacional, é oportuno utilizar contingências contínuas mesmo quando o comportamento tenha atingido níveis de probabilidade considerados ótimos, e depois passar, para que este se mantenha, às contingências intermitentes baseadas no número de respostas ou no intervalo de tempo. Naturalmente, programas diferentes podem operar concomitantemente em tipos de respostas diferentes.

O reforço diferencial e a modelagem de respostas. Apresentar estímulos e organizar as consequências das respostas permite, como já vimos, modificar o comportamento de modo que as respostas pouco prováveis se tornem mais frequentes e se mantenham estáveis no tempo, se for o caso, ou, ao contrário, respostas exibidas demasiadas vezes ou de modo excessivamente intenso sejam redimensionadas. As duas operações não são, porém, suficientes para descrever e explicar como as respostas novas ou os comportamentos nunca exibidos se tornam parte estável do repertório individual. Em outros termos, é como apreender modalidades de interação que, completamente ausentes de início, não são, porém, suscetíveis de modificação direta por meio de programas de reforço, punição ou extinção [Bijou, 1993; Catania, 1984].

A operação que possibilita o ensino de comportamentos *novos* é o *reforço diferencial.* E a modelagem é, sem dúvida, um dos procedimentos de organização do reforço diferencial mais conhecidos e utilizados no âmbito educacional.

Definido o procedimento de modelagem em laboratório, com animais, Wolf, Risley e Mees [1964] aplicam-no, pela primeira vez, numa situação clínica que já se tornou clássica, impelidos pela necessidade de fazer usar os óculos uma criança seriamente perturbada em nível comportamental, com o risco, acima de tudo, de perder a visão depois de uma cirurgia de catarata. Embora, funcionalmente cega sem óculos, a criança, no entanto, negava-se a usá-los e, portanto, era realmente impossível atuar um programa normal de reforço pela resposta de "pôr e manter os óculos", que nunca aparecia. Esperar que fosse emitida espontaneamente, para poder reforçá-la, implicava um risco excessivo para a visão da criança; restava, portanto, apenas planejar uma intervenção que, ao reforçar diferencialmente respostas concatenadas numa determinada ordem, conduziria de forma gradual, mas em tempos contidos, àquele fim desejado. O comportamento de "mexer nos óculos" que a criança mostra ocasionalmente é escolhido como momento inicial do programa. O reforço contínuo contingente faz aumentar sua probabilidade e, além disso, cada vez que a resposta "mexer nos óculos" é emitida, outras respostas – exemplos do mesmo tipo – surgem pelo efeito da *indução – generalização – das respostas*. O fenômeno verifica-se quando o reforço direto, exercido sobre uma resposta específica ou sobre um tipo de resposta, dá espaço a uma dimensão indireta do reforço com respostas semelhantes à original, definidas por propriedades comuns [Skinner, 1935]. Entre as muitas, é possível selecionar uma, por exemplo, "segurar os óculos na mão", que, mais parecida com a final, seria daí em diante reforçada diferencialmente. E assim por diante, por aproximações sucessivas.

Do ponto de vista do procedimento, a modelagem é, portanto, baseada no reforço seletivo que faz surgir, dentro de tipos sucessivos de respostas generalizadas, aquelas que, aos poucos, são mais parecidas com a resposta final desejada. Aparentemente, e de maneira inteiramente nova, esta última nada mais é, na realidade, que uma reorganização de respostas já consolidadas, nas quais a sequência é modificada gradualmente.

O procedimento, repetido e validado num enorme número de situações, tornou-se uma das técnicas mais usadas pela teoria comportamental. Mais adiante, algumas aplicações educacionais para o ensino de habilidades e de conhecimentos acadêmicos serão mais bem apresentadas.

No entanto, é prioritário concluir a análise das operações de organização dos eventos ambientais. As respostas, de fato, podem ser reforçadas de modo diferencial não só segundo as suas características, mas também conforme as características dos estímulos em cuja presença se verificam. O próximo capítulo se ocupará das questões ligadas às operações de controle dos estímulos.

CAPÍTULO IV

DISCRIMINAÇÃO E GENERALIZAÇÃO

A discriminação e a generalização podem ser entendidas como os dois extremos de um continuum definido pelo controle do estímulo. Se o comportamento muda de maneira coerente ao modificar-se um aspecto qualquer do estímulo, diz-se que está sob o controle daquele estímulo. Na medida em que, ao contrário, não muda com a mudança do estímulo, diz-se que falta o controle do estímulo.
[Hulse, Egeth e Deese, 1980, p. 168]

1. Introdução

Saber fazer a coisa certa, no momento certo, é, provavelmente, a característica fundamental do comportamento ajustado. "Num ambiente que muda continuamente, a *generalização* dos estímulos atribui estabilidade e coerência ao nosso comportamento [...], ao contrário, o processo de *discriminação* lhe atribui especificidade, variedade e flexibilidade" [Keller e Schoenfeld, 1966, p. 116]. É absolutamente evidente que saber responder às diferenças não só entre tipos de estímulos, mas também entre as características dos estímulos dentro do mesmo tipo, é tão importante quanto saber comportar-se com base em suas semelhanças, e é evidente, outrossim, que diferenças e/ou analogias nem sempre estão dispostas ao longo de um *continuum* físico, portanto, mensuráveis em termos físicos, muito menos explícitas e, assim, disponíveis imediatamente.

A decisão de atender ao telefone, em vez de abrir a porta; de parar no sinal vermelho e partir no verde; de chamar de quadrado uma figura com quatro lados e triângulo uma com três torna-se, geralmente, mais fácil pelas características físicas dos estímulos. Decidir pedir ou não licença para ir ao cinema com base na expressão facial do pai ou vestir-se de determinado modo para ir a um jantar importante e de outro para encontrar-se com os amigos depende das propriedades funcionais dos eventos. Em todo caso, comportamentos diferentes correlacionados às características físicas ou às propriedades funcionais de *tipos diferentes* de estímulos antecedentes são definidos como *discriminações simples*.

Por outro lado, também, identificar como vermelha ou cor-de-rosa duas gradações da mesma tonalidade de cor, colher um cogumelo do tipo boleto e não um *Boletus satanas* [cogumelo venenoso],* ou classificar como pijama um traje e como sobremesa um alimento que vem no final da refeição são condutas discriminatórias. Sua maior complexidade depende do fato de que, por serem discriminados, são atributos físicos ou propriedades funcionais que caracterizam os estímulos *dentro do mesmo tipo*. Habilidades consolidadas de *discriminação complexa* são determinantes para a aprendizagem de conceitos.

Comportar-se de modo coerente diante de tipos de estímulos diferentes ou diante de atributos de estímulos do mesmo tipo se aprende ao longo do desenvolvimento graças aos processos de aprendizagem programados mais ou menos explicitamente. Condutas motoras elementares, bem como conceitos sofisticados, são o resultado de discriminações simples e complexas que, pelo reforço diferencial, correlacionam o comportamento com ocasiões específicas de reforço.

As operações de organização dos eventos ambientais – e os processos consequentes de mudança de comportamento – que descrevem a *discriminação* e a *generalização* são conhecidas por operações de *controle do estímulo* e, é bom lembrar, são possíveis somente se corresponderem às operações mais simples de apresentação do estímulo e/ou de organização das consequências. Precisamente para enfatizar o fato de que se referem a tipos de estímulos, preferiu-se denominá-las diversamente em relação aos fenômenos de *diferenciação* e de *indução*, que se referem, como foi visto, aos processos análogos com classes de respostas.

* Na Itália, colher cogumelos é uma atividade comum, considerada até como lazer. (N.T.)

2. Operações de controle do estímulo

2.1. As discriminações simples

Experimentalmente, demonstra-se a aprendizagem de respostas discriminadas simples reforçando a resposta emitida diante de um tipo específico de estímulo, mas não aquele que aparece na sua ausência ou diante de outro tipo. Nesse sentido, o sujeito do experimento aprende a comportar-se levando em consideração as condições especiais do ambiente. Se o pressionar da alavanca produz o reforçador apenas quando a lâmpada se acende ou se o comportamento de bicar um painel é reforçado diante de uma luz verde, mas não de uma luz vermelha, pode-se dizer que a resposta de pressionar a alavanca está correlacionada com a luz, bem como a de bicar está correlacionada com o verde. Em ambos os casos, os estímulos que precedem a resposta não a eliciam de modo automático – como acontece com a luz e a resposta pupilar –, ao contrário, apontam para a conveniência de que determinada resposta específica seja seguida de um reforço ou evite um estímulo aversivo. São sinais – *cues* – propriamente ditos que determinam as condições em que as respostas poderão desencadear o reforçador; portanto, exercem um controle seletivo sobre o comportamento. O reforço correlacionado diferencialmente aos estímulos antecedentes estabelece e consolida, em outras palavras, determinado tipo de resposta por aqueles mesmos estímulos cuja presença provoca a resposta.

Os estímulos cuja função é selecionar a ocasião em que uma resposta terá consequências de certo tipo são chamados *discriminativos* – *discriminação* é o processo que desencadeiam e *operante discriminado*, a resposta que mantêm sob controle. Em situações corriqueiras, os exemplos possíveis são infinitos. Partir ou ficar parado no cruzamento depende do semáforo ou da posição do guarda; responder ao toque do telefone ou ao alarme do forno depende do tipo de toque; associar os grafemas "b" e "d" aos respectivos sons depende da orientação espacial; vestir-se de modo formal ou usar jeans depende do lugar aonde se irá para jantar; chamar de sobremesa um picolé depende do momento da refeição em que é oferecido; e assim por diante.

Se não aprendemos a antecipar, baseados na função sinalizadora do estímulo, a resposta adequada naquela situação específica – ficar parados no semáforo vermelho, ler "*baba*" e não "*dada*" –, as consequências também podem ser dramáticas: o acidente ou a reprovação. Nesse sentido, o desenvolvimento é identificável, sobretudo, como "o processo de aprendizagem de estímulos discriminativos que indiquem reforçadores importantes" [Bijou, 1993]. Para a criança muito pequena é a mãe, em geral, quem cumpre as funções discriminativas mais relevantes, pois sua presença é condição indispensável para o surgimento de reforçadores poderosos como o alimento, a possibilidade de dormir ou de ser lavada. Depois, também outros adultos, os coetâneos e os diversos agentes sociais assumem funções estímulo-discriminativas cada vez mais específicas e, portanto, controlam tipos de respostas operantes discriminadas igualmente especiais.

Para que um estímulo assuma funções discriminativas nem sempre, porém, é necessário que esteja correlacionado diretamente ao reforçador. Na medida em que "se assemelha" a um estímulo discriminatório ele assumirá, indiretamente, as mesmas funções. As características de semelhança com o *estímulo original* permitem aos estímulos, que não sinalizavam ocasiões especiais de reforço, adquirir as mesmas funções de controle sobre as mesmas respostas. A *generalização do estímulo* é o processo que explica esse fenômeno e é descrita como falta de discriminação [Bijou, 1993].

Em muitas ocasiões, é a generalização que favorece comportamentos de ajuste: a variação das características de tonalidade e de intensidade da luz vermelha do semáforo não modifica a função de controle que o vermelho exerce em relação à resposta correta de parar. De modo totalmente análogo, rotular com o mesmo termo "sinal acústico" uma variedade de sons ou como sobremesa muitos pratos no final da refeição pode ser o comportamento mais apropriado para a circunstância. Por outro lado, se estamos empenhados na procura de um pulôver para usar com certa camisa, é importante distinguir entre tonalidades diferentes de vermelho e é, sem dúvida, necessário saber que o que está tocando é o despertador (e não o telefone) e, assim, evitar de adormecer novamente e chegar atrasado ao trabalho.

A análise experimental do comportamento descreve e explica também a aprendizagem discriminativa como fruto da contingência de três termos, em que a ação do reforçador faz emergir e estabilizar, no decurso de experiências sucessivas, a resposta que a desencadeia. No caso específico, a correlação resposta-reforçador é provocada de modo exclusivo pelo estímulo antecedente ou por suas características singulares. De modo inteiramente análogo ao que se usa para ensinar novos tipos de respostas operantes, é possível organizar a aprendizagem de novos tipos de operantes discriminados, eliminando do processo de aprendizagem os erros que se verificam na sequência de testes previstos pela praxe normal.

Assim como a manipulação controlada no decurso da modelagem pode mudar gradualmente as características da resposta, com um procedimento de esvaecimento modificam-se as propriedades do estímulo antecedente, favorecendo a aquisição de um novo tipo de operante discriminado com um número de erros muito limitado e em tempos mais contidos.

2.2. Reforço diferencial e esvaecimento do estímulo

Cabe a Terrace [1963a; 1963b] o mérito de ter elaborado a metodologia da aprendizagem discriminativa conhecida como *discriminação sem erros*. Ao longo de numerosos experimentos com pombos, ele demonstra que basta variar de modo sistemático e controlado algumas características dos estímulos para reduzir quase a zero a probabilidade de erro. O procedimento que inventa é simples. Numa primeira fase experimental, treina seus pombos para discriminar entre um painel vermelho, e um verde, conforme um modelo clássico de tentativa e erro. No final do período de treinamento, os sujeitos do experimento terão aprendido a bicar o painel vermelho que desencadeia o reforçador e, portanto, representa o operante discriminado (indicado com S +), mas não o verde (S –). Em tal situação, a aprendizagem acontece exclusivamente por causa das consequências provocadas pelas respostas; e como, inicialmente, as respostas incorretas são quase tão prováveis quanto as corretas, é necessário um elevado número de testes.

Adquirida essa primeira resposta operante discriminada, é introduzida uma nova discriminação entre um painel com um traço horizontal (S +) e outro com um traço vertical (S –). A fase de treinamento dá-se, porém, "sem erros". O primeiro teste da nova sequência de aprendizagem prevê, de fato, que o traço horizontal, a peculiaridade que caracteriza agora (S +) – o estímulo que dá acesso ao reforço –, apareça sobre um painel vermelho, e o vertical, que caracteriza (S –) – o estímulo que não desencadeia consequências –, sobre um painel verde. Nessa situação, os sujeitos do experimento bicam o painel (S +) logo no primeiro teste, guiados na discriminação pela cor vermelha, cuja função de estímulo discriminativo foi aprendida ao longo da fase precedente. Nos testes que se seguem, as cores de fundo dos painéis, que continuam a exercer funções críticas na sugestão da resposta correta, são gradualmente atenuadas – esvaecimento da cor – até desaparecer por completo, enquanto os traços horizontal e vertical assumem uma evidência crescente. Nesse ponto, os pombos fazem sua escolha baseados exclusivamente na direção do traço, que assumiu plenamente a função de estímulo discriminativo, inicialmente exercido pela cor. Todo o processo de aprendizagem se dá com um número de erros próximo a zero.

Repetido com sujeitos e com estímulos diferentes, o experimento-base continuou a evidenciar como a manipulação programada das características dos estímulos influencia substancialmente a aprendizagem discriminativa, que não procede mais por tentativa e erros, mas é guiada *a priori*. Desse modo, a série de testes necessários para adquirir o domínio da conduta discriminativa não é controlada apenas pelos êxitos do comportamento de escolha, mas por um verdadeiro projeto modular que, teste após teste, induza escolhas corretas até a resposta final de discriminação dos estímulos apresentados na sua configuração original. O controle exercido sobre os estímulos por aproximações sucessivas reflete-se diretamente sobre os tempos de aprendizagem, eliminando ou reduzindo ao máximo, também em sujeitos humanos, as diferenças individuais no ritmo.

Procedimentos de esvaecimento dos estímulos, sozinhos ou associados a outros, constituem a base de um elevado número de programas de intervenção educacional numa ampla gama de situações de aprendizagem, que serão analisadas detalhadamente mais adiante.

2.3. As discriminações complexas

Os operantes discriminados são tipos de comportamento definidos pelos estímulos que os causam. Normalmente, as variações nas características dos estímulos não implicam variações nas respostas. As eventuais mudanças no toque do telefone não modificam o comportamento que controlam. Qualquer que seja a intensidade do som ou o seu timbre um indivíduo comporta-se considerando-os um único tipo de estímulo, generalizando, portanto, os exemplos diferentes dentro do mesmo tipo funcional.

Acontece, por vezes, de se ter de se comportar em função de características específicas dos eventos ambientais, isto é, de se ter de considerá-las "em absoluto", prescindindo-se dos eventos dos quais definem exemplos particulares. Nessas ocasiões, diz-se que as características dos estímulos são propriedades *abstratas* ou *relacionais dos estímulos*, e que as discriminações que as envolvem são discriminações complexas. As discriminações complexas estão na base da aprendizagem dos conceitos.

2.4. A aprendizagem dos conceitos

A generalização *dentro* de um tipo de estímulo e a discriminação *entre* tipos determinam um conceito [Keller e Schoenfeld, 1966]. O conceito de *fruta* implica generalização entre todos os estímulos chamados de *fruta* e sua discriminação em relação a todos os outros estímulos que não se chamam assim. Os conceitos são, portanto, *tipos de estímulos*, e o comportamento de conceitualização é controlado por aspectos singulares dos estímulos - atributos e dimensões - que os associam num mesmo tipo e, ao mesmo tempo, os tornam diferentes daqueles de todos os outros. Nesse sentido, a aprendizagem dos conceitos parece ser a extensão da aprendizagem discriminativa [Catania, 1984].

As questões relativas à aprendizagem dos conceitos são cruciais para toda a psicologia. Diferentes linhas teóricas analisam-nas de modo diverso e propõem descrições e interpretações variadas sobre a gênese e o desenvolvimento conceitual. A complexidade do problema é testemunhada, ademais, pela vastidão da literatura e pela variedade das alternativas. Uma resenha significativa feita por Neisser [1987] propõe uma síntese das posições mais influentes: daquelas *lógicas* tradicionais que fundamentam a definição do conceito - categoria - em diversos critérios de coerência da sua estrutura interna, às mais recentes abordagens de tipo *ecológico* em que os aspectos funcionais dos estímulos - compreendidos os ligados à linguagem - assumem, aos poucos, importância maior. O objetivo comum é o de delinear *as propriedades definidoras* que fazem de um conjunto de estímulos uma categoria conceitual - um tipo - para poder estudar-lhe a gênese e, mais especialmente, para compreender como no decurso do desenvolvimento os novos estímulos são sempre mais reconhecidos como exemplares daquela categoria específica.

No estado atual da pesquisa, o objetivo não foi atingido. Aliás, é sempre mais compartilhada a ideia de que, de fato, é impossível determinar os critérios necessários e suficientes para definir todos os conceitos [Perini, no prelo]. Além disso, quando se trata de conceitos artificiais, suas propriedades são arbitrariamente determinadas *a priori*. Veja-se, por exemplo, como variam as características que definem a letra "b" em função do fato de ser escrita em maiúscula, em minúscula, em itálico ou em letra de forma.

O problema se complica ainda mais se são considerados os conceitos naturais, aqueles que se referem a objetos e eventos da vida cotidiana e que, portanto, são os mais numerosos. Não há necessidade de recorrer a exemplos especiais e apresentar o problema do que o *pardal* e o *pinguim* têm em comum, já que ambos são chamados pássaros [Labov, 1973; Rips, Shoben e Smith, 1973; Rosch e Mervis, 1975]. Talvez baste perguntar o que distingue um *cachorro* dos outros animais, e tomar por base a afirmação de que um *pastor alemão* e um *pequinês* são ambos *cães*, enquanto um *lobo* ou um *chacal* não o são. Discriminação e generalização não acontecem, sem dúvida, com base na maior ou menor semelhança dos seus atributos físicos, que, úteis muitas vezes nas discriminações simples, são totalmente irrelevantes na definição dos estímulos discriminativos nas discriminações complexas. Nem se demonstraram de maior utilidade outras tentativas explicativas, numerosas todas, baseadas na análise da estrutura interna das categorias.

A psicologia do comportamento propõe uma descrição da aprendizagem conceitual coerente com a linha de pesquisa que privilegia os termos de análise funcional mais do que estrutural. E supera o problema da determinação de propriedades definidoras mais ou menos implícitas nos estímulos ou de fatores críticos para a *estrutura* interna da categoria, explicando a aprendizagem dos conceitos, assim como explica todas as outras aprendizagens, segundo a análise *funcional* da contingência de três termos. Um indivíduo aprende a chamar de "cachorro" o pastor alemão e também o pequinês, pois na presença de ambos os estímulos obtêm um reforçador para a resposta "cachorro", e aprende a distinguir os dois do lobo porque, quando chama de "cachorro" este último, não obtém nenhum reforçador. Nessa ótica, toda vez que dois ou mais objetos ou eventos diferentes são tratados como equivalentes, e, portanto, por exemplo, são chamados pelo mesmo nome ou utilizados do mesmo modo, estamos diante de uma categoria [Mervis e Rosch, 1981; Neisser, 1987; Perini, no prelo]. Dar o mesmo nome a muitos estímulos é, pois, um aspecto mais do que relevante na aprendizagem dos conceitos.

Uma vez que em condições normais nem sempre é possível isolar cada propriedade do estímulo antecedente, a simples exposição aos estímulos não é suficiente para que se aprenda a generalizar *dentro* de um tipo e, ao mesmo tempo, a discriminar *entre* tipos. O comportamento verbal que enfatiza, encaminha, corrige, confirma as respostas discriminadas tem um papel fundamental em todo o processo. Programar um ambiente favorável à aprendizagem dos conceitos significa, portanto, não só organizar e controlar uma grande variedade de tipos de estímulos, mas também uma interação educativa que apoie a aprendizagem de respostas diferenciais às propriedades dos objetos e dos eventos, subentendido o comportamento verbal do professor. Para uma análise ampla das relações entre aprendizagem e os modos variados pelos quais as experiências se organizam naturalmente ou podem ser planejadas, favorecendo a evolução de habilidades conceituais e de conhecimento, remetemos a um volume organizado por Moderato e Pino [1997].

3. A generalização do controle do estímulo

No decurso das interações evolutivas, aprendem-se discriminações entre tipos e dentro dos tipos de estímulos, sempre mais complexos e sofisticados. Amiúde, a aprendizagem de uma nova discriminação acontece dentro de um contexto específico. Porém, nem sempre nem necessariamente. Podem-se aprender *princípios* ou *regras* que generalizem as contingências de reforço diferencial de um contexto conhecido para um novo, e, portanto, o comportamento discriminativo gerado por tais contingências. Em outros termos, as propriedades e as relações entre propriedades dos estímulos podem passar do controle exercido diretamente por estímulos específicos, num determinado contexto, para o controle exercido por estímulos novos e em vários contextos. Um processo de generalização dessa espécie é determinado exclusivamente pela história individual com as interações discriminativas.

3.1. Learning set

O fenômeno conhecido como *learning set** é um bom exemplo do modo como o comportamento discriminativo evolui no decurso de experiências sucessivas, determinando a generalização da *performance* discriminativa de uma situação para outras. Experiências sucessivas de aprendizagem discriminativa entre pares de estímulos sempre novos, por

* Conjunto de objetos para aprendizagem. (N.T.)

exemplo, não só promovem diretamente a aprendizagem de novas respostas operantes discriminadas, mas indiretamente favorecem a aquisição da *regra* geral que determina na *relação entre propriedades dos estímulos* o evento crítico capaz de controlar as consequências correlacionadas às respostas discriminadas, quaisquer que sejam os estímulos que entram em questão a cada vez.

É de Harlow [1949] a primeira demonstração do fenômeno. Tendo se tornado um clássico na psicologia experimental, prevê que ao longo de uma série de testes sucessivos, os sujeitos do experimento, neste caso específico os macacos, devem aprender a discriminar entre dois objetos diferentes. O primeiro problema da série propõe dois objetos diferentes: o alimento reforçador está sempre escondido sob o mesmo objeto e, embora a posição dos dois estímulos varie ao acaso, de teste em teste, é o reforço diferencial que determina a aprendizagem do operante discriminado. Aqui os objetos são substituídos por outros e a nova discriminação é aprendida com um procedimento totalmente análogo. Toda vez que a resposta discriminada se estabelece, o par velho de objetos é substituído por um novo.

Os resultados demonstram que o número de testes necessários para estabelecer o comportamento discriminativo com o novo par diminui de modo diretamente proporcional ao crescimento do número de problemas propostos. Nas últimas séries de problemas discriminativos, os sujeitos não cometem mais erros "gratuitos", no sentido de que, se a primeira resposta da nova série produz o reforçador, é mantida para todos os testes sucessivos, caso contrário, da segunda em diante, a escolha cai sobre o outro objeto do par e é mantida até a apresentação do problema seguinte.

A essa altura do experimento, a resposta operante discriminada não pode mais ser descrita exclusivamente com base nos estímulos de cada par estabelecido. Uma vez que todos os sujeitos envolvidos escolhem o estímulo correlacionado com o reforço depois de um só teste com um par novo e mantêm a escolha, é necessário envolver as relações entre os estímulos e as suas consequências na sucessão dos problemas mais do que ao que é interno a cada problema. No decurso da apresentação dos primeiros problemas, a aprendizagem discriminativa acontece lentamente porque o sujeito deve aprender não só qual dos dois estímulos está correlacionado com o reforço em cada uma das séries, mas também, por exemplo, que o alimento não está correlacionado com a posição dos estímulos nem com outras características do *setting*, e que a correlação não muda nem no âmbito de cada um dos problemas nem ao longo da sucessão de problemas diferentes. Adquiridos esses aspectos do procedimento, o sujeito é envolvido exclusivamente na aprendizagem crítica: a determinação do estímulo correlacionado ao alimento naquele problema específico. O operante discriminado é, portanto, estabelecido por uma *performance* complexa: se a resposta a um estímulo determinado é reforçada no primeiro teste de um problema novo, a resposta é mantida em todos os estímulos sucessivos; senão a escolha deve passar e manter-se sobre outro estímulo. O que é reforçado no âmbito do *learning set* é essa *performance* complexa, e, por causa da ação do reforço, o comportamento do indivíduo a atinge gradualmente. O experimento de Harlow foi repetido com sujeitos distribuídos ao longo da escala evolutiva dos ratos aos golfinhos e aos seres humanos e tem evidenciado sistematicamente a capacidade de todos de "aprender a aprender" ao longo das séries sucessivas de testes.

> Do ponto de vista teórico, o fenômeno do *learning set* é um ótimo exemplo do modo como os indivíduos desenvolvem suas capacidades discriminativas. Dada uma experiência extensiva com problemas de discriminação entendidos como *tipo* de eventos que se verificam na realidade, os indivíduos que podem aprender um *learning set* não se limitam a aprender a simples noção de que os objetos vermelhos ou quadrados podem estar associados ao reforço. Aliás, podem aprender princípios abstratos sobre o fato de que um dos dois objetos vai trazer uma recompensa, que o objeto reforçado da última vez também o será desta vez e assim por diante [...] e permite ir além da análise da conexão simples entre estímulos e respostas para investigar regras mais complexas [...] que envolvem o comportamento simbólico e conceitual [Hulse, Egeth e Deese, 1980, p. 212].

Na medida em que favorecem a aprendizagem e a generalização de princípios abstratos e de regras, a escolha dos tipos de problemas discriminativos e de sua organização hierárquica é, portanto, capaz de definir um percurso pré-programado aplicável a uma vasta gama de situações também de tipo acadêmico. A estrutura do currículo de aprendizagem, qualquer que seja a natureza do objeto de estudo que propõe, é, em geral, baseada também em princípios do aprender a aprender. Mais adiante serão estudados alguns exemplos sobre o assunto.

3.2. A aprendizagem por imitação

Também o comportamento imitativo merece menção especial, na medida em que oferece sugestões aplicativas úteis. Não há necessidade de enfatizar como a aprendizagem por imitação influencia os comportamentos individuais. Num mundo cada vez mais governado por sistemas telemáticos e pelos meios de comunicação de massa, não se pode mais limitar-se em imitar a maneira de vestir ou de maquiar, o sabão em pó ou a pasta dental que deixa as roupas ou os dentes mais brancos. Não há programa para computadores que não exemplifique as operações a serem feitas para usar adequadamente o sistema mais elementar de escrita ou aquele mais sofisticado das gráficas, propondo a simulação animada, a ser repetida passo a passo.

O que importa enfatizar, ao contrário, é que também a imitação pode ser generalizada e, portanto, exemplos de comportamentos não explicitamente modelados podem ser aprendidos. Nessas ocasiões, o comportamento imitativo é identificável com um tipo de resposta operante que pode ser reforçada de modo diferencial [Baer, Peterson e Sherman, 1976; Gewirtz e Stingle, 1968]. E, por ser provocado por estímulos, é um exemplo de operante discriminado [Catania, 1984].

O comportamento diante do espelho, comum aos seres humanos e aos animais, é um bom exemplo de aprendizagem por imitação. Uns e outros aprendem, movendo-se diante de um espelho, a correspondência entre ver e perceber partes do próprio corpo, sem necessidade de um treinamento explícito. Bem conhecido é o experimento no qual se aplica a um chimpanzé acostumado a interagir com o espelho uma pinta numa parte do rosto, sem que ele se aperceba; ele será capaz de tocar na pinta desde a primeira vez que se vir no espelho [Gallup, 1975]. A *consciência do próprio corpo*, como é chamada essa correspondência entre movimentos vistos no espelho e posições vistas em partes do próprio corpo, exemplifica um tipo específico de relação de controle do estímulo, no qual estímulos e respostas variam de modo correlato ao longo de uma mesma dimensão. Na medida em que as mudanças desses provocam mudanças correspondentes nos outros são identificáveis como operantes discriminados, e os operantes discriminados generalizados são as novas *performances* exibidas sem que se tenha tido um treinamento explícito.

Ao longo das primeiras fases do desenvolvimento, as aplicações educativas que programam várias formas de "brincadeiras" diante do espelho são muito utilizadas exatamente por causa do ensino da consciência de si e da percepção do próprio corpo. Não só isso. Os procedimentos do *biofeedback*, fundamentais na intervenção terapêutica em muitas formas patológicas, evoluíram e aperfeiçoaram-se com base nos princípios de aprendizagem por imitação, que favorecem a estabilização e a generalização de tipos operantes discriminados de modalidade proprioceptiva. Mas são muitas e de natureza diferente as ocasiões em que os programas de aprendizagem por imitação podem demonstrar-se especialmente eficazes ao ensinar comportamentos novos de modo rápido e eficaz.

4. A discriminação condicional

Até agora foi examinada uma série de situações em que os aspectos funcionais do controle do estímulo foram, vez por vez, correlacionados às propriedades do estímulo - como no esvaecimento - ou às características relacionais complexas dos estímulos - como no *learning set* e na aprendizagem dos conceitos. Todos os diversos exemplos são analisados no contexto da contingência de três termos estímulo-resposta-consequências, em que a relação está entre a resposta e as consequências, mas é provocada pelo controle diferencial exercido pelos estímulos antecedentes e por suas relações.

Mas, às vezes, acontece de a função sinalizadora do estímulo discriminativo não ter valor absoluto e depender, por sua vez, de outras características específicas da situação em que o estímulo está presente. A sirene da fábrica pode indicar ocasiões de reforço diferencial dependendo do momento do dia em que toca. Às 8h da manhã, controla um comportamento que evitará uma possível punição pelo atraso; ao fim do dia, é a ocasião para obter o reforço determinado pela cessação do estímulo aversivo trabalho. Em outras palavras, a hora é a condição crítica para a relação diferencial resposta-consequências. O processo de discriminação em que o papel de um estímulo é condicionado pela presença de outro estímulo é conhecido como *discriminação condicional*. Em processos desse tipo, a relação de controle do estímulo nem sempre é redutível a uma contingência de três termos.

A análise experimental da discriminação condicional, realizada por causa de procedimentos especiais de controle do estímulo, permite descrever algumas das suas características básicas e também oferece contribuições notáveis para a elaboração de tecnologias educacionais bastante eficazes.

4.1. Matching-to-sample

Inicialmente estudado em laboratório, com pombos, o procedimento permite ensinar, limitando ao máximo o número de erros, qual a relação condição-estímulo que provocará o reforço em circunstâncias diferentes. Ao longo de uma sucessão de fases, a escolha do operante discriminado (S +), de fato, é guiada graças ao controle exercido sobre três estímulos, em vez de dois, como no procedimento clássico por tentativa e erro [Ferster, 1960; Skinner, 1950; Wright e Cumming, 1971].

A situação experimental prevê três painéis colocados numa única fila horizontal; no primeiro teste, somente o painel central é iluminado com uma luz vermelha, servindo de *padrão*. A probabilidade de que o sujeito bique o único estímulo iluminado (S +) é muito alta, naturalmente; a resposta desencadeia como consequência a iluminação dos dois painéis laterais, estímulos de *confronto*, dos quais um é vermelho como o do *padrão* e o outro, verde. Bicar o estímulo vermelho (S +) determina o aparecimento do reforçador, bicar o verde (S –), não. A sequência é repetida, alternando a cada teste o vermelho e o verde em função do estímulo-padrão e, de modo casual, a posição da cor dos dois estímulos de confronto, de modo a garantir que a resposta de junção aconteça com base na cor e não na posição. A aprendizagem da discriminação condicional entre vermelho e verde induzida pelas configurações: Vermelho (S +) ⇒ vermelho (S +) - verde (S –), e Verde (S +) ⇒ verde (S +) - vermelho (S –), acontece muito mais rapidamente e com um número de erros muito limitado em relação ao que se registra no decurso de uma aprendizagem clássica por tentativa e erro.

Não apenas isso. Com sujeitos humanos é muito evidente que, se nesse ponto fossem trocados os estímulos-padrão, substituindo-os por outras duas cores ou por duas formas geométricas, a resposta continuaria sendo discriminada de modo correto por causa do *learning set* das configurações aprendidas anteriormente. Portanto, pode-se concluir que o sujeito do experimento aprendeu uma *relação de identidade* que prescinde das características específicas dos estímulos.

A relação de identidade que está na base do procedimento do *matching-to-sample* estrutura-se, consolida-se e generaliza-se pelo fato de que tanto o estímulo-padrão como o de confronto, as suas características – a cor – e a configuração a que se relacionam são sempre explícitos ao longo das diversas fases experimentais. Mas o que acontece quando as relações entre os estímulos são definidas arbitrariamente, isto é, se o estímulo-padrão for uma *cor* e os dois estímulos de confronto forem *figuras geométricas*? Em outras palavras, se vier a faltar a identidade explícita das características dos estímulos? O problema foi analisado graças ao procedimento conhecido por *matching simbólico.*

4.2. O comportamento simbólico

O procedimento experimental é muito parecido com o do *matching-to-sample.* E a discriminação condicional é facilmente aprendida: Verde (S +) ⇒ quadrado (S +) – círculo (S –) e Vermelho (S +) ⇒ círculo (S +) – quadrado (S –)

A essa altura, para verificar se também a relação de identidade entre as duas características diferentes dos estímulos, cor e forma, foi aprendida, invertem-se o estímulo-padrão e os estímulos de confronto e propõe-se a seguinte sequência: Quadrado (S +) ⇒ verde (S +) – vermelho (S –) e Círculo (S +) ⇒ vermelho (S +) – verde (S –)

Se nessa nova circunstância a discriminação condicional aparecer sem necessidade de fases ulteriores de treinamento, pode-se dizer que também a relação de identidade foi adquirida. O processo é bastante complicado para os pombos, ao passo que as crianças geralmente são capazes de responder de modo satisfatório a essa *inversão dos índices discriminativos.* De fato, acontece regularmente quando se lhes ensina a associar o desenho de um carro, apresentado com o de uma bicicleta, ao estímulo-padrão definido pela palavra *carro*; uma vez aprendida essa relação condicional, verifica-se, sem sessões ulteriores de treinamento, a relação de identidade, apresentando o desenho-padrão do carro e pedindo sua associação a um dos dois estímulos de confronto definidos pelas palavras *carro* e *bicicleta.* Provavelmente esta é uma das razões pelas quais a *reversibilidade* é considerada uma das peculiaridades do comportamento *simbólico* e da aprendizagem dos conceitos.

Um esclarecimento, a esse respeito, é de dever. *Identidade* e *reversibilidade* têm, no âmbito do procedimento do *matching-to-sample simbólico*, o mesmo significado que na matemática e na física. *Identidade* é a correspondência entre cada elemento de um conjunto e si mesmo; *reversibilidade* é a característica de qualquer processo em que as variáveis que determinam o estado do sistema podem ser variadas de modo a assumir os mesmos valores em ordem inversa, quando o processo é invertido. É óbvio que, no âmbito de um sistema idêntico a si mesmo, o processo de reversibilidade é muito fácil de ser compreendido. Mas vamos voltar ao comportamento simbólico.

Já foi dito como os conceitos são tipos de estímulos controlados por propriedades especiais – os atributos – que os associam *dentro* de um mesmo tipo e os tornam diferentes daqueles associados a outros. Porém, foi visto também como os atributos podem, por sua vez, ser controlados por relações recíprocas específicas [Catania, 1984; Hulse, Egeth e Deese, 1980]. Representam verdadeiros *índices discriminativos* que se distribuem ao longo de um *continuum* de dimensões: o atributo cor e também o tamanho ou a forma podem ter diversas dimensões: claro ou escuro; grande, médio ou pequeno; redondo, quadrado ou retangular etc. O mesmo conjunto de atributos define, numa circunstância determinada, o conceito de *fruta*, pois naquela circunstância o controle da resposta é condicionado, isto é, controlado por uma relação específica e, em outra ocasião, controlado por uma relação diferente entre os mesmos atributos, o conceito de *laranja*. Aprender quais índices controlam a relação adequada em cada uma das circunstâncias mediante uma exposição direta exigiria um tempo infindo. Poder deduzir indiretamente que as relações têm propriedades especiais, por exemplo, que são reversíveis, é fundamental para poder estruturar e reestruturar o próprio comportamento e adaptar-se eficientemente às condições ambientais que mudam contínua e rapidamente. Se um indivíduo não fosse capaz de modular condutas em correspondência com a mudança de relações entre características – atributos dos estímulos –, seu comportamento seria rígido e não teria aquela flexibilidade necessária para fazer considerar simpática a capa vermelha de um livro ou romântico um pôr do sol, depois de ter aprendido que a luz vermelha do semáforo é sinal de perigo.

Larcan [1984] apresenta uma resenha sistemática dos procedimentos experimentais baseados na reversibilidade dos índices discriminativos caracterizados pelas relações entre os atributos e de sua função na aprendizagem dos conceitos.

Outras relações, além da identidade e da reversibilidade *dentro* de tipos de estímulos ou relações entre atributos são possíveis no âmbito da discriminação condicional e do *matching simbólico*. Apresentam interesse especial as relações de *equivalência entre tipos*, que, submetidas à análise sistemática ao longo dos últimos vinte anos, resolveram certo número de problemas em âmbito aplicativo e, ao mesmo tempo, suscitaram uma das questões mais estimulantes no plano da análise conceitual do comportamento.

4.3. Os tipos de equivalência

Elaborado por Sidman [1971] no decurso de uma experiência já clássica e submetida a numerosas repetições numa ampla gama de condições [Benedetto, Ingrassia e Perini, 1995; Mackay e Sidman, 1984; McDonagh, McIlvane e Stoddard, 1984; Saunders, Watcher e Spradlin, 1988; Sidman e Cresson, 1973; Sidman, Kirk e Willson-Morris, 1985; Sidman e Tailby, 1982; Spradlin, Cotter e Baxley, 1973; Stromer e Osborne, 1982; Wetherby, Karlan e Spradlin, 1983], o procedimento experimental prevê que, ensinando com o *matching-to-sample* as relações de identidade entre estímulos *verbais vocais* (A) – palavras pronunciadas pelo experimentador – e as *figuras* desenhadas dos objetos correspondentes (B) e, logo em seguida, as relações entre os mesmos estímulos (A) e as palavras escritas correspondentes (C) – estímulos *verbais textuais* –, é possível verificar, sem sessões ulteriores de ensino, o domínio da relação entre os estímulos dos tipos (B) e (C).

As figuras a seguir ilustram a situação proposta por Sidman na experiência original, cujo objetivo era ensinar a compreensão da leitura a um rapaz de 17 anos, com uma deficiência muito grave.

Na figura 4.1 está ilustrada a organização dos estímulos para a fase de avaliação da capacidade de associação de vinte palavras pronunciadas pelo experimentador (A) com os respectivos objetos (B) ou com as palavras escritas (C). O procedimento de avaliação prevê uma série de testes de discriminação condicional: o sujeito, em resposta ao estímulo (A) *cão* pronunciado pelo experimentador, e na presença do estímulo-padrão (B) *figura* ou (C) *palavra*, posto no centro de uma ou de outra configuração e que se ilumina alternadamente no decurso dos testes, deve escolher entre os estímulos de confronto aquele que corresponde à palavra. Se não for capaz de fazê-lo, procede-se a uma fase de treinamento em que a disposição dos estímulos, apresentada na figura 4.2, é inteiramente análoga à anterior, exceto pelo fato de que, no centro da configuração, falta o estímulo-padrão (A), fornecido apenas em forma verbal vocal. A tarefa do sujeito é escolher entre os estímulos de confronto (B) aquele correspondente à palavra até alcançar o critério de domínio exigido com todas as vinte palavras e, portanto, fazer o mesmo com os estímulos de confronto (C). Se a essa altura for reapresentada a tarefa de discriminação condicional prevista pela fase de avaliação, será verificado que o sujeito é capaz de juntar as vinte palavras escritas à figura correspondente e cada uma das vinte figuras ao nome escrito correspondente. A nova *performance* linguística de rotulação verbal - *naming* - emerge sem um ensino explícito e é exibida "sem erros" desde o primeiro teste. Assim, se foram ensinadas vinte relações entre as palavras pronunciadas e as figuras e vinte relações entre as palavras pronunciadas e as palavras escritas, será observado o surgimento de quarenta relações novas (B) $\Longrightarrow$ (C) e (C) $\Longrightarrow$ (B), e o sujeito do experimento terá adquirido um vocabulário de vinte palavras novas. Em outras palavras, ter-se-ão se formado *relações* pelas quais alguns estímulos, verbais ou não, adquiriram o mesmo valor funcional de outros estímulos com características físicas totalmente diferentes. Sidman define como *emergentes* as novas relações *entre* tipos e explica o seu surgimento baseado na hipótese de que, no decurso das duas fases específicas de instrução, os estímulos diferentes tornam-se intercambiáveis entre si, dando origem, precisamente, a *tipos de estímulos equivalentes*.

> A formação de classes de equivalência permite dizer que um número e um nome têm o mesmo significado ou que um é o significado do outro [...] e que se pode reagir ao símbolo como se fosse uma quantidade sem que se tivesse sido ensinado explicitamente a fazê-lo [...] e, portanto, reagindo às palavras como a um estímulo que equivale ao significado das palavras, um indivíduo pode se adaptar a um ambiente ao qual nunca foi exposto anteriormente [...] sem, entre outras coisas, recorrer a cognições, representações e correspondências já codificadas para explicar a verificação de um comportamento novo adequado [Sidman, 1986, pp. 235-236].

As novas relações aprendidas entre tipos de estímulos são reflexivas, simétricas e transitivas [Benedetto, Ingrassia e Perini, 1995].

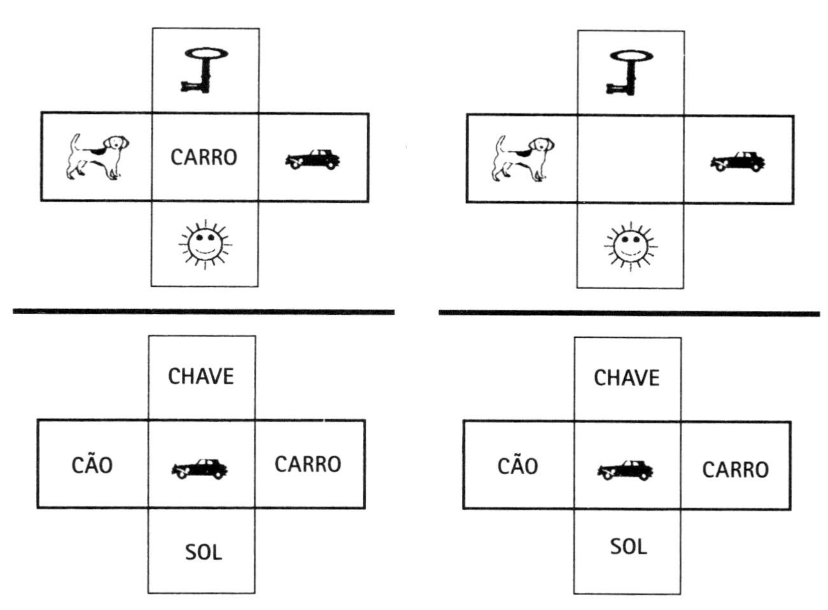

Fig. 4.1. Disposição dos estímulos para a discriminação condicional na fase de avaliação.
Fonte: Sidman [1990].

Fig, 4.2. Disposição dos estímulos para a discriminação condicional na fase de treinamento.
Fonte: Sidman [1990].

É bom lembrar que uma relação é reflexiva quando é afirmada a identidade de A = A; é simétrica se implica a reversibilidade da ordem dos termos, pois se A = B, então B = A; e é transitiva se o termo comum a dois pares determina um terceiro par: se A = B e B = C, então A = C. A *equivalência* entre tipos de estímulos é definida pela averiguação de todas essas relações.

Relativamente simples de verificar, de modo experimental, as relações de equivalência dos tipos, para serem explicadas, remetem a funções, variáveis e processos comportamentais complexos: ao comportamento verbal [Lazar e Kotlarchyk, 1986; Sidman, Willson-Morris e Kirk, 1986], ao comportamento regido por regras [D'Amato et al., 1985; Lipkens, Kop e Matthijs, 1988; Vaughan, 1988], aos tipos funcionais de equivalência [De Rose et al., 1988; Silverman, Anderson Marshall e Baer, 1986] ou, conforme o próprio Sidman [1978; 1986; Bush, Sidman e De Rose, 1989], a uma *função-estímulo fundamental* que, por sua vez, implicaria a necessidade de incluir como unidade de estudo do comportamento uma contingência de quatro termos. As relações de equivalência exigem, de fato, o acréscimo de uma fase preliminar da relação *estímulo-estímulo* que não está prevista na contingência de três termos, definida por uma sequência de três fases que correlaciona estímulo-resposta-reforço. A diferença entre as duas contingências é substancial: na de três termos, o estímulo discriminativo seleciona a ocasião para o reforço de uma resposta específica, isto é, exige uma resposta diferencial que o correlacione ao estímulo consequente. Na contingência de quatro termos, toda a contingência estímulo-resposta-reforço está sob o controle de um quarto elemento, o estímulo condicional, que, para correlacionar-se ao estímulo discriminativo, não prevê uma resposta. Aliás, funciona como "selecionador" de discriminação e é, portanto, identificável por causa da função que exerce como "controle instrucional" propriamente dito ou "controle contextual" [Sidman, 1986; 1990]. "O controle contextual é especialmente evidente na linguagem, em que o significado dos sons, das palavras, das frases e assim por diante varia conforme o contexto" [Sidman, 1986, p. 226], e, portanto, a formação de *relações de equivalência* é fundamental para a aprendizagem dos conceitos.

O debate teórico, nesse sentido, é notavelmente estimulante, mas seu aprofundamento não entra nos objetivos atuais deste estudo, que preveem, em vez disso, a descrição do desenvolvimento individual como aquisição e consolidação de comportamentos cada vez mais complexos, por causa das sucessivas interações do organismo com operações simples de apresentação dos estímulos e de gestão das respostas e com operações complexas de controle dos estímulos.

CAPÍTULO V

O DESENVOLVIMENTO: CONTINUIDADE E DESCONTINUIDADE

Todos os eventos psicológicos se constituem de interações dos organismos e dos eventos-estímulo que vão acontecendo ao longo de toda a vida dos indivíduos, à medida que vão procedendo ao longo da curva biológica que começa num ponto perto do nascimento e termina com a morte. O comportamento emitido e observado determina as adaptações ou as interações com as coisas e as condições do ambiente.
[Kantor, 1977, p. XIV]

1. Introdução

A análise experimental e a análise aplicada do desenvolvimento humano são subdivisões da teoria geral do comportamento que Bijou e Baer formalizam, em 1961, em *Child development:* a systematic and empirical theory [Desenvolvimento da criança: uma teoria sistemática e empírica] e propõem novamente em 1978, com alguns esclarecimentos relativos às unidades de análise, aos processos de desenvolvimento e às fases, com atualizações relativas às aplicações. Em 1993, Sidney W. Bijou ocupou-se com a segunda revisão do volume, que se tornou, no entretempo, um padrão no currículo de todo analista do comportamento infantil.

Considerado um dos fundadores da análise aplicada do comportamento [Morris, 1992], Bijou integra o programa experimental de Skinner com a psicologia intercomportamental de Kantor. Suas contribuições na pesquisa de base e aplicada foram determinantes, além de refinar a metodologia da pesquisa operante em idade evolutiva, para definir, em âmbito aplicativo, instrumentos e procedimentos de observação e de mensuração do comportamento infantil e programas de intervenção precoce, particularmente eficazes. No plano conceitual, enfim, a teoria *comportamento-analítica* do desenvolvimento normal e atrasado representa, sem dúvida, a contribuição mais sistemática no estudo do desenvolvimento humano no âmbito da psicologia comportamental contemporânea, mas não só isso.

A ênfase na mudança progressiva das interações entre o comportamento do indivíduo que se evolve e os eventos do ambiente funcional diferencia esta abordagem de todas as outras que, em sentido contrário, se baseiam no conceito de maturação. Nos modelos maturacionais, tanto a personalidade individual como os eventos ambientais são considerados influenciados pelas interações e pelas estruturas mentais e/ou psíquicas que se supõe que amadureçam de modo completamente semelhante às estruturas biológicas. Nos modelos psicodinâmicos, são as estruturas de personalidade que maturam; nos modelos normativos, as habilidades; nos modelos cognitivos, as estruturas mentais. A estrutura é o objeto de estudo, e o desenvolvimento é subentendido como uma "transformação qualitativa que se realiza em estágios, graus ou fases, que leva a formas superiores de desenvolvimento acontecendo de forma espiral, ou que compreende uma sobreposição de estratos inferiores e superiores" [Arnold, Eysenk e Meili, 1982]. Se o que interessa é o aspecto cognitivo, a análise "das mudanças que acontecem nas estruturas, nas capacidades e nos processos cognitivos de uma pessoa ao longo de sua vida" [Eysenk e Keane, 1994] é uma análise estrutural das competências que se supõe que estejam sujeitas às *performances* comportamentais.

Para descrever, explicar e prever como o comportamento individual se desenvolve com o passar do tempo, o ponto de vista comportamental não exige construções hipotéticas inobserváveis nem empiricamente dedutíveis. O comportamento que se manifesta nas diversas circunstâncias é analisado em termos funcionais e naquela ótica de continuidade pela qual as atividades cognitivas, independentemente da sua complexidade, nada mais são que variações de comportamentos, muitas vezes não manifestos e explícitos, no entanto, mensuráveis, embora indiretamente [Catania, 1992].

Evidentemente o conceito de maturação biológica tem também sua importância dentro dessa teoria, mas representa apenas o ponto de partida da análise: assim que a idade estimula o crescimento, este torna possível novas habilidades que modificam o ambiente de modo sempre mais provocante. Aos novos estímulos disponíveis, a criança reage aperfeiçoando as habilidades que já possui, aprendendo algumas novas, elaborando outras mais adequadas e assim por diante. O caminhar libera as mãos da criança e, ao mesmo tempo, põe-lhe à disposição uma parte de mundo bem mais ampla que aquela desfrutável enquanto "engatinhava"; portanto, ativa uma série de estímulos que contribuem para refinar a atividade motora e, além disso, permitem experiências novas com objetos diferentes, mas também com a atenção participante do adulto e com estímulos sociais, particularmente excitantes.

A modulação das mudanças nas interações com o ambiente é naturalmente diferente de criança para criança. Depende, desse modo, do ritmo de maturação que regula o aparecimento e a ativação da dotação biofisiológica, e da disponibilidade ambiental, isto é, do número, da gama e da variedade de objetos e de oportunidades colocados à disposição pela comunidade social.

Convencionalmente, os ritmos de desenvolvimento classificam-se como normal, atrasado e precoce, e a análise comportamental do desenvolvimento compartilha essa taxionomia. Contudo, ao contrário do que fazem as outras abordagens e de modo coerente com seus postulados básicos, analisa a deficiência como fruto das interações comportamento-ambiente especificamente caracterizadas por patologias biomédicas, por histórias de desvantagem sociocultural ou por uma combinação de todas elas. A deficiência não exige, portanto, uma teoria à parte, para ser descrita, explicada e, eventualmente, corrigida graças a uma gestão de oportunidades evolutivas específicas organizada para esse fim.

2. A análise aplicada do comportamento

O objeto de estudo, os problemas e os procedimentos seguidos na análise dos fenômenos psicológicos – da coleta de dados à sua formulação teórica – colocam-se ao longo de um *continuum* que vê nos seus pontos extremos as pesquisas de base e aplicada. Os estágios de desenvolvimento individual, os ritmos – normal, atrasado e precoce – e a relação entre desenvolvimento normal e patológico, assim como a articulação de modalidades comportamentais sempre mais complexas dentro dos estágios, são os pontos que especificam nesse *continuum* o âmbito da análise aplicada do comportamento.

O desenvolvimento é definido graças a dois conceitos básicos. O primeiro afirma que existem interações contínuas entre um indivíduo que se evolve e amadurece do ponto de vista biológico e as mudanças progressivas do ambiente.

O segundo é que essas interações modificam tanto o indivíduo, favorecendo o desenvolvimento de uma personalidade única e original, quanto o ambiente. A modificação progressiva das interações, que acontece com o passar do tempo e está, portanto, ligada à idade, desenrola-se ao longo dos pontos do *continuum* definido tanto pelas estruturas biológicas como pelas funções psicológicas [Catania, 1992].

Por sua vez, a passagem de processos comportamentais simples a condutas cognitivas sempre mais complexas acontece sem solução de continuidade. Das simples relações que o recém-nascido estabelece com pessoas e coisas desenvolvem-se interações sempre mais articuladas que envolvem a criança e o adulto em atividades cognitivas sofisticadas. A mudança, ao longo do *continuum*, não é o puro e simples somatório de comportamentos elementares, e, sim, o resultado de interações de aprendizagem que trazem à tona conceitos tais como estímulo, reforço, punição, operante etc., e processos como discriminação, generalização, revocação etc., cujo papel e cujas funções são esclarecidos pela análise experimental, sem a intervenção explicativa de princípios ou processos qualitativamente diferentes ou de ordem chamada superior.

A vida cotidiana, como é óbvio, põe o indivíduo diante de uma miríade de atividades que são o resultado de combinações de interações, muitas vezes regulares, em outros casos completamente novas e desconhecidas. Cabe à análise experimental a tarefa de especificar os princípios de regularidade nas diversas interações e as leis que os regem, e cabe à análise aplicada ao desenvolvimento e à educação a de especificar a gênese, a evolução e a progressiva organização dentro daquele sistema complexo, mas coerente, que é cada indivíduo.

Esses dois aspectos da evolução individual – estágios e ritmos, por um lado, e articulação das interações, por outro – são, evidentemente, as duas faces da mesma moeda. O conceito de desenvolvimento implica a presença simultânea, e em relação dinâmica, de um organismo capaz de mudar e de aprender e de um ambiente com capacidades análogas de mudança. Como foi dito repetidas vezes, um sem o outro não constitui motivo de interesse, e não só para a psicologia.

3. O desenvolvimento das interações criança-ambiente

Ainda antes de nascer, obviamente, a criança é um indivíduo; possui as características biológicas e culturais típicas da espécie humana. Como bem sabem os psicólogos que se ocupam do desenvolvimento, o número e a variedade de comportamentos que pode exprimir são quase infinitos desde os primeiros momentos da sua existência; reagrupá-los e classificá-los segundo critérios unívocos é tarefa árdua. As teorias mais compartilhadas interpretam o comportamento observável como mero revelador de processos mentais subjacentes: estruturas e atividades do id, ego e superego para alguns, estruturas e atividades cognitivas para outros. Do ponto de vista normativo, ao contrário, é a mente que, desenvolvendo-se de modo análogo ao que acontece com os órgãos nas diversas fases embrionárias, abre espaço a comportamentos motores, sociais, linguísticos, emotivos e intelectuais.

No âmbito da elaboração comportamental do desenvolvimento, é Kantor [1959a] quem promove a criança do papel de reatividade passiva aos estímulos, que lhe havia atribuído Watson [1930], ao de sistema biopsicológico integrado, cujo envolvimento perene na relação interativa com o ambiente funcional determina o desenvolvimento de uma personalidade única e original. De Kantor em diante, a análise comportamental estuda o desenvolvimento da criança analisando a mudança no tempo de seu comportamento e trata o comportamento como dado *per se* representativo que não se refere à mediação de outras atividades. O comportamento e suas mudanças progressivas são o resultado direto das características da espécie, da maturação biológica e da história das interações com o ambiente funcional desde a concepção.

> Os campos psicológicos são ontogenéticos. As primeiras fases do desenvolvimento psicológico podem ser vistas como os últimos estágios do desenvolvimento embrionário. Nos organismos humanos, os recém-nascidos,

logo depois do nascimento, começam a participar dos campos psicológicos, os mais complexos, os quais são tidos como sentimentos, pensamento e raciocínio [Kantor, 1984, p. 205].

3.1. As interações biológicas

Já foi dito que a investigação sistemática das relações entre os comportamentos e as características maturacionais da espécie são de competência específica dos biólogos e mais recentemente dos neurobiólogos [Reichert, 1990]. As contribuições das disciplinas afins a esse setor estão sempre mais comprometidas na medida em que sustentam com firmeza crescente o papel dos estímulos ambientais até na estruturação – anatomia –, além do funcionamento do sistema nervoso central, contribuindo para dar credibilidade sempre mais ampla a uma visão em que biologia e psicologia sejam os dois extremos do mesmo *continuum* e sejam ambas determinadas pelas pressões exercidas pelo ambiente [Catania, 1992].

Os psicólogos, os mais interessados em aprofundar as relações entre comportamento atual e história interacional, ocupam-se das interações biológicas limitando-se ao fato de que permitem o início das psicológicas. Estão mais presentes ao longo das primeiras semanas de vida; as estruturas biológicas e as funções fisiológicas, internas ao organismo, exercitam a função principal; sua única relação com o ambiente externo é determinada pelo fato de que se ativam tão só em presença de condições específicas. Os comportamentos a que abrem espaço são, de fato, definidos *reflexos* e, apesar de articulados e estruturados, o ambiente externo exerce em relação a eles uma função *permissiva* mais do que *prescritiva* [Bijou e Baer, 1965].

No entanto, verificam-se dentro de um contexto ambiental cujas características físicas e sociais específicas são essenciais para desencadeá-los e mantê-los. É sabido, por exemplo, que diversos fatores pré e perinatais podem incidir no nível de irritabilidade, na estrutura muscular, na energia e nas atividades exibidas e que um recém-nascido mais reativo e vital obtém mais atenção por parte dos pais e dos outros componentes do núcleo familiar do que um mais tranquilo. Isto é, pede, e em geral obtém, um contato mais íntimo com o adulto e, como consequência, uma variedade de estímulos impedidos ao outro, com resultados até devastadores para este último. Como se verá, podem favorecer a instauração ou a organização de uma "deficiência" propriamente dita. Seus comportamentos puramente biológicos são, em outros termos, capazes de solicitar eventos psicológicos, os quais, por sua vez, contribuem para incrementar o ritmo da maturação.

Nesse sentido, um ato psicológico é também, sempre, um ato biológico. Pegar um objeto e levá-lo à boca, o que a criança faz com considerável frequência nos primeiros meses de vida, é a um só tempo um ato biológico, que pode ser analisado em termos de movimento muscular, de funcionamento dos olhos e do sistema nervoso, e um ato psicológico, que se considera em termos de experiências anteriores com aquele objeto, com objetos semelhantes e com a função mediadora exercida pelo adulto, que guia, seleciona, comenta, permite, impede, oferece alternativas e assim por diante.

3.2. As interações psicológicas de tipo respondente

A maturação gradual do sistema nervoso permite ao repertório comportamental da criança evolver-se integrando aos biológicos - reflexos - os novos esquemas psicológicos de comportamento que lhe permitem interagir com as condições ambientais. Alguns estímulos ambientais externos - luz, sons, odores, mudanças de temperatura, estímulos dolorosos - adquirem novo significado e novas funções, mas inicialmente exercem o controle sobre reações simples de orientação e movimento do corpo inteiro.

São comportamentos respondentes que se automantêm por causa da ação protetora que exercem quando, reduzindo o nível de carência - a salivação favorece a digestão do leite - ou eliminando estímulos aversivos - a contração da pupila protege contra a luz muito forte -, contribuem para manter o equilíbrio fisiológico. Todos têm uma função adaptadora, e cada um está especificamente correlacionado a uma função igualmente específica do estímulo antecedente, que o provoca. A correlação entre a resposta salivar e a presença do alimento na boca é inata, mas, uma vez aprendida por associação, é eliciada também sozinha à vista do alimento.

Como já foi enfatizado, assumem certo relevo na análise do desenvolvimento das interações emotivo-afetivas em que as funções de um estímulo incondicionado são eliciadoras para as respostas - e nesse contexto serão aprofundadas -, mas não por causa dos comportamentos que se exprimem em termos motores, verbais, cognitivos e sociais que, ao contrário, estruturam-se com base na interação de tipo operante.

3.3. As interações psicológicas de tipo operante

Talvez seja oportuno lembrar que o tipo das interações operantes determina todos aqueles comportamentos que são controlados pelos eventos que eles mesmos produzem no ambiente e que, portanto, os acompanham. O fato de serem chamados, às vezes, de voluntários não implica, de modo algum, que quem os emite queira, ou seja consciente, ou busque de modo finalizado determinadas consequências. Estas últimas exercem sobre o comportamento as suas funções independentemente da vontade, da consciência, do desejo de obtê-las ou de evitá-las. Em outras palavras, os comportamentos operantes tornam-se mais vigorosos, mantidos ou enfraquecidos por aquelas consequências do estímulo que são observadas agindo naquele sentido, para aquela pessoa e naquela circunstância específica, que inclui também os fatores do *setting*. Esse conceito é de suma importância não só no plano da análise experimental do comportamento, mas também pelas implicações aplicativas e educativas em especial. Confundi-lo favoreceu por anos uma batalha "ideológica" totalmente acientífica contra os procedimentos e as contingências do reforço e contribui ainda hoje para manter elevado o nível de desconfiança, com consequências muitas vezes dramáticas no processo educativo.

Para favorecer a pesquisa, mas também para fruir de indicações imediatamente aplicativas, a grande variedade de interações operantes que uma pessoa experimenta ao longo de sua vida é incorporada em quatro categorias: efetiva, linguística, cognitiva e afetiva [Bijou, 1989].

As interações efetivas. Uma interação é efetiva quando um componente da resposta mostra ter um efeito direto em alguns aspectos do ambiente, subentendendo as outras pessoas. É efetiva, por exemplo, a interação que remove a fonte de barulho maçante, quer seja um rádio com volume muito alto, quer uma criança que berre. Na condição de operante, prevê uma sequência de três fases [Skinner, 1966a; 1974]: a primeira é uma função discriminativa do estímulo antecedente; a segunda é uma função do comportamento em que está implicada essencialmente a musculatura estriada, que consiste em duas operações preliminares (prestar atenção e perceber) e numa operação terminal (efetuar a ação); e a terceira fase é uma função do estímulo que acompanha a função da resposta e que influenciará, em circunstâncias semelhantes, as interações, reforçando, enfraquecendo ou deixando inalterada a probabilidade de toda a sequência. O todo realiza-se, é bom lembrar, dentro de uma circunstância estrutural específica que pode influenciar todos os componentes da interação. No decurso do desenvolvimento, as primeiras interações efetivas são motoras e descrevem as *performances* de pegar e caminhar; com o passar do tempo, fazem-se sempre mais frequentes as interações sociais pré-verbais, e aquelas relativas às habilidades pré-acadêmicas e acadêmicas.

As interações linguísticas. Não obstante a superabundância de teorias sobre a natureza, a gênese e a evolução da linguagem, ou talvez precisamente por isso, a análise do desenvolvimento linguístico é, sem dúvida, uma das tarefas mais complexas a serem analisadas de modo sistemático. A ótica comportamental define a linguagem como "a ação com que um indivíduo se adapta às pessoas, às coisas e aos eventos, diretamente pela verbalização e/ou a mímica dos gestos – linguagem referencial – ou, indiretamente, pela linguagem escrita ou simbólica" [Bijou, 1984, p. 529]. No primeiro caso, trata-se de um processo no decurso do qual quem fala diz alguma coisa a quem escuta a respeito de alguma outra coisa. Assim, numa interação definida pela linguagem *referencial* estão presentes e ativos dois estímulos antecedentes, um em quem escuta e o outro na coisa – ou no evento – a que o falante faz referência. Quando se pede a alguém: "Por favor, passe-me o sal", a pergunta tem duas funções discriminativas: uma relacionada com quem escuta, e a outra, ao referente, neste caso, o sal.

A interação comunicativa *referencial* pode ser, por sua vez, *narrativa* ou *mediadora*, conforme a resposta de quem escuta. Se o ouvinte responde usando a linguagem verbal, a interação é *narrativa* e determina um intercâmbio verbal; em outras palavras, é ocasião de conversação coloquial. Em outras circunstâncias, é *mediadora* e, então, o ouvinte pode comportar-se de diversos modos: sorrir, anuir mimicamente ou passar o sal a quem o pediu.

Nem sempre o falante e o ouvinte são duas pessoas diferentes; um indivíduo sozinho pode fazer concomitantemente os dois papéis, mas, nesse caso, aquilo que se diz a si mesmo tem apenas função adaptadora e não discriminativa. É o que acontece, por exemplo, quando alguém pergunta: "Quem sabe por que João fez aquilo?".

Na interação comunicativa *simbólica*, a pessoa responde referindo-se de certo modo a um estímulo substitutivo de alguma outra coisa. Se quem está dirigindo um automóvel vê um sinal de preferência, reconhece o significado do sinal, para e parte de novo, depois de verificar que não vinham outros veículos, reagiu corretamente à mensagem proposta de modo simbólico pelo estímulo antecedente. Em todo caso, o paradigma operante (estímulo antecedente, comportamento operante e estímulo consequente) descreve adequadamente todos os diversos tipos de interação comunicativa [Skinner, 1978]. A mesma unidade de análise é, de fato, capaz de descrever todo o desenvolvimento do comportamento linguístico conforme as primeiras formas de comunicação verbal e da seleção que a criança opera no âmbito da vasta gama de sons que produz com o balbucio, até a imitação do estilo linguístico da comunidade dos falantes e a comunicação referencial e simbólica.

As interações cognitivas. Na literatura evolutiva, geralmente são descritas como processos correlacionados com as origens do pensamento, da aprendizagem e do conhecimento e com o desenvolvimento intelectual [Lipsitt e Reese, 1979]. A análise comportamental descreve, em vez disso, uma interação cognitiva como uma atividade de conhecimento que se pode ativar em relação a praticamente todos os estímulos antecedentes. Analogamente ao que acontece no comportamento efetivo, a resposta constitui-se de reações preliminares de atenção e percepção, mas não prevê necessariamente a reação terminal que age diretamente sobre o ambiente; em outras palavras, não pode modificar a coisa ou o evento com o qual interage [Skinner, 1974]. O que não significa, de maneira nenhuma, que a resposta e os eventos ambientais não sejam correlacionados. Prestar atenção e perceber estímulos específicos e suas características permite não só reagir de modo adequado, mas também compreender suas relações, descrever e prever a maneira pela qual podem evolver-se. Saber reconhecer as maçãs de tipo verde das maçãs verdes porque ainda não estão maduras, permitindo reagir às propriedades elementares das coisas, pode favorecer uma interação efetiva de tipo adaptativo, cuja fase terminal é escolher qual maçã comer. Além disso, a compreensão da natureza histórica e funcional das coisas e dos eventos, como acontece quando se descrevem a origem e o desenvolvimento das formações dolomíticas ou se perscruta um céu nublado e se prevê chuva, não produz nenhum resultado efetivo [Kantor e Smith, 1975].

Com frequência a interação cognitiva não é diretamente observável; assim mesmo, é possível estudá-la, graças aos procedimentos objetivos e inferenciais específicos do comportamento individual, já que o único modo de saber se alguém *conhece* alguma coisa é o seu comportamento linguístico e não linguístico.

As interações afetivas. Uma interação afetiva é uma atividade emotiva que se pode associar praticamente a qualquer estímulo antecedente. Medo, ansiedade, solidão, raiva, afeto, assim como as interações cognitivas, agem sobre o ambiente e são observáveis apenas nos seus componentes biológicos [Kantor, 1966]. Aquelas que participam na resposta afetiva são o fruto da ação da musculatura lisa – mudanças na frequência cardíaca e respiratória, na pressão arterial, na tensão visceral – e são analisadas conforme os princípios *respondentes* do condicionamento pavloviano [Catania, 1979].

Não fazem parte da categoria afetiva as interações *emotivas* que resultam de uma mudança ambiental repentina e inesperada. Nesses casos, "por um breve momento o indivíduo não age como um organismo psicológico, mas volta a um estágio de ação biológica descoordenada que inclui numerosos reflexos viscerais e musculares, bem como reações vocais que não têm significado adaptativo" [Kantor, 1966, p. 403].

Muito úteis para descrever condições de *alegria* e de *angústia* no decurso do primeiro período da vida da criança, permitem, com o transcorrer do desenvolvimento, diferenciar reações de *frustração* por não ter obtido um reforçador, de *medo* diante de estímulos aversivos, de *alegria* em relação a estímulos com um forte valor de reforço e de *depressão* induzida pela interrupção de relações de extrema dependência [Bijou, 1984].

No decurso do desenvolvimento, os comportamentos motores – movimentos da face, da cabeça, dos braços e das pernas – e os comportamentos vocais são as primeiras interações *efetivas* simples da criança com o ambiente externo, expressas, no mais das vezes, de modo casual e desorganizado. Considerados pelos evolucionistas de orientação normativa como o produto, embora indireto, da maturação, são definidos pelos analistas do comportamento como o fruto da seleção gradual, mas relativamente rápida, em virtude dos resultados que produzem no ambiente [Bijou, 1993; Bijou e Baer, 1965; Perini e Bijou, 1993]. São históricos, a esse propósito, os estudos experimentais conduzidos por Jensen em 1932 sobre o comportamento de sucção no recém-nascido de três semanas.

A quantidade de dados experimentais colhidos nesse entretempo permitiu delinear a história do reforço graças ao qual acontece a modificação progressiva dos tipos de comportamento operante. No início estão ligados à obtenção de elementos essenciais à sobrevivência e ao bem-estar do organismo (alimento, por exemplo) ou à eliminação dos estímulos nocivos (luzes e sons muito violentos). Têm, assim, uma função completamente análoga àquela dos comportamentos respondentes. A diferença está no fato de que a correlação entre função do estímulo e função da resposta estabelece-se entre o comportamento e os eventos que o seguem, e não os que o precedem. Os eventos consequentes têm, em tais situações, uma função biologicamente reforçadora, inteiramente análoga à dos estímulos incondicionados. São, portanto, reforçadores biológicos, não adquiridos, no sentido de que sua função não deve ser aprendida. A aprendizagem é, ao contrário, necessária para que outros estímulos adquiram função reforçadora.

> As coisas que circundam o recém-nascido são, inicialmente, objetos simples. Tais objetos correspondem apenas a atividades casuais, e não finalizadas, do recém-nascido, e, nesse período, não há relação psicológica entre eles. Mas tão logo sejam estabelecidas as relações entre os objetos circunstantes e o organismo, os objetos assumem funções específicas; ao passo que o organismo constrói as funções correspondentes de resposta. Quando um organismo e os objetos adquirem junções de funções estímulo e resposta, gera-se uma função psicológica madura [Kantor, 1970, p. 106].

A sequência de interações operantes no decurso do aleitamento é um bom exemplo de interação madura.

> Enquanto toma seu leite, a criança aprende também a sentir com as mãos o vidro da mamadeira e a borracha do bico que tem na boca, a segurar sozinha a mamadeira e a regular o fluxo do leite. Em resumo, uma vez que os estímulos biologicamente necessários aparecem junto com outros estímulos que têm propriedades físicas específicas, os comportamentos controlados por essas propriedades têm mais sucesso ao assegurarem a satisfação das necessidades biológicas. No final das contas, esses comportamentos são controlados pelas contingências finais do reforço – o alimento –, mas, inicialmente, pelas propriedades físicas da mamadeira: um cilindro de vidro, com certa forma e peso [Bijou e Baer, 1965, pp. 5-6].

Kantor [1933] definiu como *ecológico* esse comportamento "em virtude do fato de que integra a criança ao ambiente e começa a tornar o ambiente respondente à criança, constituindo, desse modo, as interações de base [...] que serão substancialmente semelhantes na sua forma para todas as crianças" [Bijou e Baer, 1980b] e *ecológicos* os reforçadores, pelo fato de informarem a criança acerca das coisas que existem ao seu redor e da maneira mais oportuna de manipulá-las.

As atividades psicológicas de tipo ecológico têm suma importância para todo o desenvolvimento ulterior, pois representam o primeiro momento essencial do desenvolvimento *cognitivo*. Descrevem, de fato, o comportamento explorador, isto é, aquele comportamento que, ao permitir a manipulação e o controle dos eventos ambientais, introduz à capacidade de *fazer as coisas* e ao *conhecimento acerca das coisas*, comportamentos que, por sua vez, determinam a conduta cognitiva [Skinner, 1975b].

À medida que as interações com a realidade circunstante se tornam mais elaboradas, em termos linguísticos, cognitivos e afetivos, e sistemáticas, provocam consequências e, portanto, são selecionadas por uma gama sempre mais ampla de reforçadores não mais exclusivamente coligados ao funcionamento biológico do organismo. Outras características dos estímulos assumem o controle das sequências sempre mais complexas do comportamento infantil; enriquecem o repertório de condutas disponíveis modificando:

- *o número e a tipologia das respostas* emitidas em função do mesmo estímulo pelo qual a criança, que inicialmente leva à boca o objeto que lhe é oferecido, mais tarde o manipula, o faz rolar e o encaixa em outro;
- *a duração da sequência dos comportamentos* que se relacionam para dar lugar a uma resposta crítica. O som de um chocalho produz primeiro uma resposta de orientação da cabeça e dos olhos, depois uma cadeia de comportamentos que se inicia com a orientação, desenvolve-se nas tentativas de pegar e conclui-se com o comportamento de levar o objeto à boca;
- *o número de respostas diferentes, emitidas concomitantemente*. A criança, que está aprendendo a caminhar, produz dezenas de respostas todas elas voltadas a esse comportamento. Mais tarde, será capaz de fazer mais coisas ao mesmo tempo: caminhar, falar, jogar bola, por exemplo;

- *o nível de habilidade* na atuação dos diversos comportamentos. Uma criança de 6 anos de idade joga bola de maneira muito diferente de uma criança de 3 [Perini e Bijou, 1993].

4. Os estágios de desenvolvimento

A mudança progressiva nas interações entre o indivíduo biológico e as condições e os eventos do ambiente funcional acontece no decorrer do tempo. O ritmo e a qualidade da mudança dependem das oportunidades evolutivas, isto é, daquelas situações em que o indivíduo que se desenvolve experimenta interações que mantêm e ampliam seu repertório comportamental. Por sua vez, as oportunidades evolutivas são o produto sinérgico de, pelo menos, duas ordens de fatores: as características biológicas individuais e as condições ambientais.

Os estágios de desenvolvimento são um modo empírico de conduzir a análise das mudanças de uns e outros ao longo do tempo. Portanto, não representam um parâmetro de confronto de tipo normativo e "não devem ser utilizados com precisão cronométrica; são conceitos descritivos, propostos para serem instrumentos analíticos úteis e não restritivos nem prescritivos" [Bijou e Baer, 1980b]. A identificação dos estágios, do início ao fim, baseia-se num critério de identificação do tipo de interação predominante e da contribuição oferecida ao desenvolvimento da personalidade individual total. A breve descrição que segue sinaliza, portanto, o tipo de interação dominante nos diversos estágios.

4.1. O estágio institucional

O estágio institucional é aquele período do desenvolvimento durante o qual o indivíduo se comporta como um sistema unificado, mas limitado pelas suas características biológicas; as interações são, assim, completamente parecidas em todas as crianças. Inicia-se durante a última fase pré-natal e continua até os 2 anos de idade, mais ou menos, ou até o surgimento do comportamento verbal funcional.

A maturação biológica desempenha o papel principal, como "sucessão de modificações que se verificam em todas as crianças e que, na presença de condições ambientais favoráveis, permitem o surgimento de uma função psicológica" [Mussen et al., 1995], da qual não determinam causalmente o emergir, mas o limite temporal além do qual pode ser exibida pela primeira vez e que desempenha aí o papel principal.

Kantor [1959a; 1959b] descreve a estrutura do estágio institucional como a sucessão de interações sempre mais complexas: no período dos primeiros dois anos de vida, a partir de um patrimônio comum baseado em reflexos biológicos e em interações respondentes, guia - de modo relativamente semelhante em todas as crianças - a passagem de um repertório de respostas pouco coordenadas, casuais, não finalizadas (pela extrema imaturidade fisiológica) aos comportamentos estruturais e eficientes que envolvem sequências operantes complexas em nível motor, perceptivo, verbal e sequências mistas respondentes e operantes no plano emotivo-afetivo e social.

4.2. O estágio de base

Durante o estágio de base, que prossegue até o ingresso nas instituições, graças à maturação atingida pelo sistema nervoso e a uma independência crescente dos vínculos biológicos, a criança começa a fazer experiências diversificadas de oportunidades ambientais específicas que a tornam um indivíduo diferente de todos os outros. O maior grau de autonomia que exprime em nível motor, o controle muscular e a coordenação óculo-manual permitem-lhe aperfeiçoar e requintar tanto os repertórios motores rudimentares como aqueles de motricidade fina. Também o comportamento verbal se evolui de modo ainda indiferenciado sob alguns aspectos, mas sob muitos outros, de formas absolutamente pessoais. As possibilidades de interação linguística põem a criança em condições de enriquecer seus repertórios sociais, entre os quais aqueles relativos às autonomias pessoais, ampliando seus campos interativos a ambientes novos e envolvendo um número sempre maior de pessoas. Executar ordens, brincar com os coetâneos e sorrir são comportamentos funcionais à adaptação progressiva da criança em grupos sociais sempre mais amplos e heterogêneos em relação ao núcleo familiar e, ao mesmo tempo, funcionais à complexidade crescente das circunstâncias, que exigem interações progressivamente diferentes no número e no tipo de respostas, na duração da sequência e no nível de habilidade exibido.

4.3. O estágio societário

É por volta dos 6 anos de idade que, em geral, a criança faz o seu ingresso oficial na escola: desse momento em diante, de modo gradual e sem solução de continuidade em relação ao estágio anterior, participará do estágio societário pelo resto de sua vida.

Em geral, assume-se como linha de demarcação o ingresso oficial da criança nas instituições públicas, especialmente na escola, já que aí ela aperfeiçoa seu próprio repertório de capacidades e conhecimentos, por causa da instrução sistemática e programada nas habilidades complexas e simbólicas e nos campos culturais específicos: leitura, escrita, aritmética e assim por diante.

Além disso, a exposição às instituições e, portanto, ao controle social ampliado, na escola e também dentro de outros grupos, a torna gradualmente autônoma, isto é, capaz de administrar de modo autocontrolado os relacionamentos interativos dentro de uma gama sempre mais ampla e diversificada de situações sociais. A autonomia como comportamento controlado por regras internas, mais do que por sistemas externos, favorece o desenvolvimento progressivo do comportamento ético, que, como repertório de interações complexas, merecerá um estudo mais aprofundado.

5. Desenvolvimento normal e atrasos no desenvolvimento

5.1. As origens da abordagem científica do problema do atraso

> A idiotia não é uma doença; é um estado no qual as faculdades do intelecto nunca se manifestaram ou não puderam desenvolver-se suficientemente para que o idiota pudesse adquirir conhecimentos inerentes à educação que os indivíduos da sua idade, postos nas mesmas condições, recebem [Esquirol, 1838, p. 123].

Assim, não cabe aos analistas do comportamento a afirmação da prioridade da educação no desenvolvimento. A tradição, que nasce na França ao final do século XVIII e desenvolve-se com uma linha "ortopedagógica", que vê em Itard seu fundador e em Seguin e Montessori expoentes influentes, mostra analogias, às vezes surpreendentes, tanto em termos de filosofia de base da abordagem do problema como em termos de modalidade de intervenção. A contribuição que Itard ofereceu à educação merece menção especial.

Além de ocupar um lugar privilegiado na história da medicina, como fundador da otorrinolaringologia moderna, Itard tem, de fato, méritos também extraordinários na história da educação. Victor de Aveyron, a quem coube a sorte de ser confiado aos seus cuidados, é ainda hoje a mais celebrada das "crianças selvagens", por causa do pressuposto absolutamente inovador sobre o qual Itard baseia o diagnóstico e o prognóstico da intervenção de recuperação.

> Sem nenhuma educação desde a infância e tendo vivido no mais total isolamento dos indivíduos da própria espécie [...], mais do que um adolescente idiota, era uma criança de dez ou doze meses [...] sobre a qual pesavam, negativamente, hábitos antissociais adquiridos, distração obstinada, pouca maleabilidade dos órgãos e sensibilidade atenuada por causas acidentais [...] para a qual o tratamento cabia à medicina moral, tanto que a terapia moral foi reduzida a cinco objetivos principais, ou seja, a educação do selvagem de Aveyron [Itard, 1801].

É graças à batalha convicta que Itard trava também contra as convicções de muitos expoentes importantes da medicina da época, Pinel entre eles, sustentando a importância da educação, que o selvagem de Aveyron se torna ao longo de cinco anos um indivíduo capaz de exibir habilidades e conhecimentos em muitas áreas comportamentais e cognitivas: lê e escreve certo número de palavras, comunica-se com seus semelhantes, estabelece e mantém vínculos afetivos, autocontrola seu comportamento segundo regras morais simples.

Um esclarecimento faz-se necessário em relação ao significado da medicina moral. Também atualmente o *Dicionário Larousse* define *moral* como "o conjunto dos fenômenos da vida mental" e assim na época de Itard designava, de modo genérico, as atividades da psicologia clínica e da psiquiatria que vão organizar-se como disciplinas orgânicas muito mais tarde. Será ainda oportuno salientar, com Pessotti, que para Itard

> uma deficiência é um problema médico, portanto passível de tratamento; cabe ao médico alterar os costumes (*mores*), por meio de uma medicina moral. O exercício dessa medicina moral prevê a correção ou o ensino de noções e de repertórios comportamentais; daí a designação de "ortopedia mental" ou "ortofrenia", uma modificação propriamente dita do comportamento, conforme a conotação atual do termo, voltada não a produzir, neutralizar ou eliminar atividades ou estruturas nervosas ou cerebrais, mas a organizar condições emotivas e ambientais ótimas para que se verifiquem comportamentos desejáveis e cessem os indesejáveis [Pessotti, 1984, pp. 41-42].

A filosofia da ciência, que subordina a abordagem de Itard aos grandes temas dos desenvolvimentos normal e atrasado, "precede, no seu culto da observação dos fatos, um componente do positivismo comtiano" [Massimi, 1970, p. 15] "e constitui uma exemplificação, única no seu gênero, de intervenção operativa de uma determinada filosofia – a iluminista do fim do século XVIII, de Locke e de Condillac, especialmente – sobre uma natureza refratária" [Moravia, 1970, p. 6].

Mas se, sob a influência do período iluminista, tal atitude pode parecer, de alguma maneira, pressuposta, então o rigor experimental com que controla suas hipóteses educativas, a análise funcional que aplica às sequências de ensino de habilidades e de conhecimento – objetivos das interações educativas entre Itard e Victor – e a ideação de alguns procedimentos específicos de intervenção, centrados, por exemplo, no controle dos antecedentes, fazem dela a verdadeira precursora da análise aplicada do comportamento.

Prescindindo da forma literária, que parece evidentemente obsoleta, são absolutamente atuais as considerações que Itard desenvolve em seu *Prefácio* ao sustentar a filosofia de base que inspira seu modo de operar com o menino selvagem. Em relação ao tema filosófico então atraente – a determinação dos traços característicos do homem no estado puro natural – e como alternativa ao que aconteceu nos casos precedentes de meninos selvagens, Itard propõe sua abordagem e escreve:

> No mais vadio dos bandos selvagens, ou na nação europeia mais civilizada, o ser humano é apenas aquilo que sua sociedade o faz ser; necessariamente criado por seus semelhantes, assimilou-lhes os costumes e as necessidades; suas ideias não são mais algo próprio; ele aproveitou a mais bela prerrogativa

> de sua espécie: a capacidade de desenvolver o próprio intelecto à força de imitação e de influência da sociedade. Portanto, precisava buscar em outro ambiente o tipo de ser humano verdadeiramente selvagem, que não deve nada aos seus semelhantes [...]. Mas, naqueles tempos longínquos, o modo de proceder do estudo científico era tão defeituoso, tão sujeito à mania das explicações, à incerteza das hipóteses e ao caráter abstrato do trabalho livresco, que a observação não era levada em consideração de jeito nenhum, e aqueles fatos preciosos foram perdidos para a história natural. Desprovidos dessas vantagens, os outros meninos, encontrados num estado de isolamento individual, apresentaram-se à sociedade com algumas faculdades profundamente entorpecidas, contra as quais deveriam fracassar, admitido que tivessem sido tentados e dirigidos à educação deles todos os esforços de uma metafísica apenas nascente, ainda obstruída pelo preconceito das ideias inatas, e de uma medicina cujas perspectivas, necessariamente limitadas por uma doutrina puramente mecânica, não podiam erguer-se à consideração filosófica das doenças do intelecto [...]. Essas duas ciências hoje se libertaram dos seus velhos erros [...] e, neste século da observação metódica, que registra com cuidado a história de um ser tão extraordinário, teriam determinado a sua fisionomia e deduzido, daquilo que lhe falta, a soma até hoje não calculada dos conhecimentos e das ideias que o homem deve à sua educação [Itard, 1801].

Com base numa causa diferente e na convicção da possibilidade de cura do idiotismo, Itard propõe, contudo, uma diagnose da deficiência recuperável e abre caminho a todas as teorias modernas sobre a educação especial, bem como ao conceito de carência sociocultural. Não por acaso, a filosofia da ciência, que manteve toda a sua atividade, orientou gerações de estudiosos e operadores do setor da deficiência mental, começando por Edouard Seguin, considerado o inspirador de uma estrutura educativa e de pesquisas ainda hoje válidas [Talbot, 1967].

> Por outro lado, os materiais, os instrumentos, os procedimentos didáticos por ele ideados estimularam gerações de educadores, começando por Maria Montessori – considerada por Lindsley [1992] com Dewey, Skinner e Keller, uma "educadora eficaz" –, e sobreviveram por causa de sua eficácia, demonstrando, entre outras coisas, que as leis que regem o comportamento existem e funcionam, independentemente da sua codificação formal, e as tecnologias que daí derivam modificam o comportamento independentemente das teorias de referência de quem as utiliza [Perini, 1996, p. 96].

Nesse sentido, o caso Maria Montessori é paradigmático: seu material permaneceu, enquanto suas teorias sobre o desenvolvimento felizmente foram esquecidas, provando o que já foi enfatizado em relação ao fato de que as teorias e modelos vão e vêm, enquanto permanece a *descrição* do comportamento e dos modos pelos quais ele muda.

5.2. As posições teóricas atuais

A descrição em termos observáveis das interações entre o comportamento e os eventos do ambiente funcional e da sua mudança progressiva no decurso do desenvolvimento permite, como dissemos no início do capítulo, descrever e explicar o atraso evolutivo, assim como o desenvolvimento precoce, sem impor o uso de categorias explicativas diferentes em relação àquelas úteis ao desenvolvimento normal. Aceitando-se o pressuposto de que o desenvolvimento é resultado de interações entre o sistema biopsicológico unitário, que define o indivíduo, e os eventos do seu ambiente, a deficiência evolutiva pode ser explicada apenas como uma limitação mais ou menos consistente das oportunidades interativas. Tal limitação, por sua vez, depende da dotação biológica, das circunstâncias ambientais ou de uma combinação delas.

Nesse sentido, a deficiência é parte da teoria geral do desenvolvimento [Bijou e Baer, 1980b; Caracciolo e Perini, 1989; Caracciolo e Rovetto, 1988; 1994; Kantor e Smith, 1975; Perini e Bijou, 1993] e refere-se, também, a padrões subdesenvolvidos de comportamento que envolvem toda a personalidade do indivíduo e que são funções de condições observáveis passadas e/ou atuais.

5.3. A conceitualização: da deficiência mental ao atraso evolutivo

Ao longo do século XX, diversos conceitos de deficiência mental sucederam-se dando lugar a numerosas e, às vezes, duras controvérsias, sobretudo em relação às causas identificadas a cada vez como responsáveis pela deficiência.

O desenvolvimento mental incompleto, que se manifesta também com uma adaptação social inadequada, é explicado, na primeira metade do século XX, por estudiosos de renome [Doll, 1941; Kanner, 1972; Kuglemass,

1954; Tredgold, 1937], como resultado exclusivo de patologias biomédicas, muitas vezes nem bem identificadas. Por exemplo, Kuglemass [1954, p. 4] afirma que "a insuficiência mental é um sintoma de disfunção cerebral [...] que se origina de distúrbios genéticos pré-natais ou é induzida por doenças ou lesões durante ou depois do nascimento e limita a adaptação da criança ao seu ambiente".

Às *deficiências exógenas*, definidas como "danos cerebrais mínimos" e caracterizadas por formas patológicas biomédicas, outros autores associam *deficiências endógenas*, devidas a condições socioculturais e familiares [Frostig, Lefever e Whittlesey, 1961; Strauss e Lehtinen, 1947; Strauss e Kephart, 1955; Strauss e Werner, 1941].

Os limites conceituais dos pontos de vista que atribuem a deficiência mental, *in totum* ou em parte, às patologias biomédicas são essencialmente determinados pelo fato de não levarem em consideração as diferenças entre fenômenos biológicos e fenômenos psicológicos. Biologia e psicologia são duas áreas distintas, e, embora tenhamos visto como os eventos que aí ocorrem se influenciam reciprocamente, não é possível atribuir as atividades psicológicas ao cérebro e ao sistema nervoso. Embora "todos os eventos psicológicos impliquem fatores neuronais [...], estes últimos não têm, *a priori*, a parte mais relevante na gênese dos comportamentos humanos" [Caracciolo, 1987, p. 69].

> O cérebro é uma estrutura altamente complexa que funciona principalmente em nível de integração e de coordenação das atividades fisiológicas da pessoa. Todavia, não há dados que indiquem que o cérebro e o sistema nervoso sejam os *loci* do funcionamento mental; eles não são responsáveis pelo comportamento psicológico em medida maior do que qualquer outro órgão do corpo [Perini e Bijou, 1993, p. 61].

Mais recentemente, o DSM-III-R (*Manual diagnóstico e estatístico das perturbações mentais da Associação Psiquiátrica Americana*) [VV.AA., 1989] e o DSM-IV [VV.AA., 1995] fundamentam o conceito de deficiência mental numa definição de Grossman [1983, p. 11], que a refere a "um funcionamento intelectual geral significativamente inferior à média, derivante de ou associado a um empobrecimento concomitante do comportamento adaptador e que se manifesta durante o período evolutivo".

> Influenciada pela literatura sobre as diferenças individuais, pela teoria dos traços de personalidade e pela psicometria, converte em própria vantagem o fato de que as medidas da inteligência (funcionamento intelectual geral) são distribuídas normalmente na população do país em que foram estandardizadas. As pontuações – expressas em idades mentais (I.M.) e em quocientes de inteligência (Q.I.) –, situadas na parte baixa da tabela, são aquelas dos indivíduos deficientes mentais [...]. A diagnose final da deficiência mental, segundo esse ponto de vista, baseia-se na pontuação obtida no teste de inteligência [Perini e Bijou, 1993, pp. 64-65].

O ponto de vista da psicologia cognitiva é relativamente análogo: "a essência da deficiência mental é um sistema cognitivo em que muitos dos processos cognitivos são menos eficientes que aqueles evidenciados pela média das pessoas na sociedade" [Zigler e Hodapp, 1986, p. 63] nos testes de inteligência. Nessa ótica, a análise não é substancialmente diferente daquela que considera a deficiência em termos de funcionamento intelectual inferior à média.

Ambos os pontos de vista atribuem a causa – imediata ou próxima – da condição de deficiência ao que é medido nos testes e, nesse sentido, são conceitualmente fracos. Que a deficiência seja etiologicamente atribuída a causas orgânicas, a causas familiares – se a condição orgânica não for demonstrável – ou a causas indiferenciadas, não muda a debilidade da atribuição da sua causa imediata a uma variável hipotética, inobservável, denominada funcionamento cognitivo, que "acontece quando se dá um segundo nome [...] ao nível individual de *performance* no teste de inteligência" [Perini e Bijou, 1993, p. 70].

Para uma análise aprofundada do problema diagnóstico e dos critérios sobre os quais, historicamente, se articulou, é aconselhável referir-se à literatura específica sobre o assunto. O que importa enfatizar nesse contexto são as implicações que as formulações de uma deficiência desse tipo têm tido e, às vezes, continuam tendo, em âmbito educacional.

O modelo de interação do desenvolvimento implica, de fato, uma filosofia da ciência da educação em que o objetivo geral a ser buscado é o de maximizar o desenvolvimento de cada criança, a partir da sua situação evolutiva e levando em consideração as características do seu ambiente atual e das suas prováveis formas futuras. O objetivo é o mesmo para qualquer criança, de qualquer idade ou nível de desenvolvimento. Maximizar o desenvolvimento na ótica de sua análise funcional significa programar oportunidades interativas capazes de favorecer a mudança progressiva do repertório comportamental individual e organizá-las segundo modalidades que ponham em questão, a cada vez, os fatores críticos surgidos daquilo que foi observado, descrito e analisado no plano experimental.

Os resultados obtidos pela análise experimental do comportamento, aplicada à educação de sujeitos com problemas de deficiência, contribuíram para confirmar em nível empírico a validade e a eficiência dos conceitos, princípios e metodologias educativas e para generalizar o uso destes também em situações de educação normal, pelo fato de se demonstrarem capazes de superar – ou contornar – os limites impostos às interações evolutivas pelos diversos fatores provocadores de deficiências.

CAPÍTULO VI

O DESENVOLVIMENTO DOS REPERTÓRIOS COMPLEXOS

*Como membros de um grupo sociopsicológico,
os indivíduos compartilham reações específicas
que constituem os pensamentos,
as atitudes, a linguagem, as convicções
e as ideias daquele grupo.*
[Kantor e Smith, 1975, p. 128]

1. Introdução

Ao contrário do que acontece no âmbito da maioria das teorias evolutivas clássicas, a análise experimental e aplicada do desenvolvimento utiliza os estágios como instrumentos empíricos para fins descritivos, mais do que como constructos hipotéticos em nível prescritivo. As teorias dos estágios subdividem o desenvolvimento numa sucessão de períodos com base nas "entidades mentais que têm propriedades atributivas específicas: a estrutura cognitiva, o esquema, o superego e assim por diante" [Bijou, 1984, p. 526; 1989]. De maneira inteiramente análoga ao que acontece no desenvolvimento embrionário, pelo qual é a maturação de certa estrutura anatômica que determina a possibilidade de certa função fisiológica evoluir, do ponto de vista psicológico significa ter feito determinadas experiências e ter atingido certo estágio psicológico, pois é a estrutura cognitiva – ou o esquema ou o superego – que caracteriza o estágio que torna essas experiências desfrutáveis.

Na ótica comportamental, ao contrário, os estágios são definidos apenas pelo critério empírico e objetivo do surgimento e da estabilização de novos tipos de comportamento ou de novas combinações de tipos; portanto, seus momentos iniciais e finais são delimitados por critérios mistos que remetem ao estado biológico do indivíduo, às circunstâncias culturais e à sua interação recíproca. Aliás, os comportamentos que surgem no decurso de um estágio e representam os seus critérios definidores não devem, necessariamente, continuar nos estágios seguintes; alguns - por exemplo, o balbucio - devem, ao contrário, desaparecer; outros - o comportamento verbal - sofrem modificações consistentes, começam a fazer parte de tipos de respostas mais amplas e mais articuladas e concorrem para qualificar repertórios complexos que continuarão a evoluir por toda a vida.

Além do nível transversal, útil para a observação das mudanças do comportamento no primeiro período do desenvolvimento, a análise comportamental prevê uma dimensão longitudinal que cobre todo o curso da existência e permite descrever as transformações dos tipos de respostas: inicialmente limitadas aos reflexos, às interações respondentes e aos comportamentos ecológicos, assumem gradualmente forma de repertórios diversificados, capazes de cumprir funções complexas no sentido adaptativo, manipulável, comunicativo, intelectual e social.

Já vimos que a observação e a descrição das mudanças entre os estágios e dentro deles podem ser favorecidas por uma classificação das interações operantes dentro de categorias que, também quando estão combinadas entre si de vários modos, utilizam a mesma unidade de análise para os reflexos mais elementares e indiferenciados e para o comportamento criativo mais original. As interações efetivas, linguísticas, cognitivas e afetivas e suas combinações constituem, de fato, as bases comuns de todo repertório comportamental, quaisquer que sejam sua função e seu nível de complexidade.

Já discutimos muito as interações efetivas, quando analisamos a aprendizagem. Por sua importância em âmbito educativo parece oportuno, agora, descrever com maiores detalhes a evolução dos repertórios de comportamento verbal, social, moral, emotivo e cognitivo, recordando, mais uma vez, que a análise proposta nesse contexto é de tipo longitudinal. A sucessão com que são apresentados é funcional exclusivamente para uma lógica descritiva; não implica, portanto, uma hierarquia de prioridades nos níveis de gênese e de significado. Como já enfatizamos, durante a sucessão dos estágios de desenvolvimento, os diversos repertórios evolvem-se em paralelo e interagem entre si, incrementando-se reciprocamente.

2. O comportamento verbal

"O comportamento verbal é aquele aspecto especial do comportamento de uma pessoa que é eficaz apenas por causa da mediação de outra pessoa que escuta" [Bijou, 1993, p. 110]. E "os comportamentos que são eficientes tão só pela mediação de outras pessoas possuem tantas propriedades topográficas distintas que se justifica um tratamento especial e, até mesmo, se exige tal tratamento" [Skinner, 1978, p. 16].

Ballanti, ao introduzir a edição italiana do *Verbal behavior* [Comportamento verbal], embora admitindo que o interesse de Skinner pelo aspecto *comportamental* da linguagem pudesse ser considerado uma forma de obstinação – até bastante unilateral, aliás, em relação ao formalismo absoluto de certas análises linguísticas –, sublinha que Skinner

> tencionou desviar a atenção dos estudiosos do comportamento verbal do aspecto "verbal", que tem fascinado até hoje psicólogos, linguistas, sociólogos e literatos para o aspecto "comportamental", com a finalidade de concluir que, se o verbal é comportamento, valem para ele os mesmos esclarecimentos, obtidos com o mesmo tipo de pesquisa, válidos para outros aspectos comportamentais, simples ou complexos; e que é razoável esperar encontrar as mesmas leis, ligadas pelos mesmos tipos de processos já encontrados em outras manifestações comportamentais (da motricidade ao comportamento inteligente), em vez de pressupor situações especiais, particularmente estruturadas [Ballanti, 1976, p. 17].

É como dizer que, na tradição da psicologia comportamental, o comportamento verbal privilegie os aspectos funcionais relativos ao *como*, sobre os aspectos estruturais relativos ao *o que*, mesmo ciente de que também nesse âmbito específico, eles são complementares e não se excluem mutuamente [Catania, 1984].

As propriedades gramaticais dos componentes do comportamento verbal não são, de fato, objeto de estudo, e, sim, as condições em que este se verifica e as consequências que causa. Nessa ótica, interessa analisar como as respostas verbais, provocadas por estímulos antecedentes verbais ou não verbais, causam consequências verbais ou não, e que processo permite passar, no decurso do desenvolvimento, de circunstâncias em que o comportamento verbal descreve a simples imitação e a reprodução das relações formais entre sons, a situações mais complexas em que se permite pôr em correspondência as coisas e os seus nomes ou descrever os eventos e, por fim, a ocasiões de interação, entre quem fala e quem escuta, capazes de provocar modificações no comportamento. Serão analisados especialmente esses últimos aspectos pelo fato de que modificar o comportamento dos outros mediante instruções verbais poderia ser considerado a principal característica do comportamento verbal e de que as propriedades do comportamento que acompanha tais instruções - como acontece normalmente no relacionamento educativo - levam a uma distinção importante entre o comportamento regido por regras, isto é, determinado por instruções, e aquele modelado por contingências, ou seja, determinado por suas consequências.

A unidade fundamental da análise é, também nesse tipo de interação, um operante: portanto, é constituída por um evento antecedente, verbal ou não, com função discriminativa, por um comportamento operante, por uma consequência, verbal ou não, com funções reforçadoras, e pelos fatores do *setting*. E, já que o operante determina um tipo de interação, não um único caso, também os operantes verbais determinam tipos de comportamento que se verificam com probabilidades diferentes em circunstâncias específicas e sempre dentro de uma sequência de eventos bem definidos, observáveis ou, pelo menos, dedutíveis pela observação direta.

2.1. O controle do estímulo no comportamento verbal

Relações formais entre tipos verbais. O tipo de relação verbal chamada *ecoica* [Skinner, 1978] descreve a correspondência entre as características acústicas dos estímulos vocais e as respostas vocais produzidas por imitação. No decurso do desenvolvimento individual, a capacidade de reproduzir o som "mãe", depois de ouvi-lo pronunciado por um adulto, surge relativamente cedo e depende de operações de *modelagem* da resposta, cujas aproximações sucessivas são reforçadas diferencialmente pelas consequências vocais que produzem.

A capacidade de emitir um número de sons vocais quase infinito inicialmente está relacionada com a maturação biológica e, nas primeiras semanas de vida, manifesta-se predominantemente como comportamento respondente em função dos eventos antecedentes, em geral aversivos. À medida que a criança se torna sensível às propriedades acústicas dos sons por ela mesma emitidos, seu comportamento vocal evolui gradualmente num operante, mantido pelas funções reforçadoras das consequências que provoca e cada vez mais controlado pelas funções discriminativas que selecionam, dentro da gama de sons produzidos pelas vocalizações espontâneas típicas do *balbucio*, aquelas próprias da língua nativa, ao passo que todas as outras desaparecem gradualmente. A *linguagem ecolálica* evolui, por sua vez, em conversação *ecoica*, graças à modelagem gradual das articulações dos sons que o adulto, em geral a mãe, põe em ação, reforçando de modo diferencial sons que imitem aqueles propostos por ela e não outros.

O comportamento *ecoico* não implica simplesmente a duplicação dos sons, mas é definido pela correspondência vocal de unidades verbais que variam de extensão até a compreensão de palavras ou frases. Nesse sentido, sua função não se esgota no decurso das primeiras fases de aquisição da linguagem humana, mas persiste no comportamento do falante adulto e versado. E é fundamental, por exemplo, para a aprendizagem da pronúncia de sons e palavras numa língua estrangeira ou em todas aquelas ocasiões nas quais se repete alguma coisa dita por outros: um endereço, uma lista de compras ou uma fórmula de juramento.

A correspondência entre tipos de estímulos verbais e tipos de respostas, quando ambos estão em forma escrita, é definida como comportamento de *transcrição*; quando tipos de estímulos verbais escritos selecionam a ocasião para tipos de respostas verbais vocais, fala-se de comportamento *textual* e, quando acontece o contrário, de comportamento de *ditado*. Diferenciar esses tipos e suas relações formais de correspondência assume uma importância especial não só no âmbito da aquisição da linguagem, mas evidentemente durante a aprendizagem da leitura e da escrita. Normalmente as relações de equivalência entre linguagem verbal falada e escrita são facilmente aprendidas; poder distinguir entre tipos de estímulos e tipos de respostas é, no entanto, fundamental em todas aquelas situações nas quais patologias especiais da linguagem – por exemplo, as afasias, mas também dificuldades no estabelecimento de relações corretas tanto em nível textual como de ditado – podem inibir ou debilitar o processo de aprendizagem.

Exemplos especiais de relações verbais que não têm nenhuma correspondência formal entre si são as respostas *intraverbais*.

No comportamento ecoico e no ato de escrever a partir de uma cópia existe uma correspondência formal entre o estímulo e a resposta produzida. No comportamento textual e na tomada de um ditado existe uma

> correspondência ponto a ponto entre sistemas dimensionais diferentes. Mas algumas respostas verbais não apresentam correspondência ponto a ponto com os estímulos verbais que as evocam. É o caso de respondermos *4* ao estímulo verbal *2 + 2* [...], ou *Paris* para *capital da França* [...]. Podemos chamar o comportamento controlado por tais estímulos de *intraverbal* [Skinner, 1978, p. 96].

No comportamento *intraverbal*, um estímulo verbal seleciona a ocasião para uma resposta verbal, que se torna estímulo discriminativo para a resposta seguinte, e assim por diante. Grande parte da aprendizagem, especialmente a acadêmica, estrutura-se graças a relações desse tipo; estas permitem, de fato, interagir em eventos com os quais seria, de outra forma, impossível relacionar-se: matérias de estudo como a filosofia, mas também a adição ou a multiplicação, ou os fatos históricos, ou os dias da semana, não podem existir independentemente do comportamento verbal [Austin, 1990; Catania, 1984]. A tradição de pesquisa nasce com Ebbinghaus [1885] e o estudo das associações produziu, com o tempo, resultados de particular relevância. Isso será retomado com relação ao comportamento regido por regras.

A correspondência entre coisas e nomes. A maturação biofisiológica e os reforços diferenciais favorecem a seleção de sons cada vez mais articulados e sua transformação em fonemas, morfemas e o balbucio silábico, modelados sobre aqueles sons típicos da língua do grupo cultural de nascença [Osgood, 1973; Shirley, 1933]. O *comportamento ecoico*, que evolui graças à relação com o comportamento verbal dos outros, impulsiona a habilidade da criança em dar um nome às coisas e aos eventos que fazem parte de sua realidade ambiental e, como consequência, permite-lhe entrar em contato e estender o controle sobre um número sempre mais consistente de eventos e sobre as funções discriminativas e/ou reforçadoras que têm.

O *tacto* é precisamente o tipo de resposta verbal que, provocada por estímulos não verbais, permite esse *contato*. "O comportamento verbal sob o controle de tais estímulos é tão importante que é o único estudado exclusivamente pelas teorias da linguagem e da significação" [Skinner, 1978, p. 107], exatamente graças ao controle típico exercido pelo estímulo antecedente. Fomentado em contextos adequados – por exemplo, em resposta à pergunta: "O que você quer?" – o controle, estabelecido pela comunidade dos falantes, permite à criança obter importantes reforçadores: o objeto desejado e, concomitantemente, os sinais que exprimem atenção, aprovação, afeto, isto é, reforçadores *educativos*, enquanto "proporcionados inicialmente para estabelecer e manter uma forma particular de comportamento no falante" [Skinner, 1978, p. 111].

Além dos eventos ambientais simples e imediatamente acessíveis - objetos, seres vivos, atividades - muitas outras características do ambiente assumem gradualmente o controle do comportamento verbal *tacto*. Quando tais características são definidas pelas propriedades dos eventos mais do que por estímulos específicos ou por tipos de estímulos, isso significa que "a discriminação verbal está baseada sobre uma só propriedade de um estímulo, chamada *abstração*" [Catania, 1984, p. 232] e que constitui um aspecto essencial da aprendizagem de conceitos. A propriedade *cor*, crítica para definir a resposta verbal *vermelho* diante do semáforo, da capa de um livro, de uma flor ou de um pôr de sol, é definida pelos usos da comunidade dos falantes e depende delas mais do que de medidas físicas objetivas.

Como sabemos, a aprendizagem dos conceitos pode ser determinada, além das propriedades mais ou menos imediatamente evidentes dos estímulos, também por relações especiais entre as propriedades. No âmbito do comportamento verbal, os termos que não têm sentido se considerados isoladamente, como os topológicos, por exemplo (próximo, em cima, na frente), ou os relacionais (grande, alto, mais franzino) e, em geral, aqueles que Russel define como palavras lógicas, representam *tactos* especiais, chamados *autoclíticos*, controlados por relações especiais entre as propriedades dos estímulos. A gramática e a sintaxe do período, na medida em que organizam e correlacionam tipos de respostas verbais para informar quem escuta também sobre os aspectos relacionais e sobre as propriedades temporais dos *tactos*, representam formas verbais *autoclíticas* [Bijou, 1993].

As propriedades que controlam um *tacto*, por outro lado, podem ser identificadas mais com características do comportamento de quem fala do que com características dos eventos ambientais, como acontece quando se diz que uma música ou uma pintura é linda; com relações complexas entre os estímulos, a circunstância e o falante, como no caso do vocabulário que se refere às emoções; ou ainda com características específicas da situação que condicionam propriedades diferentes em circunstâncias diferentes, como acontece quando se responde antes a uma pergunta sobre a cor de uma flor e depois a outra sobre o seu perfume.

> Se uma cadeira, agindo como estímulo, torna simplesmente provável a resposta *cadeira*, e se um tabuleiro de jogo [...] a resposta *tabuleiro de jogo*, podemos tratar da "semântica" do comportamento verbal apenas organizando um inventário de *tactos*. Mas um repertório verbal não é o equivalente de uma lista de passageiros num avião ou navio, na qual um nome corresponde a uma pessoa, sem omissão de qualquer uma ou sem que qualquer uma apareça duas vezes. O controle de estímulo não é tão preciso assim. Se uma resposta é reforçada numa dada ocasião ou tipo de ocasiões qualquer traço dessa ocasião, ou comum a esse tipo, parece ganhar alguma medida de controle. Um estímulo novo que possua um desses traços pode evocar uma resposta [Skinner, 1978, p. 118].

O *tacto estendido* corresponde, no âmbito do comportamento verbal, à generalização em situações alternativas não verbais. A metáfora, a similitude e outras figuras retóricas clássicas, como também a toponomástica e os neologismos, representam exemplos de generalização de respostas verbais a novos estímulos.

Merece, enfim, menção especial a extensão do *tacto* a eventos particulares, isto é, àqueles eventos acessíveis apenas a quem fala. Os analistas do comportamento explicam o controle exercido pelo *tacto* "Tenho medo" como a extensão do controle exercido pelo *tacto* baseado em eventos a que a comunidade verbal tem acesso. Em geral, de fato, a criança aprende a dizer que tem medo porque emite comportamentos acessíveis à observação dos adultos: chora, treme, empalidece. A comunidade dos falantes adquire, assim, o controle sobre os eventos internos – *covert* – por meio das manifestações externas correlacionadas, e a mediação verbal da comunidade favorece a sua aprendizagem.

Situações desse tipo não são, porém, tão diferentes daquelas em que o falante menciona algo que não está presente no contexto atual e, portanto, não é acessível ao ouvinte, senão, precisamente, pela mediação verbal. O comportamento verbal, de fato, não exige que os estímulos estejam simultaneamente presentes e disponíveis tanto a quem fala como a quem escuta, caso contrário, as ocasiões de interação verbal seriam consideravelmente limitadas.

2.2. As consequências do comportamento verbal

Todas as respostas operantes e também as respostas verbais produzem consequências capazes de modificar o ambiente. No caso do operante verbal, porém, as consequências, de modo inteiramente análogo ao que acontece com os antecedentes, podem ser verbais ou não verbais.

> Numa dada comunidade verbal, certas respostas são caracteristicamente seguidas por certas consequências. "Espere!" é seguido por alguém que espera e "Psiu!" é seguido de silêncio. Grande parte do comportamento verbal de crianças pequenas é desse tipo. "Doce!" é caracteristicamente seguido pelo recebimento de um doce e "Fora!" pela abertura de uma porta. Tais efeitos não são inevitáveis, mas nós normalmente podemos achar para cada resposta uma consequência que é mais comum que qualquer outra [Skinner, 1978, p. 55].

As respostas verbais que especificam os seus reforçadores, por exemplo, as de*mand*as ou os co*mand*os, são definidas precisamente como *mand*. Quando se pede: "Por favor, dê-me um copo d'água", o reforçador é do tipo não verbal. Ao contrário, ao pedir o nome ou a idade de alguém ou ao pedir que outro alguém levante o tom da voz, as consequências reforçadoras são verbais. Mas acontece também durante uma conversação normal entre duas ou mais pessoas em que cada uma, por turno, fale e proporcione escuta, e assim a resposta verbal de quem escuta mantém o comportamento verbal de quem fala. A conversação termina quando ninguém reage mais à última coisa dita por quem estava falando.

Geralmente, na falta de um auditório, a probabilidade do comportamento verbal é muito limitada. O *auditório*, nesse sentido, é

> usualmente uma condição para o reforço de um amplo grupo de respostas [...]. Os auditórios que controlam as mais amplas subdivisões de um repertório verbal são as comunidades que estabelecem as contingências reforçadoras das chamadas "línguas" – o inglês, o francês, o chinês etc. Numa comunidade verbal chinesa, apenas certas formas de respostas são eficazes: como um auditório, qualquer membro ou grupo de membros dessa comunidade constitui ocasião para a emissão de formas chamadas "chinesas" [Skinner, 1978, p. 210].

Sabemos, porém, que podemos falar sozinhos, ou melhor, falar a nós mesmos. Nesse caso, e independentemente de que se fale em voz alta ou de modo implícito - *covert* -, somos auditório de nós mesmos e nosso próprio comportamento verbal é controlado pelo comportamento de escuta. Também no *automand* - propiciatório, exortativo, confortador, gratificante etc. - ou no *mand* irracional, permanece o esquema típico do *mand* que é a forma imperativa, enquanto a consequência modifica não necessariamente o comportamento explícito, mas a esfera emocional.

O aspecto comum e crítico das consequências verbais ou não verbais do comportamento de quem fala é que, em geral, provocam modificações no comportamento de quem escuta. Quando dizemos a uma pessoa que lá fora faz muito frio, provavelmente ela decida trocar-se antes de sair, e quando explicamos à criança que a sopa está quente, é provável, também, que ela deixe de lado a colher por mais alguns minutos.

2.3. O comportamento regido por regras

Na vida cotidiana, as pessoas fazem ou dizem coisas só porque alguém lhes disse para fazê-las ou dizê-las, e não por serem as mais apropriadas naquela circunstância. A maior parte do comportamento de quem escuta consiste em seguir as instruções ou as regras propostas por quem fala. O comportamento determinado por instruções é chamado de *comportamento regido por regras* e as suas características são diferentes das do *comportamento regido pelas contingências*, isto é, modelado por suas consequências.

> A comunidade verbal mantém a correspondência entre comportamento verbal e eventos do ambiente porque, apenas se estes forem coerentes, o comportamento verbal de quem fala fornecerá estímulos discriminativos que ocasionarão o comportamento adequado de quem escuta. Se o comportamento verbal de quem fala for ocasionado por eventos ambientais inacessíveis a quem escuta, pode tornar-se um estímulo discriminativo forte para o comportamento deste último. É, de fato, graças ao comportamento verbal dos outros que se pode reagir de modo adequado aos eventos longe no tempo e no espaço [Catania, 1984, p. 238].

As instruções ou as regras ditadas por quem fala são, portanto, um estímulo discriminativo que, na presença de outro estímulo discriminativo, seleciona a ocasião para a resposta de quem escuta. Nesse sentido, a característica mais importante do comportamento de *seguir uma regra* consiste no fato de que ele é guiado e controlado por condições antecedentes à resposta, mais do que pelas contingências do reforço que as seguem. Quando uma criança diz: "Não, obrigado" e não pega uma segunda bala que lhe é oferecida, está provavelmente se comportando em função de uma regra estabelecida pela mãe, e não em função das contingências reforçadoras da bala. Se essa análise parasse por aqui, seria legítimo afirmar que o comportamento regido por regras é diferente do comportamento regido pelas contingências e que, portanto, nem sempre é verdade que as consequências são os fatores críticos do comportamento e da aprendizagem.

Na realidade, o comportamento regido por regras é possível somente se baseado numa história do comportamento modelado pelas contingências, o qual tenha permitido a formação e a consolidação de um repertório verbal que, por sua vez, permita compreender e seguir as regras em circunstâncias apropriadas. A criança terá, assim, aprendido a comportar-se baseada na regra "quando se está 'visitando' alguém, aceita-se apenas uma bala" no decurso de uma série de experiências nas quais seu comportamento foi modelado pelas contingências acompanhadas por uma descrição detalhada que, no futuro, lhe servirá de estímulo discriminativo. A função principal da linguagem é, com efeito, fornecer um controle por meio das instruções que, de fato, substituem os estímulos discriminativos verbais pelos estímulos discriminativos contingentes em circunstâncias específicas. Quando se diz: "Não mexa no fogo, porque você pode se queimar", ou "Não se debruce demais, senão você vai cair", ou "Pare de comer doces, ou você sentirá dor de barriga", esse tipo de ordem muda o comportamento de quem escuta em situações nas quais as consequências naturais das contingências poderiam ser imediatamente, ou a médio prazo, consideravelmente aversivas. Ao contrário, explicar a um amigo como chegar a uma casa ou o que fazer para não a maionese não "desandar" favorece a obtenção de reforçadores em tempos mais rápidos e de maneira mais eficaz do que se ele tivesse de fazer isso sozinho.

As instruções verbais têm, portanto, um papel fundamental no âmbito educativo; seus efeitos ainda serão mais bem exemplificados. A filosofia de base que forma a atitude de muitos educadores ainda é inspirada por demais em princípios do tipo "errando se aprende" ou "as coisas que se aprendem sem nenhum esforço são esquecidas rapidamente". Deixar que a aprendizagem se estruture apenas graças às contingências naturais pode, na melhor das hipóteses, exigir muito tempo e, na pior, produzir erros e, portanto, frustrações; em ambos os casos, a relação ensino-aprendizagem não responderá aos critérios de eficácia que já foram indicados anteriormente como fundamentais ou, então, provocará um desinteresse, propriamente dito, de efeito incontrolável.

Além dos aspectos positivos, o comportamento regido por regras apresenta também algumas características negativas. Em primeiro lugar, aquelas ligadas ao fato de que, às vezes, as regras são seguidas somente porque são ditadas por uma pessoa muito autoritária. E, como sabemos muito bem, nem sempre o *ipse dixit* garante um comportamento adequado, eficaz, correto, socialmente válido ou eticamente aceitável. Além disso, em situações nas quais não se configura um "abuso de poder" propriamente dito, pode acontecer que ensinar aos outros o que fazer por meio de instruções verbais reduza, com o tempo, a probabilidade de aprendizado, por causa das contingências, e delimite, portanto, também o desenvolvimento da autonomia individual. Quando se diz a uma criança que é bom que leia, pelo menos, um livro por mês, pode ser que ela siga a regra de maneira correta, mas sem se dar conta de como isso pode ser prazeroso. Portanto, uma vez livre dos vínculos, não empreenderá de modo autônomo a atividade de leitura, da qual não terá descoberto os fatores importantes do reforço.

O problema tem implicações educativas que devem ser consideradas com cuidado. Provavelmente, a melhor atitude consista em considerar, a cada vez, se convém privilegiar as instruções verbais imediatas, com os relativos efeitos a longo prazo, ou se seria preferível deixar que se aprenda graças às consequências imediatas do comportamento. Voltaremos ao tema.

3. O comportamento social

Comumente, o adjetivo *social*, qualquer que seja o substantivo que qualifique, descreve "os modos e as formas das relações recíprocas entre os membros de um grupo, em cujo contexto os membros orientam-se segundo normas vinculadoras ou expectativas a elas ligadas" [Frohlich, 1986]. A análise das interações sociais privilegia, portanto, as relações interpessoais e os comportamentos que as pessoas envolvidas exprimem. São interações operantes – isto é, sequências de eventos observáveis, que se evolvem como todas as outras por causa das experiências sucessivas – em que o evento antecedente com função discriminativa é especificamente o comportamento de uma pessoa ou de um grupo de pessoas.

Ao longo do estágio institucional, a situação de quase absoluta dependência do adulto – normalmente a mãe – impõe à criança uma relação indireta com os eventos ambientais. O papel de mediação que a mãe exerce a caracteriza como o primeiro *ambiente social* da criança, no sentido de que, enquanto repetir mais vezes ao dia as rotinas interativas complexas que determinam as tarefas de assistência, assumirá aos poucos funções reforçadoras e discriminativas em relação a um número e a uma variedade crescente de estímulos.

> Quando a mãe começa a alimentá-la, a criança, que chorava por estar faminta, obtém um reforçador primário que elimina uma situação de desconforto [...]. Enquanto come e a sensação desagradável de fome diminui, observa a face da mãe, tem um contato físico com ela, é submetida a estímulos sinestésicos derivados da sua posição de colo e percebe estímulos olfativos e auditivos emitidos pela própria mãe [...]. Uma vez que essa sequência se repete várias vezes num dia, a associação repetida entre reforçador biológico – alimento – e esses estímulos transmite-lhe a mesma função; os estímulos visuais, auditivos e sinestésicos tornam-se rapidamente reforçadores adquiridos, sociais, e a mãe é identificada como a fonte que os produz [Perini e Bijou, 1993, p. 43].

Como fonte de reforçadores, a mãe assume muito rapidamente funções-estímulo discriminativas, por isso, quando presente, o comportamento de choro é emitido mais vezes, pois garante a obtenção de um reforçador positivo ou a supressão de reforçadores negativos também de outra natureza. Tanto que Skinner o define como *choro verbal*.

A diferenciação do repertório comportamental com base na presença ou não da mãe também vai manter-se no decurso das fases evolutivas seguintes, como sabem muito bem os avós, a babá e, em geral, aqueles que cuidam das crianças na ausência da mãe. E continuará a ser exibida, de quando em quando, também, graças aos processos de generalização, mesmo quando outras pessoas tiverem adquirido valor e função análogos aos da mãe, quer como distribuidores de reforçadores, quer como ocasião de estímulos discriminativos.

A atenção é, sem dúvida, um dos reforçadores mais significativos também numa perspectiva longitudinal. Estreitamente relacionada com a proximidade física e com muitas manifestações gratificantes de afeto, a atenção que a mãe dá ao seu filho assume rapidamente funções análogas àquelas ligadas aos procedimentos de reforço em ato e, assim, é rapidamente discriminada. O estilo atento da mãe corresponderá ao tipo de atenção que será reforçador para a criança no decurso de sua vida ulterior [Bijou e Baer, 1980b]. Já que todos os comportamentos que exigem a presença e a intervenção da mãe serão sempre reforçados, sejam eles corretos e socialmente aceitos ou não, uma criança acostumada a atitudes tranquilas e pacatas permanecerá sensível a esse estilo comportamental, ao passo que aquela que recebe da mãe uma atenção mais tumultuada se expressará nesses termos.

Os estilos atentos do adulto adquirem suma importância no desenvolvimento daquele código típico do comportamento social em que a correspondência entre a conduta individual e as regras estabelecidas dentro da família, do grupo e da comunidade ampliada tem um papel prescritivo, preciso, rígido e, teoricamente, absoluto: o comportamento moral.

3.1. O comportamento moral

Antes dos 6 anos de idade, em geral, e, aliás, até que a aderência às normas seja controlada pelo adulto – que distribui reforçadores ou punições –, o comportamento moral é identificável com um comportamento operante de tipo discriminativo: a criança não mexe no aparelho de som do pai se a mãe estiver presente; mas, se a mãe não a vir ou se essa criança estiver com a avó, que nunca a puniu no passado por esse comportamento, ela se deixará vencer pela curiosidade. Aprenderá por graus e se lhe for ensinado, é claro, a comportar-se com base em mecanismos externos de controle, isto é, a fazer ou não as coisas, independentemente dos possíveis reforçadores e/ou punições vindos do exterior. Começa a ser um indivíduo moral.

Quando a mãe lhe ensinar a usar a colherinha, a urinar de modo correto e no lugar apropriado, a vestir-se sozinha e assim por diante, a criança aprenderá a controlar os próprios comportamentos de maneira cada vez mais autônoma, a mantê-los e a incrementar a sua frequência, não apenas com base nas contingências externas de reforço, por exemplo, a aprovação do adulto, mas por causa dos resultados que produzem: comer alimentos mais saborosos ou ficar seca [Bandura e Walters, 1963].

O processo de desprendimento gradual do próprio comportamento dos agentes externos de controle acentua-se no decurso das primeiras fases do estágio societário, quando se tornam sempre mais frequentes as ocasiões de interação. Nesse período, são, sobretudo, a simulação das normas que se exprime no jogo social e as interações verbais com o adulto e com os coetâneos que favorecem um domínio sempre mais tranquilo de formas de autocontrole, primeiramente em âmbito mais estritamente ligado ao próprio bem-estar físico e depois em nível das relações interativas ampliadas.

O autocontrole implica, em geral, comportar-se numa situação específica, não a partir de estímulos contingentes e explícitos, mas com base nos estímulos implícitos - *covert* -, os quais reproduzem estímulos discriminativos que no passado controlaram o comportamento. Se na história de uma criança houve uma série de experiências no supermercado, caracterizadas pela indicação sistemática da mãe: "Não mexa", eventualmente acompanhada por uma punição contingente, é provável que tenha aprendido a não mexer nos produtos das prateleiras em resposta a esse estímulo discriminativo verbal expresso em forma de instrução e, em seguida, também quando ninguém lhe repetir isso explicitamente, em resposta a uma autoinstrução. Os estímulos discriminativos atuais que caracterizam a situação "estar no supermercado" serão suficientes não só para trazer-lhe a regra de volta à mente e para controlar seu comportamento na situação contingente, mas também em muitas outras ocasiões análogas.

É no momento em que assume o papel de ouvinte do comportamento verbal dos outros que o indivíduo aprende a seguir regras verbais. A regra, como já vimos, diz em termos mais ou menos explícitos o que fazer, quando fazê-lo e o que acontecerá depois: "Entrada proibida", mas também "Proibido estacionar nos dias pares" ou "Use este sabão e suas roupas ficarão mais brancas". Ao contrário do que acontece com o comportamento modelado pelas contingências de reforço, as condições reforçadas são, nesse caso, apenas descritivas e não atuais. Mesmo assim, são funcionais.

O *seguir regras* implica uma série de vantagens e, portanto, a comunidade tende a reforçar o comportamento que lhe diz respeito. O aviso "Quem mexe nos fios morre" permite evitar estímulos aversivos; pedir informações sobre como chegar à praça da igreja matriz, em vez de usar de tentativa e erro, permite economizar tempo; e lembretes como "Checar a meteorologia" permitem reagir a estímulos que não estão imediatamente disponíveis e assim, por exemplo, não partir para uma viagem se houver muita neblina. As regras não são necessariamente ditadas pelos outros. Cada indivíduo, em circunstâncias específicas, segue regras autoelaboradas: "Respire profundamente e controlará melhor a ansiedade durante a decolagem". Naturalmente, isso é possível se a própria história de interações, modelada pelo reforço contingente, tiver elaborado um repertório verbal que permita compreender as regras e aplicá-las nas circunstâncias apropriadas. Os comportamentos regidos por regras, assim como aqueles de autoverbalização das instruções, têm uma importância considerável no desenvolvimento individual e não só no favorecimento da aquisição de códigos de referência nos planos social e moral. Como veremos, eles desenvolvem frequentemente um papel crítico em numerosas interações acadêmicas de aprendizagem.

4. O comportamento emotivo

"Chora-se porque se está triste ou se está triste porque se chora?", perguntava-se William James. Segundo Skinner, embora por séculos tenha-se dito que a pessoa se comporta de certa maneira por causa das suas sensações,

> choramos e sentimos tristeza porque alguma coisa aconteceu (talvez alguém a quem amávamos tenha morrido). É fácil confundir o que sentimos com a causa pela qual o sentimos enquanto estamos nos comportando (ou mesmo antes de nos comportarmos), mas os eventos que são responsáveis pelo que fazemos (e portanto pelo que sentimos) permanecem num passado realmente distante. A análise experimental do comportamento favorece nossa compreensão dos sentimentos por esclarecer os papéis dos ambientes passado e presente [Skinner, 1995, p. 15].

No âmbito das interações afetivas, sobre as quais já falamos, o comportamento emotivo define um tipo específico que merece algum esclarecimento a mais, embora para um psicólogo e especialmente para um analista do comportamento, falar de emoções é tarefa difícil e, muitas vezes, ingrata.

Com efeito, o termo é um daqueles, talvez em absoluto, que abrem caminho a uma gama infinita de interpretações e sobre os quais todos nos sentimos autorizados a dizer algo.

> A linguagem das emoções é complexa. Falamos das emoções pessoais e alheias baseados tanto nas situações como no comportamento verificado naquelas situações. Podemos, por exemplo, falar de comportamento produzido por estímulos aversivos em termos de medo ou de ansiedade, mas, quando observamos o comportamento agressivo, dirigido a outro organismo, falamos de raiva. Em todo caso, deve ficar bem claro que todos esses são nomes para certos efeitos comportamentais, mas não os explicam. Consideremos, por exemplo, o problema de por que alguém se comporta de determinada maneira. A resposta poderia ser que ele assim faz por estar deprimido. Se, porém, alguém se pergunta como fazer para saber se está deprimido, respondemos que isso se deduz do modo como se comporta [...]. Seria mais útil dizer que aquela pessoa se comporta assim por causa de algum evento particular, por exemplo, porque perdeu o emprego ou interrompeu um relacionamento amoroso [Catania, 1984, p. 210].

Portanto, será o caso de estabelecer, antes de mais nada, que também no âmbito da análise do comportamento a palavra emoção descreve uma interação entre o comportamento do indivíduo e o ambiente. A interação é complexa e prevê, em geral, que estímulos com função eliciadora para comportamentos respondentes tenham propriedades reforçadoras para comportamentos operantes, ou vice-versa. Tirar a bala de uma criança elicia um comportamento respondente de choro por causa da supressão do reforçador; a criança "fica nervosa". Além disso, uma criança que tenta abrir um pacote de balas, sem conseguir, emite uma série de comportamentos operantes, que, na medida em que se revelam infrutíferos e não lhe permitem atingir o reforçador, podem eliciar comportamentos respondentes de raiva e frustração.

A conclusão a que se pode chegar a esta altura é que um reforçador é eficaz apenas *porque* elicia comportamentos respondentes emotivos, isto é, gera estímulos internos, ou sentimentos. O que James [1890] afirma, a propósito do comportamento de fuga diante de um urso, tornou-se um exemplo clássico para esclarecer o raciocínio. Escapamos do urso porque temos medo ou temos medo porque corremos para longe? Em outros termos, o urso causa medo, que, por sua vez, causa a fuga ou, como afirma James, o urso causa a fuga, que causa o medo? O dilema não tem solução: talvez a emoção explique os efeitos do reforçador, talvez o contrário seja verdade. O analista do comportamento propõe uma solução que não pretende estabelecer a direção certa da relação causa-efeito, mas, ao descrever o que acontece, afirma que o urso é um estímulo discriminativo para o comportamento operante de fuga e, ao mesmo tempo, tem função de estímulo eliciador para o comportamento respondente: ter medo. Enquanto é possível, de fato, observar estímulos reforçadores interagirem com o comportamento, não é igualmente possível observar os comportamentos respondentes de tipo emocional que se entrelaçam ao comportamento observado.

Kantor [1966] propõe, então, uma análise alternativa que descreve a interação emotiva como a interrupção momentânea do comportamento em relação a uma mudança imprevista do ambiente. O surgimento do urso modifica, repentina e inesperadamente, o ambiente relaxado do bosque onde se estava passeando, faz parar bruscamente as interações operantes e elicia, em seu lugar, interações respondentes. Depois de um momento de pausa, outras interações operantes substituem aquelas interrompidas e começa-se a correr para escapar para longe. Uma vez que se está a salvo, o estado de ativação fisiológica especial vinculado às alterações respiratória, cardiovascular e hormonal associadas ao comportamento operante da corrida gradualmente passa.

Nesse sentido, o conceito de emoção leva em consideração o comportamento pré-emocional, a mudança imprevista das condições ambientais, o fim de certo número de comportamentos operantes, a modificação consistente dos comportamentos respondentes e, por fim, a recuperação das condições semelhantes àquelas que precederam o surgimento do urso. Uma análise nesses termos possibilita, entre outras coisas, descrever e prever uma série significativa de eventos ambientais capazes de modificar as interações afetivas e aquelas emotivas em especial, que no âmbito do relacionamento educativo podem assumir funções muito diferentes e nem sempre úteis à promoção da personalidade individual. Em geral, porém, uma discussão aprofundada das interações emotivas busca a análise de fenômenos típicos, por exemplo, as fobias para com a escola, que, embora num aumento preocupante, entram no âmbito de um estudo psicopatológico e, assim, se afastam do contexto educativo normal.

Quanto ao presente estudo, o assunto das interações afetivas será retomado, considerando apenas os seus aspectos menos "dramáticos", normalmente definidos por características mais ou menos *agradáveis* – ou *desagradáveis* – dos fatores que determinam a interação e favorecem ou não sua aprendizagem e, dentre elas, assumem especial importância aquelas relativas ao *setting*.

5. O comportamento cognitivo

Na medida em que não podemos observar diretamente o que uma pessoa faz quando pensa, o comportamento cognitivo define um evento particular. Como pensar é algo que fazemos, é legítimo dizer que pensar é um comportamento e, assim, podemos tentar descrevê-lo recorrendo às mesmas unidades de análise úteis para qualquer outro comportamento.

> A análise funcional do comportamento cognitivo refere-se à definição de *cognição* elaborada por Skinner [1975b], que a identifica como ato ou processo de conhecimento, isto é, como: *a)* conhecimento sobre como fazer as coisas, e *b)* conhecimento sobre as coisas. Um terceiro tipo de conduta cognitiva refere-se à *c)* solução de problemas, isto é, à capacidade de modificar a situação contextual, de modo que se possa mudar a resposta. Esse tipo inclui todos os repertórios comportamentais compreendidos no âmbito dos outros dois, e, no entanto, sua natureza é tal que exige um tratado especial que ponha em evidência a importância das interações que precedem e que permitem o acesso à resposta final, isto é, à solução do problema [Perini e Bijou, 1993, pp. 47-48].

5.1. Conhecimento sobre como fazer as coisas

É a categoria mais simples do conhecimento e, de fato, seus exemplos aparecem ainda no decurso do estágio institucional do desenvolvimento. Os psicólogos evolucionistas, qualquer que seja sua orientação teórica, estão acordes nestes últimos decênios de que o repertório sensório-motor representa, de fato, um antecedente importante das condutas cognitivas.

Em termos funcionais, saber fazer coisas determina as *capacidades* que, por sua vez, podem ser descritas como tipos de condutas operantes que se verificam conforme modalidades correspondentes àquela situação contextual típica. As circunstâncias e o contexto ambiental determinam, portanto, a *forma* que a resposta deve assumir para poder ser reforçada [Bijou, 1982].

É ao longo do estágio de base que as capacidades se multiplicam e se aperfeiçoam de maneira surpreendentemente rápida, e a criança exibe, aos poucos, repertórios que vão do montar um simples quebra-cabeças, ao encaixar objetos de formas diferentes nos respectivos encaixes, dar corda a um carrilhão, construir torres sempre mais altas com cubos e assim por diante. Em cada uma dessas situações, ela é capaz de emitir uma sequência de respostas de forma adequada e coerente com os estímulos que tem diante de si e com suas características. Brinca com o "cubo mágico" e, sem o acompanhamento do adulto, no decurso de poucas tentativas, aprende a fazer as formas de cada objeto corresponder àquelas dos buracos em que deve encaixá-los, por causa do reforço contingente. Mais tarde, é capaz de classificar, a pedido verbal do adulto, um conjunto de blocos lógicos (diferentes pela cor, forma, dimensão e espessura) com base no critério ou critérios que lhe são propostos. Seleciona todos aqueles que correspondem ao critério indicado, prescindindo das outras características: separa os vermelhos, qualquer que seja sua forma, dimensão e espessura, dos que não o são; ou os grandes e triangulares dos pequenos e de todas as outras formas, também com base nos estímulos discriminativos propostos de forma verbal. A repetição de experiências desse tipo, em geral em forma de brincadeira, aperfeiçoa a sequência tanto em termos de eficiência da cadeia de respostas como de ritmo de execução; a esta altura, a criança terá se tornado uma executora *hábil* de repertórios também complexos.

No decurso do período de base e, portanto, em idade pré-escolar, a criança exprime *habilidades* de natureza predominantemente motora, tanto no plano do controle corporal em geral e da locomoção em especial, como no da agilidade manual. A autonomia que lhe garantem é condição crítica para que emerjam e consolidem-se os repertórios de autodedicação, mas também de competências sociais mais interativas, que exprime quando participa de modo adequado numa brincadeira com outras crianças ou numa interação com o adulto.

5.2. Conhecimento sobre as coisas

Já foram definidas as interações cognitivas como atividades de conhecimento que podem ser ativadas em relação a quase todos os estímulos antecedentes. Um tipo de resposta operante a ser reforçado em circunstâncias específicas descreve o *conhecimento*. Em síntese, a análise da contingência de três termos identifica o comportamento de conhecimento como uma conduta operante discriminada, isto é, controlada por eventos antecedentes específicos e que se pode exprimir com modalidades diferentes: verbais, não verbais ou mistas [Bijou, 1982]. A criança sabe o que é uma bola quando tem condições não só de usá-la para jogar sozinha ou com outros, mas também de reconhecê-la entre outros brinquedos, de fazer uma lista das características essenciais que a diferenciam de um carrinho, que até pode fazer correr no chão, de escolher aquela bola própria para jogar tênis e de descrever verbalmente a bola que viu numa vitrina e deseja ganhar de presente.

O conhecimento sobre as coisas prevê, portanto:

- respostas de discriminação simples e condicional: escolher uma bola apresentada com um carrinho ou aquela mais adequada para o tipo de jogo que quer jogar;
- comportamentos conceituais: usar uma bolinha de tênis para jogar futebol, mas não o contrário;
- comportamentos verbais e intraverbais de descrição das características da bola que está usando, mas também daquela que viu na vitrina;
- comportamentos de abstração e de previsão sobre a verificação, ou sobre o funcionamento das coisas: presumir que a bola furada não pulará mais.

5.3. Solução de problemas

> Pensar é fazer algo que torna possível outro comportamento. Um problema é a situação que não evoca uma resposta efetiva; nós resolvemos mudando a situação até que a resposta ocorra. Telefonar para um amigo é um problema se não sabemos o número, e nós o resolvemos procurando o número [Skinner, 1995, pp. 34-35].

Skinner propõe também para a solução de problemas uma abordagem funcional, alternativa àquela estrutural típica da psicologia cognitiva. A ótica cognitiva considera um problema do tipo "torre de Hanoi" - porém mais banalmente se poderia pensar em jogos de tabuleiro, como *Senha* e similares - em termos de correspondência entre a sequência excelente de passagens que determinam a tarefa e a estratégia adotada pelo enigmista. Não por acaso, o setor de estudos sobre a inteligência artificial assumiu relevância especial, e precisamente na tentativa de fornecer modelos fidedignos e satisfatórios de simulação estratégica.

Na ótica comportamental, ao contrário, a solução de problemas é um comportamento: as características discriminativas da situação definem o problema, e o reforçador é a solução. Chega-se à solução manipulando os estímulos e reorganizando-os de modo que a tornem acessível. Se for necessário descobrir qual é a sequência de cores que o adversário escolheu, a coisa mais simples a ser feita é variar de maneira sistemática a sequência, registrando a cada vez as consequências da escolha feita. Fazer isso significa "construir" estímulos discriminativos que controlarão os comportamentos ulteriores até se alcançar a solução final [Bijou, 1982; Catania, 1984; Perini, 1992; Skinner, 1966a].

> Provavelmente não existe "processo comportamental que não esteja relacionado com a solução de problemas" [Skinner, 1980]; essa categoria cognitiva representa, de fato, não só a síntese organizada das capacidades e dos conhecimentos adquiridos pelo indivíduo ao longo de sua experiência precedente, mas também a disposição para resolver problemas [Bijou, 1982]. Esta última, por sua vez, evolve-se por causa das experiências específicas programadas, no decurso das quais está aprender a sequência de condutas mediadoras mais adequadas entre a situação problemática e a resposta a ser reforçada [Perini e Bijou, 1993, p. 50].

CAPÍTULO VII

AS INTERAÇÕES ENSINO-APRENDIZAGEM: A OBSERVAÇÃO

Qualquer que seja a idéia que se faça do espírito, da inteligência, da compreensão humana, e qualquer que possa ser a opinião atual em psicologia, é preciso considerar esta ciência tão positiva quanto a botânica e repetir que é uma ciência da observação em que tudo está por ser visto, por ser colocado em seu lugar, e não há nada a ser criado, nada a ser imaginado.
[Edouard Seguin 1846]

1. Introdução

Os instrumentos de avaliação que se utilizam de números, letras ou de um conceito analítico mais do que sintético, até para acenar ao mais recente debate que agita o mundo da escola, são, sem dúvida, todos legítimos, e a credibilidade deles ao medirem aquilo que declaram poder medir pareceria respeitavelmente apoiada por um número indefinido de documentos governamentais. Mas, então, por que mudá-los em rápida sucessão e dentro de poucos anos? A mudança não é necessariamente índice de inadequação, mas os ritmos da mudança deixam supor que os critérios de escolha não são o resultado de uma averiguação séria.

Analogamente, ninguém nega, *a priori*, a eficácia dos cursos de recuperação articulados, em média, com 25 horas; mas a dúvida é lícita na falta de provas oficiais que testemunhem, pelos menos, uma probabilidade aceitável de mudança dos rendimentos dos estudantes que participam desses cursos, entre o antes e o depois.

O risco que se corre, além da evidente perda de tempo, de dinheiro e motivação, é o de convencer-se de que *inovação educativa* queira dizer mera sucessão de propostas mais ou menos "originais". Verificar a eficácia de um sistema educativo é possível quando todos concordarem sobre o fato de que, postos alguns objetivos a serem atingidos, o sistema será capaz de mudar os comportamentos individuais nas direções indicadas. Os objetivos e as mudanças devem, obviamente, ser mensuráveis, mas isso está implícito no conceito de verificação. As verificações devem ser feitas, e assim não se entende por que não devam ser feitas seguindo parâmetros científicos.

Em geral, a esta altura da discussão, percebe-se que a educação envolve âmbitos tão complexos e articulados da personalidade individual e igualmente interações complexas, que é utópico pretender mantê-los sob controle, quando não deveras contraproducente e limitativo. A complexidade não justifica, porém, a ausência de critérios de verificação sobre a eficácia.

Também em âmbito clínico-médico, como é sabido, as interações levadas em consideração não são nem simples nem lineares. Ninguém, porém, aceitaria sistemas terapêuticos cuja eficácia não tivesse sido amplamente experimentada, em laboratório antes, em animais depois e, enfim, também em cobaias humanas selecionadas e controladas ao longo do tempo. Nesse campo, de fato, o parâmetro *validade* é definido pelo nível de generalização e ninguém se sente menos livre pelo fato de os antibióticos serem eficazes tanto para curar sua bronquite como a de todos os outros. A relação está entre os antibióticos e a bronquite e não noutra coisa e é uma relação funcional. Do mesmo modo, seria possível começar a pensar que a relação, em educação, deve ser posta entre conteúdos a serem aprendidos, objetivos a serem atingidos e sistema de ensino e deve ser funcionalmente estabelecida. O que se sabe sobre aprendizagem talvez ainda não seja comparável com o que se sabe sobre a bronquite, mas está suficientemente consolidado para permitir uma abordagem mais cientificamente correta também na educação.

Para se verificar a progressão das interações comportamento-ambiente em termos coerentes com os objetivos educacionais, só se pode partir da operação preliminar a qualquer intenção programática das contingências de aprendizagem: a observação. Tudo aquilo que se seguirá no desenvolver do *iter* educativo, desde a escolha das modalidades de apresentação, de organização e de controle dos estímulos antecedentes e consequentes às respostas até a programação e a administração das hierarquias de aprendizagem que favoreçam a estruturação de comportamentos complexos ou até a avaliação final de modelos específicos de ensino, não pode prescindir de uma mensuração inicial válida e fidedigna.

As tecnologias educativas, que a psicologia "deduziu exclusivamente da pesquisa experimental e a metodologia para aplicá-las diretamente na praxe didática" [Bijou, 1970], podem tornar mais fácil uma tarefa que, considerada a variabilidade das diretrizes, parece ser especialmente árdua. Seria, talvez, o caso de levá-las em consideração mais seriamente. É o que começamos a fazer aqui.

2. A tecnologia educativa

As tecnologias disponíveis para promover, mediante a aprendizagem, as competências de cada estudante e para avaliar-lhe a generalização já são amplamente experimentadas e mostram-se capazes de resolver uma gama ampla e muito diversificada de problemas. Numa época tecnológica, o termo e todas as suas derivações já entraram no uso popular e não suscitam reações emocionais particulares. Mas não foi sempre assim.

Tecnologia indica, na origem, "o conjunto de processos técnicos e de maquinaria por meio dos quais se têm a produção de bens e serviços". Por analogia, o termo é usado para indicar a aplicação de descobertas científicas, nas mais variadas áreas, com o objetivo de atingir fins práticos. No âmbito educativo é, portanto, identificável com o conjunto de processos, mas também de instrumentos, capazes de favorecer a obtenção dos fins educativos.

A tecnologia da educação foi, por muito tempo, identificada com a instrução programada e com as máquinas de ensinar. E a percepção que se teve das máquinas de ensinar quando surgiram está bem estigmatizada por uma brincadeira recente: são *comportamentalistas*, no sentido watsoniano, naturalmente; ao contrário, o computador, como organizador de informações, tem uma mente evoluída e é, portanto, *cognitivista*. De maneira menos sintética e mais solene, dizia-se que as máquinas podem, quando muito, dar *instruções*, ao passo que o computador permite a aquisição de *habilidades gerais*.

Superada, graças também à difusão dos computadores, a desconfiança inicial para com a máquina, inteligente ou não, permaneceu a oposição entre instrução e educação. O tema é recorrente na psicologia contemporânea da aprendizagem e da educação e envolve todas as tecnologias. Portanto, merece ser colocado em discussão e – esperamos – debatido e encerrado de uma vez por todas.

Os primeiros a levantar a questão, como vimos na introdução, foram os sábios da tribo paleolítica que, na reconstrução de Benjamin, inventaram a escola.

> O primeiro grande pedagogo, teórico e prático [...] sabia como fazer as coisas de que a comunidade necessitava e possuía a energia e a vontade para realizá-las: portanto, era um educador [...]. As técnicas de fabricação e de utilização das redes, da posição das armadilhas e da escavação de fossas são indispensáveis para a vida moderna [...], exigem inteligência e habilidade, dotes que se pretende desenvolver na escola. São também técnicas úteis. Por que as escolas não podem ensiná-las? [...] Mas os velhos sábios que dirigiam as escolas sorriram com indulgência a uma sugestão dessas. Não seria educação – disseram firmemente –, seria apenas *instrução*. Com todos os complexos especiais dos três grandes setores da cultura – prosseguiram –, os programas escolares já estão muito carregados; não se pode acrescentar também essas novas ideias técnicas [...]. Aquilo de que os jovens necessitam é uma cultura geral mais aprofundada [...]. Não se ensina a antiga ciência da captura do peixe para capturar peixes, mas para desenvolver uma habilidade geral que um simples treinamento não pode conferir [...] e se você tivesse um mínimo de educação saberia que a essência da verdadeira educação é a atemporalidade. É algo que dura quando se modificam as condições [...]. E foi assim que um sistema educacional concebido em função de um objetivo bem definido degenerou em burocracia e em cultura mágica [Benjamin, 1970].

Objeções análogas foram, de vez em quando, dirigidas às "descobertas técnicas" que se mostravam capazes de resolver os problemas específicos postos à escola pela modificação progressiva das condições socioambientais e, assim, pelas diversas exigências dos seus usuários. A análise detalhada que vamos propor para algumas das tecnologias educativas mais eficazes evidenciará, também, os aspectos críticos da relação instrução-educação. O princípio geral é bem delineado por Keller na resposta a algumas críticas feitas ao seu *Sistema personalizado de instrução* para estudantes universitários. À preocupação de quem considerava o parcelamento do conteúdo da aprendizagem em unidades graduadas uma forma de treinamento mais do que de ensino, porque impedia uma visão geral do conteúdo em si mesmo, Keller respondia que

> quanto à distinção entre ensino e treinamento se deve apenas recordar que é sempre aquele que instrui quem decide o que deve ser ensinado e qual o nível de domínio, determinando, desse modo, a própria pertença ao grupo dos treinadores mais do que ao dos educadores. O método que usa e as contingências de reforço que emprega podem ser dirigidos ao alcance de ambos [Keller, 1968, p. 84].

Os mais de dois mil estudos de verificação a que o *Sistema Personalizado de Instrução* (PSI) foi submetido com sucesso ao longo dos mais de trinta anos de aplicação em cursos universitários de todo o mundo e ao qual Sherman [1992] refere-se em detalhe são, por outro lado, uma garantia de que poucos dos outros programas de ensino podem vangloriar-se.

No entanto, não será inútil recordar como a oferta de possibilidades de aprendizagem, que define uma das fases do processo educativo ilustrado na introdução, se exprime necessariamente pela instrução, isto é, graças a um conjunto variado e articulado de indicações sobre o modo de comportar-se nas diversas situações.

Desde as primeiras aplicações educativas de Skinner em âmbito escolar [1954a; 1954b; 1989], mas também psicopatológico, com sujeitos adultos internados em hospitais psiquiátricos [Lindsley, 1960; Skinner, 1954a; Skinner, Solomon e Lindsley, 1953], a tecnologia derivada diretamente da análise experimental do comportamento teve aplicações nos mais diversos setores. Também porque representou, frequentemente, a última possibilidade, depois do fracasso de outras modalidades de intervenção, para resolver problemas educativos na sala de aula, nos centros de reabilitação, nos hospitais, nas creches, nas universidades e em muitas outras instituições.

A tecnologia da instrução e da educação existe e são numerosas as razões pelas quais teve sucesso numa ampla variedade de *setting* e também em comportamentos os mais diversos de tantas pessoas diferentes. Evidenciamos algumas: o contato direto com o sujeito e com o *setting*; a continuidade do relacionamento antes, durante e depois da intervenção; uma abordagem rigorosa, mas flexível, por ser guiada pelos resultados *in itinere*; um núcleo de princípios cientificamente definidos que servem de ponto de partida, mas também de fonte de controle contínuo para o pesquisador; um procedimento de tomada de decisão, baseado nos dados propostos pelos sujeitos mais do que na aderência a um modelo; o uso sistemático da lei de parcimônia [De Cecco, 1964; Greer, 1983; 1992; Keller, 1982; Magoon, 1973; Skinner, 1995]. Não há necessidade de reafirmar como todas essas razões concorrem, direta ou indiretamente, para enfatizar os aspectos essenciais da definição em termos observáveis do objeto de estudo, isto é, a observação e a mensuração do comportamento.

3. A observação e a mensuração do comportamento

As primeiras tecnologias, que serão analisadas em detalhes, são aquelas utilizadas na observação direta do comportamento e na sua mensuração. Para programar o que fazer e como fazê-lo, o professor deve "organizar as contingências que promovem comportamentos apropriados de estudo"; deve, portanto, trabalhar, além do nível de conteúdos acadêmicos formais, com os objetivos sociais essenciais para apoiar o comportamento acadêmico do estudante e também com o próprio comportamento, de modo que cada estudante progrida na aprendizagem com o mínimo de frustração e de consequências aversivas. Observar e medir as contingências que regem o comportamento atual do estudante e do docente e as suas interações recíprocas é, portanto, condição *sine qua non* de todo o processo educacional.

Vale lembrar que a observação e a mensuração do comportamento não propõem como seu objetivo avaliar a idade mental nem o Q.I. dos estudantes. Esses tipos de informação têm sua utilidade quando o que importa é focalizar a atenção sobre o comportamento de grupos numa perspectiva sociológica e tomar decisões acerca de questões administrativas ou legislativas, mas não fornecem nenhum dado "sobre os pontos fortes ou fracos do repertório comportamental individual em todos os aspectos que caracterizam a maneira de viver e de aprender da sua comunidade" [Perini e Bijou, 1993, p. 68].

Numa perspectiva psicológica e educativa, as decisões a serem tomadas são relativas ao planejamento de programas e à avaliação dos seus resultados e, portanto, exigem que a atenção seja deslocada para a variação do comportamento individual. A individualização do ensino não significa, necessariamente, utilizar procedimentos didáticos numa relação pessoal; significa, porém, planejar e colocar em ação modalidades de ensino baseadas nas competências e nas necessidades de cada um dos indivíduos [Perini e Bijou, 1993]. Não é por acaso que o princípio da individualização foi a base da lei que, em 1962, reformou a escola italiana fundamental da 5ª à 8ª série e está implicitamente enunciado também em todas as modificações posteriores, incluindo a última, que acompanha a apresentação das novas fichas de avaliação.

Para essa finalidade, o Q.I. não é um instrumento confiável, portanto não é útil. Prescindindo das questões controversas relativas à definição de inteligência e à possibilidade de observá-la e mensurá-la, no que não parece ser o caso de insistir neste âmbito, ele não é confiável, não obstante a relação indubitável que consegue estabelecer entre a aptidão para as atividades acadêmicas que se desenvolvem na escola e os resultados dos testes. Vale a pena aprofundar esse ponto porque é central nesta discussão.

A primeira observação que nos parece oportuna refere-se ao fato de as habilidades exibidas no decurso das atividades escolares serem totalmente parecidas com aquelas exigidas para a estandardização dos testes [Kamin, 1974]. Em outras palavras, cada item de um teste de inteligência é construído e legitimado, isto é, selecionado para o teste, com base na sua relação com a idade cronológica dos sujeitos a que é destinado. Por exemplo, os itens previstos para o nível de idade mental de 10 anos de um teste qualquer foram selecionados porque as análises estatísticas confirmaram que a maioria das crianças de 9 anos, ou mais jovens, não os supera, enquanto aquelas com idade superior o conseguem. Segue, então, que a relação entre idade mental e Q.I., estabelecida com esses testes e resultados escolares, é alta. Mas como é de tipo *correlacional* e não funcional, resta estabelecer qual dos dois fenômenos precede e determina o outro [Bijou e Baer, 1976; Caracciolo, 1976; Perini e Bijou, 1993; Tyron, 1979]. Essa ambiguidade entre aquilo que se mede e o que é medido torna o instrumento não confiável; além disso, sua incapacidade em definir os repertórios comportamentais o torna inútil para fins educacionais.

Observação e mensuração devem, ao contrário, ser instrumentos dúcteis e flexíveis, estar desvinculados de critérios normativos e depender exclusivamente do que se quer ou se deve observar e mensurar. Utilizados de modo correto, garantem um apoio amplamente organizado e verificado, tanto em âmbitos formalizados (se for importante avaliar o repertório de habilidades e conhecimentos de natureza mais propriamente acadêmica e o critério de domínio com que se manifestam - como no caso, por exemplo, do diagnóstico funcional exigido pelo famoso e famigerado *Plano Educacional Individualizado* (PEI) para sujeitos com problemas de atraso evolutivo ou com dificuldades específicas de aprendizagem) como em situações naturais mais caracterizadas do ponto de vista social e por uma gama mais ampla e diversificada de fenômenos.

O conjunto de procedimentos que têm como finalidade identificar, avaliar e analisar na sua dimensão qualitativa, quantitativa e dinâmica as respostas de um indivíduo em âmbitos acadêmicos específicos ou os seus comportamentos em outras circunstâncias específicas e os fatores que os influenciam já é conhecido como *avaliação comportamental e cognitiva* [Moderato, 1988; Nelson e Hayes, 1979]. A abordagem é *ideográfica* e alternativa às abordagens *nomotéticas*, na medida em que descreve as capacidades do indivíduo em função de um critério definido, mas independentemente de qualquer norma. A análise das *performances*, assim conduzida, permite delinear "os pontos fortes e fracos do repertório comportamental individual" e, além disso, sugere quais estratégias de intervenção serão mais eficazes e quais deverão ser as modalidades de mensuração, monitoramento e avaliação dos resultados.

3.1. A observação direta

O objetivo. No âmbito da análise experimental do comportamento, a observação é a operação preliminar que descreve o que o indivíduo faz dentro de um ambiente propositadamente determinado, mas também numa situação natural, antes que sejam postos em jogo eventos que se supõe capazes de modificar o comportamento na direção desejada. É bom lembrar também que o termo "ambiente" compreende as características do *setting*, as propriedades físico-socioculturais dos eventos que influenciam todos os indivíduos e as peculiaridades funcionais dos eventos que agem numa pessoa em particular.

O ambiente privilegiado da análise do comportamento aplicada à educação é, portanto, o *setting* no qual se verificam as interações educativas e os fatores que o determinam. A sala de aula com o professor e os colegas, a aula de reforço, os ambientes equipados para atividades didáticas especiais, mas também o pátio durante o intervalo, o refeitório para a merenda, o ginásio de esportes, o ambiente familiar e os temas de casa, qualquer que seja sua estrutura específica, a que o estudante se aplica, são suscetíveis de observações e mensurações acuradas, essenciais para o planejamento da intervenção educativa.

O objetivo pelo qual se observa é a descrição das relações significativas entre comportamento e eventos ambientais naquele contexto específico, pois apenas sobre essas bases é possível detectar, se for o caso, *o que* e *como* deverá ser modificado, para mudar o comportamento. Os princípios que regulam o que e como mudar, definidos e verificados na praxe experimental, desencadeiam operações e processos de apresentação e de controle dos estímulos eficientes e de gestão das consequências das respostas, independentemente da idade, do ano letivo frequentado, do nível evolutivo e cultural dos estudantes e do tipo de tarefas em que estão empenhados. Ler, resolver uma equação de 2º grau, fazer uma síntese, descobrir a estratégia útil de classificação, mas também saber intervir adequadamente numa discussão, prestar atenção ao que o professor diz, seguir uma regra de colaboração no trabalho em grupo e assim por diante são comportamentos mais ou menos estruturados e complexos e, portanto, o resultado de contingências entre tipos de estímulos antecedentes com função discriminativa – a tarefa –, a resposta e tipos de estímulos consequentes com função reforçadora, punitiva ou neutra.

Colocada nesses termos e tendo estabelecido o objetivo, a observação está necessariamente individualizada. Também quando a atividade educativa é desenvolvida em sala de aula e administrada no interior de uma relação coletiva, e normalmente é assim, o conhecimento que o professor deve ter de cada aluno só pode ser pessoal.

A identificação daquilo que se observa. Geralmente, em âmbito educativo, a observação é sistemática, isto é, conduzida dentro de um esquema preciso de referência, com um campo específico de observação, e a atenção está voltada para fenômenos específicos. Sobre o esquema de referência dissemos que os comportamentos individuais são observados para se determinar que eventos introduzir para serem modificados. O campo específico é o ambiente funcionalmente caracterizado dentro do qual interessa conduzir a observação.

Mais complicado é, às vezes, identificar os fenômenos específicos. Se não for descrito em termos empíricos, um fenômeno não é observável; muito menos, mensurável. Portanto, é indispensável identificar os comportamentos que descrevem o fenômeno: comportamentos de agressão, e não a agressividade; comportamentos colaborativos, e não a colaboração; comportamentos de aplicação às tarefas, e não a apatia; e assim por diante.

Tal atitude poderia suscitar perplexidade e ser tachada de mero "reducionismo": pode-se dizer que a soma de muitos comportamentos não determina o todo e, portanto, limita a visão geral do problema, já que os fenômenos psicológicos não são comparáveis aos fenômenos físicos ou químicos. Não devemos esquecer, porém, que o objetivo pelo qual se observa é a detecção dos elementos possíveis de serem ativados para favorecer a mudança. O problema, então, é que aquilo que se observa deve ser ponto de referência e de comparação dessa mudança. "Mais apático", "menos apático", "agressivo como antes", não são dados objetivos de comparação. Não são nem medidas fidedignas de mudança nem descrições "públicas" do fenômeno, por isso nem sequer são úteis em termos de comunicação.

O comportamento a ser observado de modo sistemático e definido em termos observáveis é o comportamento *target* ou *alvo*. Há listas de comportamentos-alvo disponíveis que descrevem condutas problemáticas amiúde observáveis no âmbito escolar e genericamente rotuladas como agressividade, hipermotricidade, distração e assim por diante. Naturalmente não são exaustivas; fornecem, no entanto, um suporte válido e sugestões úteis com relação ao modo de proceder para identificar outras atitudes significativas para aquela pessoa em particular, naquela circunstância específica. Como exemplo, podemos ver, na tabela 7.1, as categorias comportamentais identificadas e classificadas por Bijou et al. [1969] e os tipos de respostas que as caracterizam, muito adequadas para a observação do comportamento em sala de aula.

Tabela 7.1. *Ficha de avaliação proposta por Bijou et al.* [1969]

Tipos de comportamento	Definição dos tipos
Comportamento motor	Levantar-se do lugar, ficar de pé, saltitar, andar a esmo, balançar a cadeira, efetuar um movimento que incomode sem fazer barulho, pôr os joelhos sobre a cadeira.
Barulhos desagradáveis	Bater ritmicamente a caneta sobre a mesa, bater as mãos, bater os pés, rasgar papel, jogar os livros sobre a carteira. (Não incluir os barulhos muito abafados ou provocados pela queda acidental de objetos.)
Transtornos causados pelos outros	Pegar os objetos didáticos do colega, jogar no chão os livros ou cadernos do colega, destruir objetos pertencentes aos colegas, empurrar o colega com a carteira.
Agressão (contato)	Atingir o colega com um soco ou pontapé, beliscar, dar pancadas, bater com um objeto, jogar um objeto contra um colega, morder, puxar os cabelos.
Respostas de orientação	Virar a cabeça e o corpo para olhar outra pessoa, mostrar um objeto a um colega, virar-se para um colega. (Esses comportamentos devem durar pelo menos quatro segundos, caso contrário não devem ser levados em consideração.)
Verbalização	Falar com os colegas quando não é permitido, responder ao professor sem ter levantado a mão ou sem ser interrogado, fazer comentários quando não foi feita nenhuma pergunta, chamar o professor pelo nome para atrair a atenção dele, gritar, chorar, cantar, assobiar, rir ruidosamente, tossir ruidosamente.
Outras atividades	Ignorar as exigências do professor, fazer algo diferente do que foi pedido, fazer as tarefas de português durante a aula de matemática, mascar chiclete, comportar-se de modo inadequado.
Comportamento pertinente	Responder às perguntas, olhar o professor enquanto está falando, levantar a mão, fazer as tarefas. (Esses comportamentos, para serem registrados devem durar pelo menos vinte segundos.)

Os critérios definidores da observação. Todas as categorias utilizáveis respeitam os critérios básicos de uma definição comportamental correta dos problemas [Moderato, 1988].

- São, antes, *objetivas* e *significativas*, isto é, reportam-se a características do comportamento individual e do ambiente observáveis por todos, da mesma maneira, por isso se pode falar delas com a segurança de se referir às mesmas coisas.
- São *claras* e estabelecem de modo não ambíguo o que deve entrar e o que deve ser excluído do tipo de comportamento que define o comportamento-alvo.
- São *analíticas* e *completas* na medida em que propõem todos os detalhes possíveis do comportamento a ser observado.
- A consideração desses critérios torna *fidedigna* a observação e a exprime em termos de grau de concordância sobre o que foi observado por muitos observadores independentes. A credibilidade da observação, qualquer que seja o contexto em que se observa, é de importância fundamental. Às vezes, é o único meio de evitar erros de interpretação que poderiam ter efeitos devastadores sobre a análise que está sendo conduzida. Sobretudo em situações naturais, nas quais não é possível um controle experimental das variáveis tão rigoroso quanto no laboratório, a não verificação, em termos de credibilidade, da atenção que se dá às circunstâncias em que e sobre as quais se trabalha, faz correr-se o risco de atribuir aos eventos não controlados, às motivações, aos preconceitos, às expectativas do observador, por exemplo, um destaque maior do que merecem, naquele contexto, com consequências que nem sempre são tão positivas como no caso do conhecido efeito Pigmaleão [Rosenthal e Jacobson, 1968].

A mensuração. Os critérios que definem o que observar no sentido comportamental determinam a possibilidade de proceder à quantificação propriamente dita do comportamento-alvo.

Pode ser útil e oportuno usar, no decurso da observação, sistemas específicos de codificação que sintetizem de modo convencional os comportamentos-alvo. Os *códigos* de registro devem corresponder ao problema ou aos problemas do indivíduo ou do grupo que se está analisando. Também no que se refere às modalidades de codificação é possível encontrar indicações formalizadas a serem seguidas ou reelaboradas de modo criativo. Um bom exemplo é o da tabela 7.2: refere-se à observação e ao símbolo do comportamento de atenção das crianças de uma turma do primário [Perini e Saccalani, 1995]. Nesse caso, foi o professor que providenciou a grade de observação, identificando os tipos de respostas inadequadas e as siglas que simplificam a codificação e o registro.

Tabela 7.2. *Esquema para classificação e codificação dos comportamentos de uma turma*

CATEGORIA	COMPORTAMENTO	SÍMBOLO
Respostas de orientação	Tagarela com um colega, volta-se para um colega.	❍
Faz algo diferente	Faz desenhos às escondidas, recorta, brinca com o material didático do colega, folheia algum suplemento paradidático.	❑
	Mantém o olhar fixo na parede, no teto, nos mapas.	👁
	Não responde porque não ouviu a pergunta.	?
Comportamento motor	Faz barulhos perceptíveis (com a voz, o corpo, os objetos).	💣
	Levanta-se da carteira, balança a cadeira, põe os joelhos sobre a cadeira.	➚
Comportamento de atenção	Observa o professor, observa o livro, lê, escreve, faz sinais de aprovação, faz perguntas pertinentes ao assunto em pauta, levanta a mão.	A

Fonte: Perini e Saccalani [1995].

Os *parâmetros de medida* são, ao contrário, interpretáveis menos livremente: os mais utilizados são, em geral, a *frequência*, a *duração* e a *amplitude* do comportamento-alvo. Num caso, registra-se quantas vezes uma criança se levanta do seu lugar sem motivo, num certo intervalo de tempo, ou quantas vezes colabora com os outros no trabalho de grupo; mas, se o problema for o da atenção nas tarefas, é oportuno quantificá-lo com base na duração e na intensidade, se for importante fazer com que seu tom de voz seja menos alto.

Outro aspecto técnico importante implica a definição da *duração* da observação. Escolher a duração do período de observação e, eventualmente, selecionar os intervalos de tempo no decurso dos quais será efetuada, depende do tipo de comportamento-alvo, além das circunstâncias contextuais gerais. A informação mais completa é, evidentemente, aquela que resulta de uma observação conduzida de modo continuado e por todo o período de tempo em que o sujeito estiver na escola. Por outro lado, isso nem sempre é possível: um modo alternativo que garanta, todavia, um nível de informação confiável é conhecido como amostragem de tempo e prevê uma amostragem casual das observações. Um número suficientemente alto de exemplos extraídos a esmo do possível conjunto é representativo do próprio conjunto, em termos estatísticos. No exemplo proposto na tabela 7.3, é reproduzido o registro relativo a sete sessões de observação do comportamento de atenção em sala de aula, conduzidas por dois observadores independentes com a técnica da amostragem de tempo, variável entre os 2 minutos e os 2 minutos e 30 segundos, no espaço de uma hora e graças à codificação ilustrada na tabela 7.2.

Tabela 7.3. *Grade de observação com codificação relativa do comportamento de uma turma*

Nomes	Intervalos variáveis							
	1	2	3	4	5	6	7	
Clara	A	A	A	👁	A	A	A	1
Francisca	A	❑	❑	A	❍	A	❑	4
Laura	A	👁	➚	A	❍	A	A	3
Flor	➚	❑	👁	➚	💣	➚	A	6
Alexandra C.	❍	A	A	❍	A	A	A	2
Lucas S.	A	A	A	A	❍	💣	A	2
Linda	A	A	A	A	💣	A	A	1
Dileta	❍	A	A	👁	A	A	A	2
Daniel	💣	A	A	💣	➚	❍	❑	5
Mateus	❍	A	A	❑	A	💣	💣	4
Zewale	A	A	A	A	➚	A	❑	2
Lucas C.	A	❑	👁	A	❍	A	A	3
Bárbara	A	A	❍	A	➚	A	A	2
Alexandra V.	❍	A	A	A	A	❑	👁	3
Manuel	A	💣	A	A	A	A	A	1

Fonte: Perini e Saccalani [1995].

A mensuração básica. As informações colhidas a respeito dessas modalidades definem a *mensuração básica* ou o *baseline* do comportamento-alvo, isto é, o nível que aquele comportamento, ou o tipo de comportamento que define a área objeto de observação, exprime em situações naturais, antes que sejam introduzidos os programas educativos, e servirá de medida da sua eficácia em termos de mudança dos comportamentos, durante e como conclusão da intervenção. Como exemplo, cita-se o *baseline* relativo à observação de uma criança que frequenta o 1º ano do ensino fundamental e que apresenta um repertório comportamental particularmente problemático. Além do mutismo eletivo – uma perturbação específica que, conforme os critérios indicados pelo DSM-IV, prevê uma negação persistente a falar em situações sociais, embora sendo capaz de falar e compreender a linguagem falada –, a criança exprime comportamentos consideravelmente desajustados no plano motor e de atenção que interferem fortemente tanto nas interações sociais como nas *performances* cognitivas e acadêmicas. A tabela 7.4 reproduz as observações conduzidas com modalidade contínua, num período de quatro horas de atividade escolar, durante quinze dias. Os comportamentos observados são 28 e estão agrupados em seis categorias, retomadas por Bijou et al. [1969]; de cada um registrou-se o número de vezes em que aparece no período de observação [Perini e Rollo, 1996].

As razões pelas quais é importante dispor de um *baseline* aprimorado são muitas [Martin e Pear, 1992]:

- antes de mais nada, ajudará a decidir se é necessária ou não uma intervenção específica. De fato acontece, com muito mais frequência do que se pensa, que a mensuração demonstre como a consistência do problema é realmente irrelevante. Alguém se convence, baseado em observações casuais, que a criança é "tagarela", ou que não sabe trabalhar sozinha, ou que comete muitos erros de ortografia. Se essa impressão não for confirmada por um confronto sistemático, corre-se o risco de interagir com aquele sujeito com base num preconceito que pode ser mantido, e até exacerbado, e acabar por provocar resultados, nesse caso negativos, que confirmem as expectativas. O efeito Pigmaleão, realmente, também ocorre às avessas;
- além do mais, fornece um controle objetivo da mudança durante o programa de intervenção e como conclusão deste. Nenhum

> programa de ensino será eficaz se o professor não puder mantê-lo constantemente sob controle. O monitoramento propicia ao professor controlar os progressos do estudante, determinar se as estratégias postas em ação são eficazes e decidir o que eventualmente mudar para potenciá-los. Ao mesmo tempo, fornece-lhe um *feedback* sobre as próprias habilidades de gerência do programa educacional. Enfim, cumpre uma tarefa importante em nível de comunicação e de "publicação" da eficácia do programa, tanto em relação ao estudante, à família, aos colegas, como à comunidade científica para sua avaliação e eventual implementação.

O exemplo na figura 7.1 propõe a transformação gráfica das informações do *baseline* da tabela 7.4, obtida somando-se os comportamentos dentro de cada categoria e calculando-se seu percentual de frequência em relação a todos os comportamentos exibidos e registrados. Logo após o *baseline*, são apresentados os dados relativos ao período de intervenção e ao período de verificação. O confronto entre o andamento do gráfico na fase do *baseline* e na fase de verificação demonstra que o tipo de intervenção foi eficaz para a mudança do repertório comportamental e para a manutenção e consolidação das modificações mesmo quando as estratégias específicas programadas e postas em ação foram suspensas e, portanto, a interação educativa desenvolve-se, novamente, em situações "naturais" [Perini e Rollo, 1996].

A avaliação qualitativa. As informações colhidas a propósito dessas modalidades permitem, além da mensuração propriamente dita, uma análise qualitativa sobre qual delas deve fundamentar a escolha da intervenção educativa. Observar e descrever *como* se correlacionam as relações funcionais, que se repetem um número significativo de vezes, oferece indicações que permitem compreender *o que* controla o comportamento e, portanto, o que deve ser mudado para modificá-lo. Em outras palavras, a análise funcional do comportamento-alvo põe em evidência as relações de contingência entre o comportamento, os eventos que o precedem com função discriminativa e os eventos que se lhe seguem com função reforçadora e punitiva. A tabela 7.5 traz um exemplo de análise funcional do comportamento da criança com mutismo eletivo de onde emerge, de maneira bastante clara, a sugestão do motivo pelo qual o comportamento de provocar barulho incômodo e as atividades motoras inadequadas podem ser função consequente da pouca atenção do professor [Perini e Rollo, 1996].

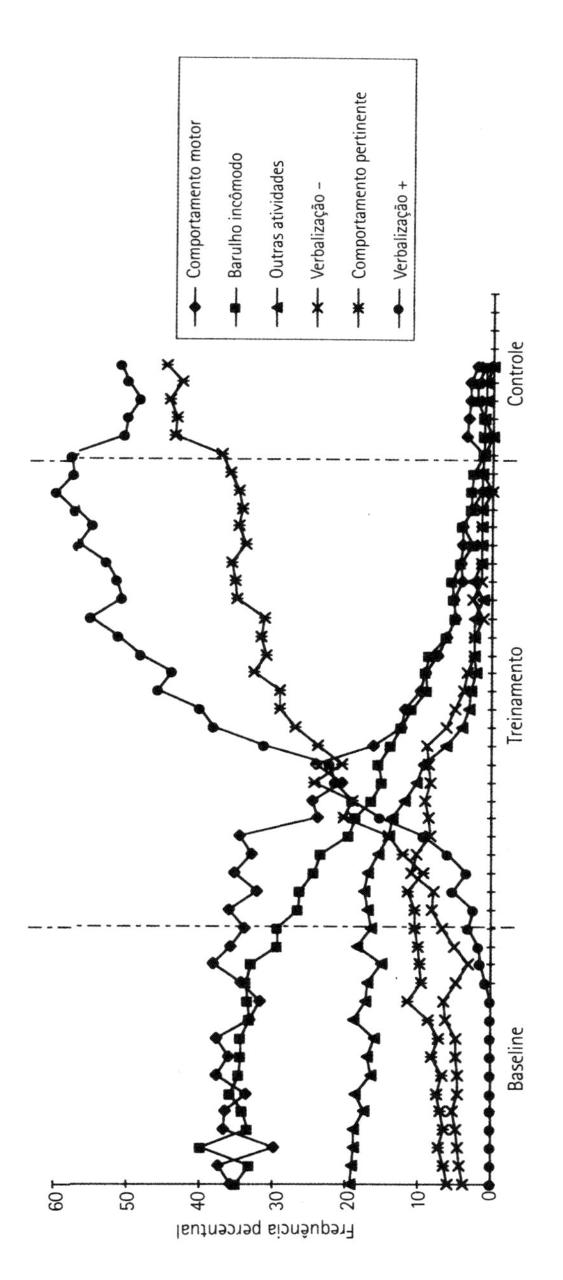

Figura. 7.1. Representação gráfica dos dados colhidos durante uma intervenção educativa.

Fonte: Perini e Rollo [1996].

Tabela. 7.4. Ficha para a coleta de dados relativos ao comportamento de um aluno durante o período do baseline

Definições dos tipos	Sessões de baseline														
	1	2	3	4	5	6	7	8	9	10	11	12	13	14	15
Comportamentos a serem extintos															
Comportamento motor															
1) Correr	3	4	8	5	3	2	4	4	8	5	6	4	7	4	3
2) Levantar os braços	2	4	1	1	3	4	5	6	8	5	3	4	2	6	5
3) Mexer-se na cadeira	43	45	24	39	42	39	41	35	31	32	30	35	42	33	37
Barulho desagradável															
4) Bater ritmicamente o lápis	33	35	30	28	29	31	28	29	27	25	26	28	27	24	25
5) Bater os pés	11	10	7	8	9	7	6	5	6	8	8	9	11	6	10
6) Mexer a carteira	3	2	7	5	7	10	12	9	10	9	7	5	6	5	4
Outras atividades															
7) Ignorar as perguntas do professor	11	13	10	12	11	10	10	8	9	13	9	11	10	8	6
8) Responder não verbalmente	15	14	11	11	12	15	12	13	11	11	12	10	10	14	16
Verbalização (V–)															
9) Virar-se para falar com o colega	0	0	0	0	0	0	0	0	0	0	0	1	0	1	2
10) Responder ao professor sem licença	0	0	0	0	0	0	0	0	0	0	0	0	0	0	0
11) Fazer comentários não pertinentes	0	0	0	0	0	0	0	0	0	0	0	0	0	0	0
12) Ler sem que lhe seja pedido	0	0	0	0	0	0	0	0	0	0	0	0	0	0	0
13) Sussurrar	1	1	2	3	2	3	3	2	3	4	3	2	3	3	6
14) Gritar	0	0	0	0	0	0	0	0	0	0	0	0	0	0	1
15) Chorar	0	1	0	0	0	0	0	1	0	1	0	0	0	0	0
16) Assobiar	0	1	0	0	2	0	2	2	2	2	1	2	1	2	0
17) Rir ruidosamente	2	1	1	1	0	1	0	0	1	0	2	0	0	0	0
18) Tossir ruidosamente	2	2	2	2	3	2	1	1	0	1	2	1	0	0	0

Comportamentos a serem incrementados															
Comportamento pertinente															
19) Olhar o professor e/ou o material	7	5	6	5	5	5	6	7	4	4	6	7	8	6	10
20) Levantar a mão	0	0	1	0	0	0	0	0	1	1	3	0	0	0	0
21) Executar as instruções	1	4	1	3	4	5	3	3	4	6	5	5	5	6	4
Verbalização (V+)															
22) Falar com os colegas sobre a atividade	0	0	0	0	0	0	0	0	0	0	0	0	0	0	0
23) Responder às perguntas	0	0	0	0	0	0	0	0	0	0	0	1	2	2	3
24) Fazer comentários pertinentes	0	0	0	0	0	0	0	0	0	0	0	0	0	0	0
25) Pedir ajuda ao professor	0	0	0	0	0	0	0	0	0	0	0	0	0	0	0
26) Chamar o professor pelo nome	0	0	0	0	0	0	0	0	0	0	0	0	0	0	0
27) Ler ao lhe ser pedido	0	0	0	0	0	0	0	0	0	0	0	0	0	0	0
28) Cantar (na hora de música)	0	0	0	0	0	0	0	0	0	0	0	0	0	0	1
	134	142	111	123	132	134	133	125	125	127	123	125	134	120	133

Fonte: Perini e Rollo [1996].

Tabela 7.5. *Observação do comportamento de uma criança por meio da análise funcional de Bijou et al.* [1968]

Tempo	Eventos antecedentes	Respostas	Consequências das respostas
8h30		1. Vicente entra na sala de aula	
		2. Dirige-se à sua carteira em silêncio	
		3. Apoia a mochila e tira os cadernos	
		4. Senta-se	
		5. Balança as pernas sob a carteira	
		6. Bate repetidamente o lápis na carteira	
8h40	7. A professora pede: "Quem quer falar sobre as capitais?".		
		8. Vicente se cala	
		9. Olha ao redor	10. A professora olha-o
	10. A professora olha-o	11. Vicente evita o olhar da professora	
			12. A professora lhe diz: "A capital do Paraná é Curitiba, não é mesmo, Vicente?".
	12. A professora lhe diz: "A capital do Paraná é Curitiba, não é mesmo, Vicente?".		
		13. Vicente se cala	
		14. Olha ao redor	
			15. A professora ignora seu silêncio
			16. A professora dirige-se ao restante da turma
	16. A professora dirige-se ao restante da turma		
		17. Vicente bate o lápis	
		18. Levanta-se e vai correndo até a cesta de lixo	
			19. A professora finge não ver nada
	19. A professora finge não ver nada	20. Vicente volta ao seu lugar correndo	

Fonte: Perini e Rollo [1996].

3.2. Programas de avaliação

Os programas de avaliação amplamente valorizados na praxe escolar referem-se a campos específicos tanto de natureza tipicamente acadêmica como relativos a outras áreas comportamentais: motora, linguística, social, afetiva, emotiva e moral. São constituídos por inventários, isto é, listas estruturadas de perguntas que respondem às mais diversas exigências observadoras, desde aquelas necessárias para se fazer a análise da situação inicial da criança em idade pré-escolar até aquelas que servem para o diagnóstico funcional do atraso evolutivo, aquelas úteis para delinear os problemas de concentração no adulto ou formas especiais desajustadas ou perturbadoras de comportamento [Bluma et al., 1976; Cornoldi e Soresi, 1980; Soresi, 1978].

A série de perguntas dentro de cada área respeita a sequência hierárquica das aprendizagens, em que as mais simples são pré-requisitos para a elaboração de outras cada vez mais complexas [Gagné, 1974]. Qualquer que seja o aspecto do repertório individual que observam e descrevem, as suas características *criteriais* são idênticas e, assim, constituem um bom exemplo da possível conciliação entre pesquisa cognitiva e análise funcional.

A sequência de itens é, com efeito, o resultado da análise estrutural privilegiada pela pesquisa cognitiva. A conduta, analisada com a finalidade de detectar os elementos essenciais que a definem, é desestruturada, e as unidades em si são repropostas conforme a sequência hierárquica apropriada para reestruturá-la gradualmente. De fato, a análise da tarefa que leva à identificação dos elementos primordiais e/ou constitutivos de um conteúdo, simples ou complexo que seja, dissolve-se na criação de um currículo propriamente dito. Instrumento fundamental para um diagnóstico psicoeducativo funcional, assume, portanto, um papel bastante importante como plano a ser seguido para atingir os objetivos específicos. As características do currículo como programa de ensino serão objeto de análise ulterior e mais detalhada.

Além disso, a maneira como cada item é apresentado e a forma do seu registro são os resultados da análise funcional. A apresentação de cada item da hierarquia prevê, de fato: *a)* a sua descrição em termos objetivos e observáveis; *b)* a descrição dos eventos antecedentes com função discriminativa e, especialmente, o material, as instruções verbais e o procedimento de apresentação; *c)* a descrição da resposta e o critério a ser adotado para que se possa dizer que a resposta foi aprendida; *d)* o registro da observação.

Nas tabelas 7.6 e 7.7 estão exemplificadas uma sequência de itens relativos à observação de habilidades cognitivas elementares e primordiais e uma de habilidades de compreensão da linguagem, retomadas pelo *Curricular Programming for Handicapped Children* [Programa curricular para crianças com deficiências], elaborado pelo Departamento de Educação Especial da Universidade do Arizona, sob a direção de Bijou [1980].

As observações colhidas nesse caso referem-se a um sujeito com síndrome de Down, inserido numa turma do ensino fundamental, com graves problemas de verbalização. Para resolvê-los, era preciso programar uma intervenção que favorecesse a aprendizagem de modalidades comunicativas mais eficientes, quer durante a interação social, quer como instrumento de mediação cognitiva.

As vantagens de uma avaliação, conduzida a partir de um inventário, coincidem com o seu limite. A forma estruturada da hierarquia do item que define a conduta observada e a definição *a priori* das condições de apresentação e de registro do comportamento oferecem um quadro completo e detalhado das competências do indivíduo em si, além das sugestões úteis à seleção das estratégias de ensino. Além disso, não são aplicáveis às situações naturais, nas quais se pressupõe que o indivíduo se movimente "livremente", para as quais não estão disponíveis hierarquias de aprendizagem, resultado da análise da tarefa. Em outras palavras, enquanto a observação e a mensuração das habilidades de leitura são conduzidas vantajosamente por causa do inventário de uma hierarquia de aprendizagens detectadas e organizadas pela análise da estrutura da tarefa, no caso da observação e da mensuração do comportamento de interação colaborativa na brincadeira é preferível a observação direta, ao passo que a definição de uma hierarquia de respostas *a priori* é menos favorável e menos rigorosa.

Tabela 7.6. *Inventário para a avaliação dos pré-requisitos cognitivos*

Item	Materiais e procedimento	Instrução	Critério	Observações
1) Explora um objeto	Brinquedo que interessa ao sujeito (boneca).	"Olha o que tenho, Francisca!"	Observa-a, mexe nela por cinco ou seis segundos, depois brinca com ela de modo regular funcional.	XXXXX
2) Procura um objeto desaparecido	Sentados à mesa, mostrar o brinquedo e fazê-lo desaparecer sob a mesa.	"Onde foi parar?"	Procura-o, olhando logo debaixo da mesa (e o encontra).	XXXXX
3) Tenta recolher um objeto caído	Mostrar o brinquedo e fazê-lo cair enquanto o sujeito olha.	"Pegue-o para mim, Francisca!"	Abaixa-se, recolhe-o e o põe no seu lugar.	XXXXX
4) Encontra um objeto escondido	Um brinquedo e três caixas. Esconder o brinquedo sob uma das três caixas enquanto o sujeito olha.	"Onde está agora? Encontre-o!"	Olha por um segundo e levanta logo a caixa certa.	XXXXX
5) Usa um brinquedo de modo funcional	Carrinho, telefone, boneca. Pôr os brinquedos um por vez diante do sujeito.	"Brinque com..." (carrinho etc.).	Faz o carrinho correr, digita alguns números do telefone, embala a boneca.	XXXXX
6) Junta dois objetos iguais	Três pares de objetos idênticos. Pôr um elemento de cada par diante do sujeito e mostrar os outros elementos um por vez.	"Dê-me aquele igual."	Encontra o objeto certo para cada par e o entrega.	XXXXX
7) Junta objetos-desenhos iguais	Três objetos, os desenhos correspondentes, uma tesoura, um pincel. Pôr os desenhos diante do sujeito e mostrar-lhe os objetos um por vez.	"Dê-me aquele igual."	Encontra o objeto certo para cada par e o entrega. Toma o desenho certo para cada objeto e o entrega.	XXXXX

Tabela 7.7. *Inventário para a avaliação dos pré-requisitos de compreensão*

Item	Materiais e procedimento	Instrução	Critério	Observações
1) Compreende a relação palavra-objeto	Desenhos representando objetos familiares: boneca, bola, cão. Dispor os desenhos diante do sujeito e pedir-lhe um em especial.	"Dê-me o/a..."	Escolhe os desenhos pedidos e os entrega.	XXXXX
2) Compreende palavras que indicam ação	Desenhos representando crianças que correm, brincam, dançam e comem. Dispor os objetos sobre a mesa diante do sujeito.	"Dê-me a criança que..."	Pega o desenho exigido e o entrega.	XXXXX
3) Compreende o conceito "ainda"	Alimento que o sujeito gosta. Apresentar uma pequena quantidade de alimento.	"Quer mais, Francisca?"	Responde logo "sim".	XXXXX
4) Compreende o conceito "não" como não existência	Quebra-cabeça de dez peças, mais ou menos. Depois de esconder três peças, compor o quebra-cabeça com o sujeito. Indicar onde deveria ir uma das peças que faltam.	"Onde está isso? Você o vê?"	Observa por dois ou três segundos, depois responde "não".	XXXXX
5) Reconhece em si mesmo as partes do corpo	Sentar-se diante do sujeito indicando as várias partes do corpo (mão, boca, nariz etc.).	"Onde está o/a seu/sua... Toque-o/a."	Toca quase imediatamente a parte do corpo pedida.	XXXXX
6) Compreende nos outros as partes do corpo	Sentar-se diante do sujeito indicando as várias partes do corpo (mão, boca, nariz etc.).	"Onde está o/a meu/minha... Toque-o/a."	Observa por dois ou três segundos, depois toca velozmente as partes do corpo pedidas.	XXXXX

7) Compreende os conceitos de disposição espacial	Três pares de desenhos representando uma criança dentro e fora do carro, em cima e embaixo da mesa, perto e longe da casa. Pôr um par por vez diante do sujeito.	"Dê-me a criança..."	Observa por dois ou três segundos, depois entrega os desenhos pedidos.	XXXXX
8) Compreende os conceitos de disposição espacial	Um objeto que permita a disposição espacial (boneca) dentro e fora, em cima e embaixo, perto e longe.	"Ponha a boneca..."	Põe logo a boneca onde lhe foi pedido para colocá-la.	XXXXX
9) Compreende o conceito "não" como rejeição	Três objetos que o sujeito não gosta: livro da escola, caderno, régua. Apresentar um objeto por vez.	"Quer o/a...?"	Responde logo "não" acenando com a cabeça.	XXXXX
10) Compreende os atributos qualificativos	Três pares de desenhos representando uma criança loira e uma morena, uma vestida e uma nua, uma alta e uma baixa. Pôr um par por vez diante do sujeito.	"Dê-me a criança..."	Olha por dois ou três segundos, depois pega o desenho certo e o entrega.	XXXXX
11) Compreende o conceito "não" como negação	Três objetos conhecidos pelo sujeito. Apresentar-lhe um por vez, chamando-o com o nome errado.	"O que é isso? É um...?"	Responde logo "não".	XXXXX
12) Compreende expressões de posse-pertença	Cinco pares de objetos iguais pertencentes ao sujeito e a outra pessoa. Apresentar um objeto por vez.	"Dê-me o/a... seu/meu..."	Olha por dois ou três segundos depois pega o objeto pedido e o entrega.	XXXXX

3.3. *A observação do comportamento instrutivo*

Enfim, é importante concluir o tema da observação propondo uma questão fundamental, mas muitas vezes subestimada: a observação útil para identificar e descrever funções de aprendizagem-ensino, partindo da observação direta das interações verbais nas quais se manifestam.

Professor e aluno são os dois extremos do *continuum* definido pela interação educativa. E, assim como o aluno, o professor também faz certo número de coisas, comporta-se de maneira específica. Já aprendemos a analisar as coisas que o professor faz quando as funções ensino-aprendizagem podem ser descritas em termos de operações de organização dos eventos antecedentes (o tipo de tarefa que o professor propõe, por exemplo) e daqueles que seguem as respostas do estudante (os programas de reforço). Mas isso é apenas uma parte da análise.

"Por causa do pressuposto cultural (linguístico ou psicolinguístico) de que na linguagem não se encontram regras de ação, mas regras da significação da ação; e de que à ação pedagógica se vai diretamente, 'para além' da linguagem (comportamento sensório-motor ou processos internos ou internalizados casuais)" [Ballanti e Fontana, 1981, p. 22], não estamos acostumados a considerar a necessidade de uma observação direta e sistemática da interação verbal ensino-aprendizagem.

Mas se, ao contrário, "acreditamos que para a aprendizagem escolar é fundamental o *ensino* e não o *professor*, assim como são importantes as *condições ambientais de aprendizagem na sala de aula*" [Bloom, 1981], e como "o ensino é feito essencialmente de palavras: observar um ensino significa, antes de mais nada, escutar e interpretar uma linguagem" [Ballanti, 1979b, p. 7). A linguagem é um dos "instrumentos" da profissão do professor, provavelmente o mais importante. Portanto, seria oportuno que se pudesse usá-la de maneira mais "profissional", assim como em outras profissões, outros instrumentos.

> Como acontece com muitos outros profissionais, a eficácia do professor depende dos instrumentos que tem à disposição [...], instrumentos que foram testados de maneira extensiva [...]. Paradoxalmente, em educação, os usuários, isto é, os estudantes, é que são testados de maneira extensiva, e não os instrumentos que o professor usa, desde os livros didáticos até os programas para computador e assim por diante [Carnine, 1992, p. 13].

O comportamento verbal é, sem dúvida, um dos instrumentos pouco testados, não obstante o fato de estar entre os mais usados. E é, com certeza, o mais "pessoal", o que continua a tornar o *professor* mais importante em relação ao *ensino*. Não se entenda mal isso. O problema não é colocado em termos de limitação da liberdade e da criatividade do professor, assim como ninguém o põe nesses termos quando se diz que a cirurgia é fundamental – em termos, por exemplo, da aparelhagem do setor cirúrgico –, e não o cirurgião. Deve-se esclarecer que a observação não é para avaliar a personalidade, a cultura, a história individual do professor, mas sim o seu comportamento quando ensina, para compreender não *quem é*, mas se *aquilo que faz* é eficaz.

A tradição de estudos nesse sentido é bastante recente, mas já bem consolidada [Ballanti, 1979b; Ballanti e Fontana, 1981; De Landsheere, 1979]. Compreender o que faz de um professor um "bom professor" e, portanto, fazer com que todos sejam bons professores e, acima de tudo, que o ensino tenha a primazia sobre o professor, é um objetivo ambicioso. Detectar critérios válidos e fidedignos para persegui-lo não foi nada fácil, uma vez que parece ainda verdadeiro o que Jackson escreveu em 1965:

> As poucas gotas de conhecimento que podem ser espremidas deste meio século de pesquisa sobre as características pessoais do bom professor oferecem um alimento intelectual tão pobre que é quase embaraçoso discutir sobre isso.

O objetivo, todavia, é alcançável. Condição necessária e suficiente é aceitar o princípio pelo qual também uma interação tão complexa como a verbal, típica do relacionamento funcional ensino-aprendizagem, é suscetível de observação sistemática.

Os modelos de observação sistemática. Cabe a Hughes [1959] o mérito de ter formulado – graças a uma série de pesquisas conduzidas no final da década de 1950 – um primeiro esquema para observação e análise da interação verbal em sala de aula. A autora, coerente com a ótica comportamental, negligencia as funções gramaticais ou de conteúdo e considera exclusivamente as funções pedagógicas do estudo sobre o professor. E codifica sete delas, com as respectivas especificações:

- controle: o professor estrutura, regula, ordena, propõe um modelo, interrompe um conflito entre ou com os alunos;
- imposição: o professor intervém, moraliza, decide as necessidades, oferece ajuda ou informações não solicitadas, impõe uma opinião;
- facilitação: o professor esclarece, demonstra, controla de maneira neutra as informações ou a vida da turma, interage com os alunos;
- desenvolvimento do conteúdo: o professor aprova repetindo, estimula, aprecia, oferece ajuda pedida;
- respostas individuais: o professor responde às perguntas dos alunos, interpreta uma situação, reconhece os próprios erros;
- afetividade positiva: o professor elogia, demonstra prontidão, encoraja;
- afetividade negativa: o professor admoesta, repreende, acusa, rejeita, reprova.

O exemplo na tabela 7.8 ilustra o registro de uma interação verbal conduzida graças a uma versão reelaborada por De Landsheere [1979] do código proposto por Hughes.

Na figura 7.2 está ilustrado o perfil do professor que emerge da análise da interação, e que, além de tudo, pode representar uma ajuda válida para uma autoavaliação.

Tabela 7.8. *Análise do comportamento instrutivo com a técnica organizada por De Landsheere* [1979]

1ª série do ensino fundamental: aula de estudos sociais Tempo de registro: cinco minutos		
Texto	Análise	Código
P – Crianças, hoje, falaremos sobre os estados brasileiros e vamos conhecer suas capitais.	Indica a ordem das tarefas	I.3.b.
Quem quer começar?	Regra democrática	I.1.c.
A – Professora, qual é a capital de São Paulo?		
P – É São Paulo. Tem o mesmo nome do estado.	Responde a uma pergunta	III.4.c.
A capital do Rio Grande do Sul é	Regra fechada	I.1.a.
Porto Alegre, não é, V.?	Faz uma pergunta	II.2.a.
A – Vicente não fala, tem vergonha!		
P – Ué! Pense um pouco...	Encoraja	VIII.3.
(a professora bufa)	Desaprova de outra maneira	VI.4.
Quem sabe a resposta?	Regra democrática	I.1.c.
A – Sim, é Porto Alegre!		
P – Muito bem, S.!	Elogia	VIII.1.
Todos ao redor da mesa...	Regra global	I.1.b.
	Indica os lugares	I.2.a.
Estes desenhos são de várias capitais.		
Darei um para cada um de vocês...	Distribui as tarefas	II.2.b.
Alguém tem preferência?	Regra democrática	I.1.c.
A – Gostaria muito de ter o Rio de Janeiro.		
A² – Não, eu quero o Rio de Janeiro!		
P – Parem!	Resolve o conflito	I.4.a.
Entre os dois pretendentes... dou o Rio de Janeiro para a L.	Distribui as tarefas	II.2.b.
E vocês dois, não briguem por qualquer coisa...	Repreende	IX.4.
A – Posso pegar Salvador?		
P – Com certeza, aliás, do jeito como você gosta de festa, você bem podia ser baiano!	Demonstra senso de humor	VIII.6.
E você, V., que capital quer?	Regra fechada	I.1.a.
	Cria uma situação estimulante	III.1.a.
Coragem! Deixe-me ouvir a sua voz...	Encoraja	VIII.3.
A – Talvez V. não fale porque é mudo.		
P – E você, pare de dizer asneiras...	Repreende	IX.4.
V – Quer Curitiba?	Faz perguntas diretas	II.4.b.
(O aluno meneia a cabeça afirmativamente)		
P – Pegue. Porém você é muito teimoso!	Critica, acusa, ironiza	IX.1.
Muito bem, crianças,	Controla de maneira neutra	I.3.c.
agora que vocês todas têm o desenho de uma capital. Pintem-no!	Distribui tarefas	II.2.b.

Fonte: Perini e Rollo [1996].

Funções	Quantidade	%
Organização	10	40
Imposição	5	20
Desenvolvimento	2	8
Personalização	0	0
Feedback positivo	0	0
Feedback negativo	1	4
Concretização	0	0
Afetividade positiva	4	16
Afetividade negativa	3	12
Total	25	100

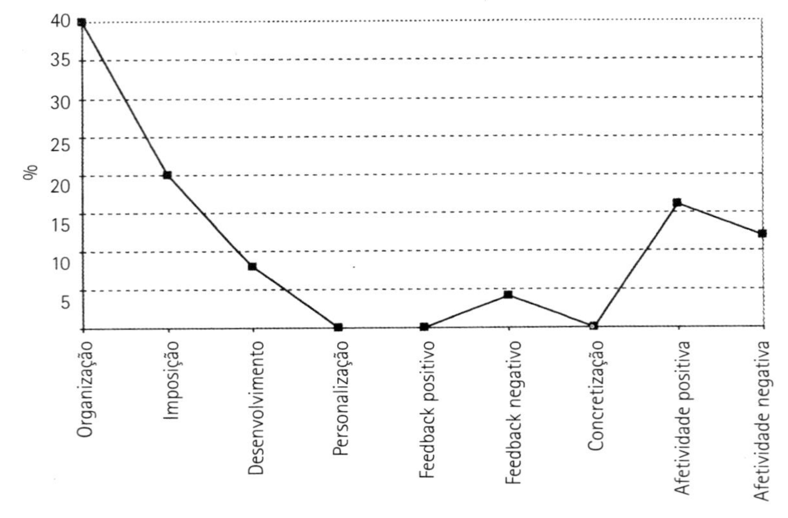

Figura. 7.2. *Perfil da situação de ensino analisada pela técnica de De Landsheere [1979].*
Fonte: Perini e Rollo [1996].

O uso dessa lista – e de qualquer outra lista de categorias para a análise das interações verbais em sala de aula – não consiste, absolutamente, numa pesquisa de significados do estudo do professor, e, sim, na pesquisa das atividades que o professor exerce no ambiente mediante o comportamento verbal [...]. Agir pela linguagem para modificar um ambiente não tem, sob esse ponto de vista, nenhuma diferença do agir com qualquer outro comportamento [...] e a relação se reunifica sempre num *feedback* com o ambiente de vida, no qual as modificações são dadas e recebidas [Ballanti, 1979b, p. 35].

Quando, por exemplo, o professor diz: "Agora, crianças, vamos ler", *estrutura* a interação com a turma e assume funções de controle direto da situação, modificando todos os seus componentes. Se, ao contrário, diz que o desenho é muito bonito ou o tema é original, *aprecia* e, portanto, age como reforço para o comportamento do aluno que produziu aquele desenho ou aquela redação.

> Não se pode deixar de reconhecer nessa lista, embora simples, um grande valor de incidência nas situações reais; exatamente por sua essencialidade e facilidade de manuseio (que permite também a um só observador encarar pesquisas de grande amplidão), ela é a mais aplicável com resultados imediatos [Ballanti e Fontana, 1981, p. 43].

As sucessivas reelaborações do modelo analítico de Hughes pelos trabalhos de Flanders [1966; 1970], de Amidon e Hunter [1967], de De Landsheere [1979] estimularam e guiaram um número bastante relevante de pesquisas muito significativas para cujo aprofundamento tem-se à disposição uma bibliografia abundante, proposta por De Landsheere [1979].

Uma citação mais específica merece o modelo desenvolvido por Bellack [1963; 1968], enquanto propõe uma análise paritária do comportamento verbal do professor e do aluno, partindo da consideração de que, como é a interação que importa no ensino, o intercâmbio de palavras implica o intercâmbio de funções e de significados dos quais as palavras – comportamentos verbais – são a manifestação observável. No decurso do processo verbal que envolve professor e alunos, mais do que em outras situações não verbais, as funções e os significados de ensino não pertencem exclusivamente ao professor e, por outro lado, as funções e os significados de aprendizagem não são típicos apenas do estudante. Assim como usam a mesma linguagem e desempenham as mesmas funções, professor e estudantes seguem, na interação educativa ensino-aprendizagem, regras e processos lógicos análogos. O que os diferencia é o conteúdo da interação, que, normalmente, é mais familiar a quem ensina e só é parcialmente conhecido por quem aprende. Mas também sob esse aspecto são sempre mais numerosos os conteúdos que o estudante domina melhor que o professor. O exemplo do computador, tanto em nível de *hardware* como de *software*, é óbvio.

Numa perspectiva em que a comunicação entre professor e alunos obedece às mesmas regras, o modelo de observação proposto por Bellack permite analisar a interação verbal e reconstruir *como* e *por que* certas palavras e não outras foram ditas, isto é, compreender com quais funções e quais significados se trabalhou. Para uma análise e uma codificação completa das funções e dos significados da interação verbal, Bellack propõe quatro categorias: estruturação, solicitação, resposta e reação, que se duplicam, pois podem ser produzidas tanto pelo professor como pelo estudante.

- A *estruturação* é uma função de organização de todo o *setting* da turma e pode ser desempenhada pelo professor que diz: "Hoje, falaremos de...", ou pelo estudante que pede explicações sobre um assunto.
- A *solicitação* compreende funções de estímulo, de reforço e de mútuo encorajamento. O estudante que diz: "Agora está claro" reforça o tema do professor e, por outro lado, o professor estimula o estudante quando o convida, por exemplo, a continuar o que está dizendo.
- A *resposta* segue inevitavelmente a solicitação.
- A *reação* modifica o comportamento que a precede e pode vir depois de todas as outras funções. Vem depois da resposta do estudante quando, por exemplo, o professor diz: "Teria sido melhor dizer que...", mas vem depois da solicitação do professor quando o estudante diz que preferiria ser interrogado sobre outro assunto.

As combinações possíveis das categorias funcionais determinam o que Bellack chama de ciclos pedagógicos, que, por sua vez, representam as unidades verbais a serem medidas e analisadas, para que se possa compreender como e por que são produzidas e detectar o que eventualmente se pode mudar para torná-las mais eficazes.

Também no que se refere à análise qualitativa e quantitativa da interação verbal, vale, com efeito, o princípio que subentende a observação direta e sistemática de todos os outros comportamentos. Na medida em que garante a objetividade, a significação, a clareza, a totalidade e a credibilidade dos fenômenos que estão sendo analisados, é instrumento básico de avaliação dos problemas dos estudantes, de programação da mudança e de *feedback* sobre as "habilidades do professor". Responde, definitivamente, àquela exigência de controle que, permitindo "conhecer muito bem as condições que estão sendo controladas quando se diz que determinada coisa é verdadeira ou falsa" [Baer, 1992, p. 91], poderia acompanhar mais eficazmente do que a coleta das "gotas de conhecimento" fez até agora, a propósito do bom ensino.

CAPÍTULO VIII

AS INTERAÇÕES ENSINO-APRENDIZAGEM: A INTERVENÇÃO EDUCATIVA

Não há crianças que não sejam suscetíveis de aprendizagem. Há apenas escolas, professores e pais incapazes de ensiná-las de maneira adequada.
[Adler, 1982]

1. Introdução

Em 1985, ao fazer a introdução da edição italiana do *Projeto Paideia*, Salvatore Valitutti enfatizou que o evento acontecia "num momento muito significativo da história da escola hodierna, em que o problema da reforma do ensino médio está no centro das atenções do mundo político e cultural" [Valitutti, 1985, p. 21]. O "momento" continua sendo significativo pelo mesmo motivo, e, assim, continua sendo atual a declaração elaborada por um grupo de pessoas influentes na cultura e na escola "que nutrem sérias preocupações com o futuro da escola pública".

A inspiração e a linha condutora da declaração sobre a educação são, expressamente, a relação intrínseca entre *democracia* e *educação* colocada por Dewey em seu célebre livro.

> Uma sociedade democrática tem de conceder oportunidades educacionais iguais não somente ao fornecer a todas as crianças a mesma quantidade de educação pública – o mesmo número de anos na escola –, mas também ao certificar-se de estar dando a todos, sem exceções, a mesma qualidade de educação [...]. O objetivo último do processo educacional é ajudar os seres humanos a tornarem-se pessoas educadas. O ensino é o estágio preparatório, cria o hábito de aprender e proporciona os meios para continuar a

aprendizagem ao se concluir todas as etapas da escolaridade [Adler, 1984, pp. 19; 24].

A afirmação do primado da educação e da educação para todos volta à tona periodicamente. Sem dúvida, por ser tão difícil de ser atingido de fato, além de nas intenções, o tema do direito ao estudo continua sendo o centro do debate político e cultural, a propósito de reformas, mas não só isso. As estatísticas não são encorajadoras: na Itália, por exemplo, a cada cem crianças que iniciam os estudos, apenas uma chega a obter o diploma universitário. Se é verdade, então, que o direito à instrução, identificada por Horace Mann como a "porta de entrada para a igualdade", está sancionado por lei, ainda se está muito longe de ter encontrado o sistema que não faça bater essa porta na cara. O problema é o de fazer preencher com conteúdos as afirmações de princípio. Como já dissemos, a psicologia, já há algum tempo, parece capaz de contribuir, com propostas cientificamente fundamentadas, para que a porta permaneça aberta, e para todos. Talvez fosse o caso, após tantas afirmações de princípios, de trazer os fatos.

O debate desenvolvido de modo orgânico nas páginas do *Journal of Applied Behavior Analysis* [Revista de análise aplicada do comportamento], em 1992, traz o ponto de vista de um grupo consistente de autores com relação a numerosos problemas que afligem atualmente a escola nos Estados Unidos. Alguns dos temas discutidos, especialmente aqueles que se referem ao direito de estudar e ao modo mais eficaz de fazê-lo, não deixam de suscitar considerável interesse por sua afinidade com os debates em outros países.

Acredito que podem ser compartilhadas, sem dúvida, algumas das afirmações fundamentais sobre os significados a serem atribuídos ao "direito de estudo" para que se torne algo mais que um simples rótulo. Os estudantes têm os seguintes direitos:

1. Frequentar escolas em que dirigentes e professores tenham como objetivo prioritário:

    - uma política educacional que favoreça a todos atingir os níveis de aprendizagem fixados pelos programas formulados, partindo das necessidades educacionais dos usuários, e que, portanto, sejam modulados com esse objetivo, flexíveis e adaptáveis em função da mudança.

2. Frequentar escolas onde sejam tratados como indivíduos com base em:
   - uma avaliação das suas habilidades de ingresso medidas com testes criteriosos;
   - uma avaliação dos progressos medidos objetivamente, e não com base na regra, tanto em relação aos objetivos atingidos como aos ritmos de aprendizagem e de domínio.
3. Seguir programas educacionais cuidadosamente preparados para que:
   - os objetivos curriculares e instrucionais sejam estruturados em sequências hierárquicas empiricamente legitimadas que persigam a integração dos novos itens aos conhecimentos precedentes e sejam
   - capazes de promover e manter a longo prazo habilidades e conhecimentos coerentes com os valores da sociedade;
   - as dimensões temporais do currículo sejam funcionais com vista à obtenção dos critérios de domínio, com ritmos de aprendizagem que facilitem e consolidem os rendimentos precisos.
4. Ter à disposição métodos de instrução que propiciem a cada um:
   - usufruir oportunidades adequadas de aprendizagem em cada momento do currículo de ensino e utilizar tecnologias avançadas que ajudem, do melhor modo possível, na aquisição de habilidades e conhecimentos;
   - experimentar, pelos seus rendimentos, as consequências adequadamente estudadas para corrigir os erros e incrementar a frequência das respostas corretas, mais do que para punir o insucesso;
   - usufruir instruções personalizadas e momentos de autoinstrução, se for preciso e quando os seus ritmos de aprendizagem forem diferentes dos do grupo.

Já se falou da observação, da mensuração das competências individuais e sobre como elas são fundamentais tanto para a avaliação inicial centrada nas necessidades como para os fins de uma programação educativa capaz de promover os meios culturais para continuar aprendendo por toda a vida. O próximo objetivo é a análise da programação educacional, da qual serão enfatizados especialmente alguns pontos essenciais relativos aos programas curriculares e aos métodos de instrução para atingi-los da melhor forma possível. Serão estudadas, detalhadamente, as operações de organização dos eventos antecedentes e consequentes ao comportamento e que estão correlacionados funcionalmente e, portanto, garantem a flexibilidade dentro do processo de aprendizagem.

2. A programação do ensino

Ensinar quer dizer, fundamentalmente, organizar tudo o que torna mais rápido e eficaz o processo de aprendizagem dos conteúdos considerados importantes para a obtenção dos objetivos educativos selecionados. A descrição da aprendizagem como fruto das relações contínuas entre os eventos ambientais e o comportamento individual, e a análise sistemática com relação às operações – naturais ou experimentalmente controladas – capazes de mudar numa direção desejada tais relações evidenciaram, há tempo, aquilo que é importante organizar e como organizá-lo. No ensino, não basta organizar conteúdos coerentes com os objetivos educacionais, definidos institucionalmente, nem apresentar situações estimulantes e observar que tipo de relacionamento estabelecem com o indivíduo; para que a aprendizagem aconteça, é necessário predispor programas que selecionem, segundo critérios finalizados, aquilo que se quer propor a quem aprende, modalidades eficazes de apresentação e programas de reforço que sigam contingentemente algumas respostas e não outras. A análise da tarefa é, sem dúvida, a operação preliminar de qualquer programação educativa.

2.1. A análise da tarefa e a sequência da aprendizagem

> Uma matéria não é mera coleção de respostas; as etapas de um programa são mais que as partes de um padrão final. Nem mesmo a programação é uma simples questão de procedimento passo a passo, por meio de uma série de fases breves. O comportamento do aluno a meio caminho de um

> programa pode, na realidade, não fazer parte de seu comportamento terminal [Skinner, 1975b, p. 208].

O conjunto não é, portanto, nem sequer para Skinner, a simples soma das partes em si. É algo mais e diferente, mas, mesmo assim, programável e sempre com a perspectiva de "manter o aluno ao alcance do reforço". Nesse sentido, o aspecto realmente essencial de um programa implica que os aspectos *estruturais* da tarefa sejam propostos de modo *funcional*, isto é, que as características e as relações que definem o conteúdo sejam apresentadas de modo a garantir uma aprendizagem mais eficiente.

Subdividir uma tarefa complexa numa série de unidades mais elementares é o primeiro passo, mas, se a sequência não for correta, a estratégia dos pequenos passos pode não ser suficiente. E uma sequência eficaz deve levar em consideração o grau de dificuldade e de complexidade das partes em si, que não correspondam necessariamente à sua estrutura lógica. "A maior parte dos comportamentos não é adquirida em uma ordem lógica; esta não é, por isso, necessariamente a melhor ordem em que se deva ensinar" [Skinner, 1975b, p. 211]. Portanto, partir do particular, dos exemplos específicos, para chegar ao princípio geral pode ser útil em muitas circunstâncias, mas em outras talvez seja preferível fazer o contrário: o comportamento regido por regras é, muitas vezes, um sistema ainda mais eficiente de aprendizagem. Em todo caso, é o critério da eficiência que deve prevalecer: "Arranjar uma sequência eficaz constitui uma boa parte da arte de ensinar" [Skinner, 1975b, p. 212].

Um bom exemplo de conciliação, em termos de eficiência, da análise estrutural e funcional, sem dúvida, é oferecido por Resnick, Wang e Kaplan, que assim introduzem o seu currículo para a aprendizagem da matemática:

> Enquanto o conceito de número está bem definido em termos matemáticos, ainda não está claro como uma criança o aprende ou que tipo de *performance* a sua aprendizagem testemunha [...]. Especialistas da escola piagetiana, mas também psicólogos evolucionistas de orientação diferente, concentram-se sobre processos que refletem mais diretamente a definição matemática do conceito de número [...]. Esse trabalho começa por um tema geral, segundo o qual os conceitos operacionais de número podem ser ensinados, desde que "a experiência geral", de fato, seja constituída por uma multiplicidade de experiências específicas, algumas das quais críticas para

> a aquisição do conceito operacional de número. O problema, tanto para a pesquisa psicológica como para o projeto educativo, é descobrir quais são as experiências fundamentais, isto é, que comportamentos simples formam as bases da competência de nível superior [...]. Os comportamentos assim especificados compreendem uma definição operacional do conceito de número na forma de *performances* concretas que, consideradas em conjunto, permitem deduzir que a criança tem um conceito abstrato de número [Resnick, Wang e Kaplan, 1973, p. 680].

Na figura 8.1 está exemplificada a sequência de *performances concretas* consideradas necessárias para definir o objetivo "Contar um conjunto ordenado de objetos fixos", que, por sua vez, está disposto dentro de uma sequência hierárquica de unidade estruturada para favorecer a aprendizagem e o domínio operacional do conceito de número.

Já são numerosos os currículos organizados para conciliar aspectos estruturais da tarefa e aspectos funcionais relativos à relação tarefa-comportamento-aprendizagem. Cobrem uma gama de conteúdos que vão, precisamente, da matemática elementar à leitura decifradora, da compreensão do texto à expansão da linguagem comunicativa, até cursos universitários integrais. A base que fornecem no plano didático é de grande importância; ao professor cabe a tarefa de avaliar sua eficácia e, eventualmente, saber modificar sua sequência. Para poder fazê-lo e, eventualmente, para articular uma sequência de ensino que ainda não esteja à disposição, é fundamental conhecer as operações de controle dos estímulos antecedentes e os processos que daí derivam.

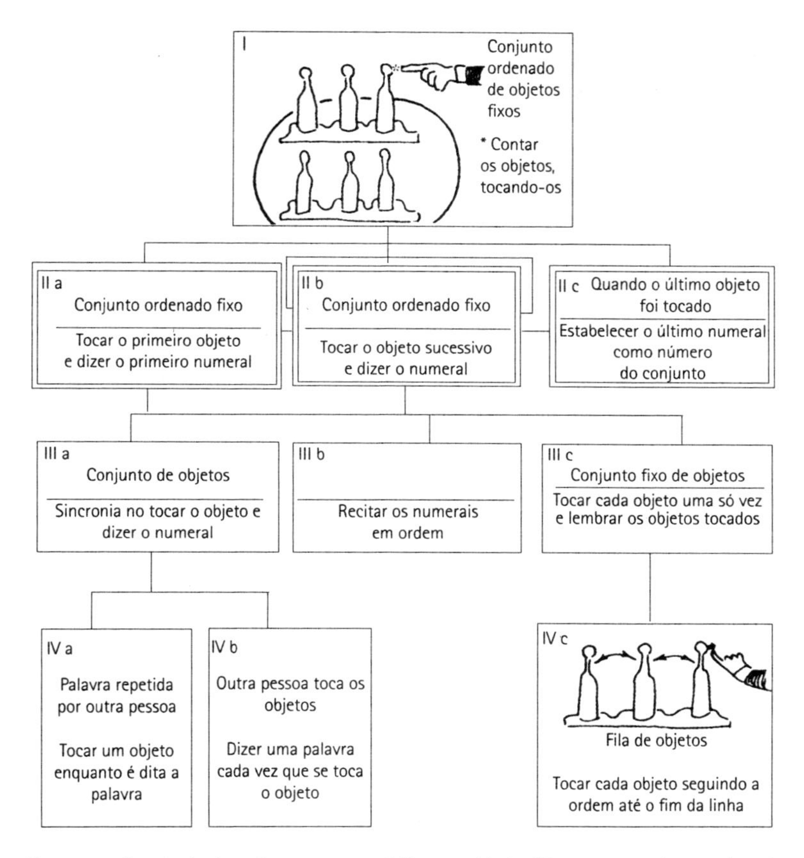

Figura 8.1. *Sequência de performances que definem o objetivo "Contar um conjunto ordenado de objetos fixos".*

Fonte: Perini e Bijou [1993].

3. Organização e controle dos estímulos antecedentes

Se os comportamentos acadêmicos – tanto os de natureza cognitiva como os de natureza social – forem operantes, serão sensíveis ao reforço; por outro lado, já que o reforço, no âmbito de uma situação educativa, pode seguir só o comportamento correto ou adequado, o processo de ensino deve permitir ao estudante produzir, o mais breve possível, a resposta que poderá ser reforçada. Para que isso aconteça, a organização dos estímulos antecedentes e dos sinais discriminativos específicos - *cues* - tem um papel fundamental. Escolher quais estímulos propor e como apresentá-los torna mais acessível a resposta correta discriminada, cujas consequências reforçadoras, por sua vez, modificam a probabilidade de toda a contingência e, portanto, tornam mais veloz e mais eficaz o processo de aprendizagem.

Recordemos que, no comportamento operante, são as *consequências* da resposta que mudam a probabilidade da relação, as quais são, então, capazes de aumentar, diminuir ou manter inalterado o comportamento que as provoca. Todavia, é muito evidente que, se é possível organizar as características dos estímulos em cuja presença as respostas se verificam de maneira que assumem funções discriminativas, as respostas operantes discriminadas que ficarão sob seu controle serão adquiridas muito mais rapidamente.

Poder-se-ia alegar que fazer logo e fazer bem são objetivos que nem sempre coincidem e que, seja como for, fazer logo pode não ser indispensável. Todavia, o problema do tempo não é tão irrelevante. Repetimos muitas vezes que um ensino eficaz tem de garantir dois objetivos fundamentais: repertórios de habilidade e conhecimento, os mais extensos possíveis, e uma probabilidade consistente de suscitar "interesse, entusiasmo e desejo intenso de aprender" [Skinner, 1964, p. 93]. A importância do primeiro, num mundo onde a progressão dos conhecimentos tem um incremento logarítmico em intervalos de tempo sempre mais breves, não exige ênfases particulares.

O segundo, ao contrário, merece algum comentário: de fato, define de modo sintético a motivação. Mas a motivação nada mais é que o conjunto de variáveis - orgânicas e ambientais - que tornam os diversos estímulos significativos para um indivíduo e que, portanto, os tornam mais ou menos eficazes como reforçadores [Catania, 1984]. Assim, tem-se motivação para aprender somente se os estímulos produzidos pelo comportamento de estudo forem reforçadores eficazes para aquele indivíduo; e serão se a história das interações daquele indivíduo com o estudo tiver se desenvolvido por meio de experiências adequadas de reforço. Uma criança que tem diante de si pela primeira vez um conteúdo acadêmico - mas isso vale também para qualquer outro conteúdo - dificilmente está motivada para aprendê-lo; de fato, nunca experimentou consequências reforçadoras para aquela atividade nova. Se o professor programar as primeiras fases de instrução de modo que também as suas primeiras respostas sejam acompanhadas por eventos já significativos para ela, será mais provável que se motive para a aprendizagem, que se empenhe com vontade naquela tarefa, que, por conseguinte, aos poucos, descubra os seus aspectos intrinsecamente prazerosos, e que continue a trabalhar nela mesmo quando seu comportamento não estiver mais acompanhado por reforçadores ministrados pelo professor, e terá encontrado a fórmula mais produtiva de um autorreforço, pois aprendeu como é lindo saber mais sobre aquilo. Ao contrário, experiências acompanhadas por eventos pouco significativos, quando não deveras aversivos, geram rapidamente desinteresse, rejeição à tarefa e, às vezes, se o caso se repetir com tarefas diferentes, sentimentos de hostilidade em relação a todo o *setting* escolar, além de baixos níveis de autoestima. Se o desejo de aprender pode ser um ponto de partida em nível biológico, organizá-lo é um ponto de chegada: somente se o percurso do ensino-aprendizagem tiver sido rico em consequências reforçadoras, serão cultivados por toda a vida interesse e curiosidade pelo estudo. Caso contrário, serão abandonados assim que possível aqueles conteúdos que produziram uma história de frustrações, como sabem muito bem aqueles que "não tinham uma queda pela matemática" ou "não entendiam nada de filosofia".

Uma quantidade considerável de dados experimentais contribuiu, nos últimos trinta anos, para corroborar a ideia de que, se é possível aprender sem cometer erros, estes últimos são o fruto dos procedimentos de ensino mais do que do processo de aprendizagem [Skinner, 1961]. Os procedimentos de ensino podem ser planejados de diversos modos e aplicados a uma vasta gama de tarefas de complexidade diferente: esta análise descreve, especialmente, aqueles que organizam os eventos antecedentes com base em: *1)* características dos estímulos e *2)* características das instruções verbais.

3.1. As características dos estímulos

É inegável o sucesso alcançado por numerosas editoras que produzem jogos didáticos de suporte para a aprendizagem de uma vasta gama de conteúdos (das cores às formas, das letras aos números, dos conceitos aos jogos estratégicos), e pode-se considerar talvez uma boa averiguação aplicativa dos princípios evidenciados pela pesquisa científica. Em todos os casos, do *dominó com números* ao *bingo com categorias*, é a manipulação gradual das características dos estímulos que preordena de forma lúcida um percurso de aprendizagem propriamente dito. Sobre os princípios que estão sob o controle dos antecedentes e que os correlacionam com as respostas, já foi falado bastante na descrição das operações e dos processos da aprendizagem.

Sobre algumas aplicações, já conhecidas como aprendizagem sem erros, gostaríamos de dizer ainda algo, sobretudo porque sua eficácia na educação especial contribui, entre outras coisas, para a verificação da continuidade do desenvolvimento, proposta pela análise aplicada do comportamento.

A aprendizagem sem erros: esvaecimento e modelagem do estímulo. A gama de conteúdos que podem ser ensinados e aprendidos praticamente *sem erros* - ou, seja como for, controlando-se o seu número - é bastante ampla e compreende níveis de complexidade que vão das discriminações simples àquelas condicionais, até a aprendizagem dos conceitos e da solução de problemas. Os procedimentos que favorecem esse tipo de aprendizagem controlam, de maneira gradual e finalizada, características dimensionais e funcionais específicas dos estímulos e se mostram muito eficazes em todas as situações de deficiência evolutiva.

É a partir da década de 1960 que se assiste a um aumento progressivo do interesse dos especialistas pela análise dos fatores implícitos na situação contextual de aprendizagem discriminativa e das características dos estímulos a serem discriminados em relação à aprendizagem. Anteriormente, a pesquisa havia considerado quase que exclusivamente os programas de reforço, dos quais foi evidenciado experimentalmente um grande número de aspectos e funções. Mas também alguns limites concernentes, sobretudo, aos ritmos da aprendizagem. Também com um programa de reforço contínuo, de fato, a aprendizagem de uma resposta discriminada não pode evitar, de modo algum, os erros. E, dado que a resposta errada não produz reforço, o número de testes necessários para aprender aumenta e, em consequência, os tempos de aprendizagem se prolongam, com o risco de favorecer o surgimento da desmotivação e da frustração. A possibilidade de limitar as repetições necessárias para atingir o critério de domínio da tarefa estimula a pesquisa, cujos resultados abrem espaço, aos poucos, às aplicações educativas já irrenunciáveis.

Já descrevemos o procedimento e o fenômeno do esvaecimento como foi focalizado experimentalmente por Terrace [1963a; 1963b]. Uma resenha completa das possíveis aplicações educativas de procedimentos de atenuação gradual das propriedades específicas dos estímulos, conhecidas de Terrace em diante como *esvaecimento do estímulo*, é apresentada num volume recente de Lancioni [1992].

Além das vantagens indiscutíveis, os procedimentos de esvaecimento denunciam, contudo, alguns limites que a pesquisa aplicada evidenciou sistematicamente [Benedetto, Cammà e Perini, 1988; Cheney e Stein, 1974; Gollin e Savoy, 1968; Guralnick, 1975; Lancioni e Smeets, 1986; Perini, 1992; Perini e Cammà, 1983; 1984; 1986; Perini, Cammà e Benedetto, 1989; Schilmoeller et al., 1979]. Absolutamente eficazes na promoção da aprendizagem das discriminações simples, não são capazes de garantir sua manutenção no tempo nem de favorecer sua generalização de modo bastante eficaz. Além disso, parecem facilitar, de maneira menos significativa, a aquisição de discriminações condicionais mais complexas.

Numa discriminação condicional, é bom lembrar, o papel exercido por um estímulo condiciona outro estímulo presente na situação [Catania, 1984]. Em outros termos, o operante discriminado, a resposta, não é selecionada por um *cue* sinalizador específico, como na discriminação simples, mas por aquele *cue* na presença de outro estímulo. A maneira com que se responde ao toque do sino depende da hora: se são 7h30 da manhã, entra-se na escola, se são 11h30, vai-se embora.

Sidman e Stoddard [1967] e Bijou [1968] são os primeiros especialistas a analisar experimentalmente o problema da aprendizagem e da manutenção no tempo das condutas discriminativas condicionais. O trabalho de pesquisa deles produz uma transposição aplicativa imediata: o novo procedimento de controle do estímulo, chamado *modelagem do estímulo*, permite superar o impasse, tanto com pessoas normais como com pessoas com deficiências.

Tomada por analogia do procedimento de reforço diferencial dos tipos de resposta, a *modelagem*, ao contrário do que ocorre no decurso do *esvaecimento*, implica uma manipulação experimental que modifica inteiramente a configuração topográfica dos estímulos a serem discriminados, entre a primeira e a última apresentação. Em outras palavras, enquanto num caso modifica-se apenas um atributo do estímulo (cor, dimensão, intensidade), no outro é sua estrutura gestáltica que sofre transformações radicais.

Um exemplo pode esclarecer melhor as diferenças entre *esvaecimento* e *modelagem* do estímulo. Nas figuras que se seguem são apresentados alguns exemplos tirados da sequência prevista por Schilmoeller et al. [1979], numa das pesquisas cruciais sobre a aprendizagem e sobre a generalização de condutas discriminativas condicionais. O problema em exame refere-se à descoberta da melhor estratégia para ensinar às crianças em idade pré-escolar e aos sujeitos com deficiência evolutiva a discriminação condicional entre dois estímulos: o triângulo é o estímulo a ser escolhido (S +) quando aparece sobre um fundo cortado por uma só linha horizontal; se, porém, o fundo tiver sete linhas, o triângulo torna-se (S –), e, então, é o círculo que vai representar a escolha correta. A aprendizagem da discriminação condicional entre os estímulos apresentados em seu nível criterial na figura 8.2 pode ser guiada conforme os dois percursos alternativos do *esvaecimento* e da *modelagem*, exemplificados nas figuras 8.3 e 8.4.

Os resultados demonstram que os procedimentos da modelagem são significativamente mais eficazes do que os do esvaecimento, que, por sua vez, são decisivamente preferíveis aos procedimentos por tentativa e erro.

As repetições sistemáticas de experimentos desse tipo permitiram analisar um grande número de tarefas e detectar estratégias capazes de facilitar a aprendizagem e a manutenção dos comportamentos discriminativos condicionais, concernentes aos conteúdos academicamente importantes. Nas figuras 8.6 e 8.7, estão ilustradas algumas sequências relativas à aplicação dos procedimentos de modelagem, úteis para o ensino de palavras [Perini e Cammà, 1984; Perini, Cammà e Benedetto, 1989] e da correspondência biunívoca entre símbolos numéricos e quantidades correspondentes [Benedetto, Cammà e Perini, 1988].

Naturalmente, os procedimentos de esvaecimento e modelagem podem ser combinados de vários modos e, em geral, a associação incrementa os efeitos facilitadores sobre a aprendizagem. Na figura 8.7 são visualizados alguns exemplos de procedimentos combinados para a aprendizagem dos mesmos conteúdos.

Talvez seja oportuno sublinhar que os exemplos propostos de *aprendizagem sem erro* de palavras e de correspondência número-quantidade

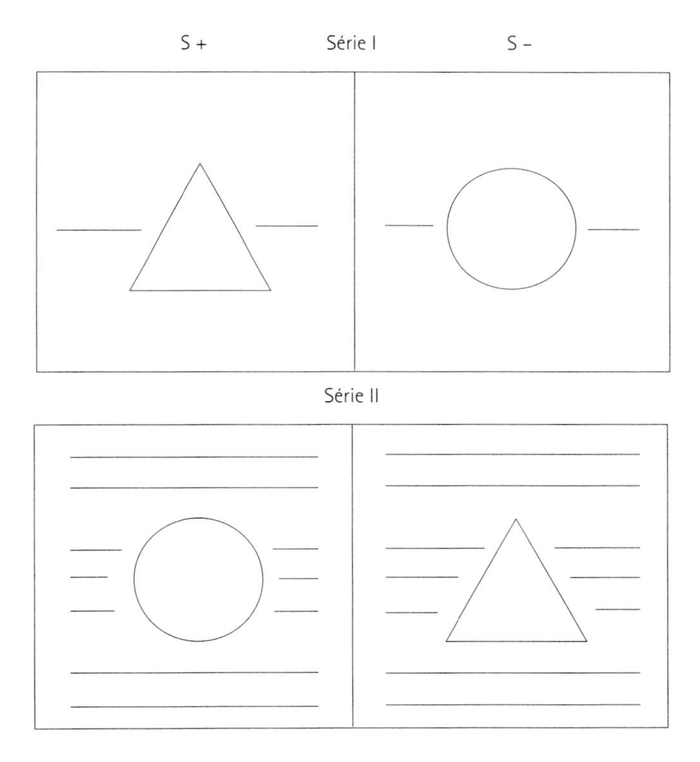

Figura 8.2. *Nível criterial dos estímulos das duas séries usadas para a discriminação condicional.* Fonte: Perini e Cammà [1983].

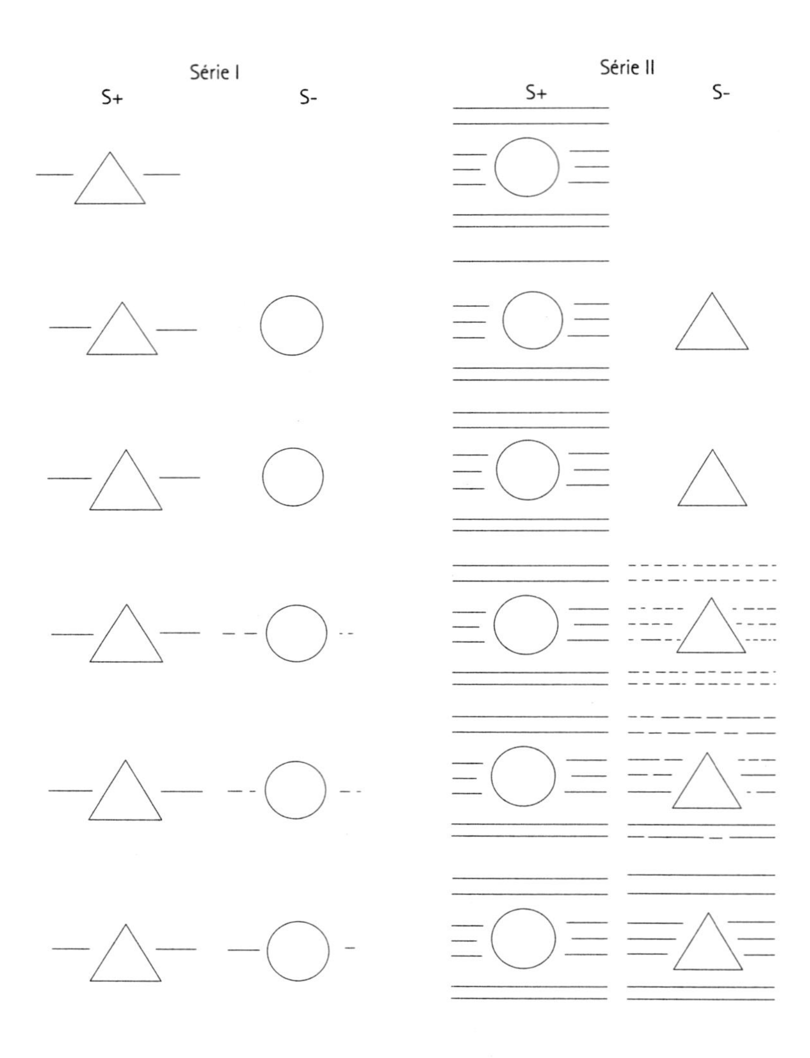

Figura 8.3. *Sequência de esvaecimento para favorecer a aprendizagem da discriminação condicional.*

Fonte: Perini e Cammà [1983].

Série I

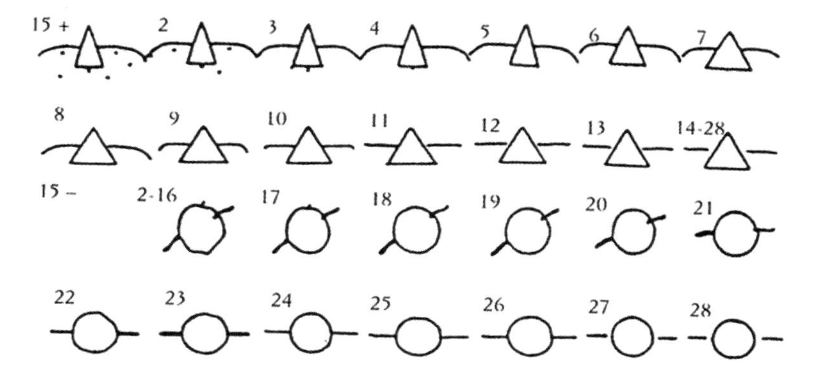

Série II

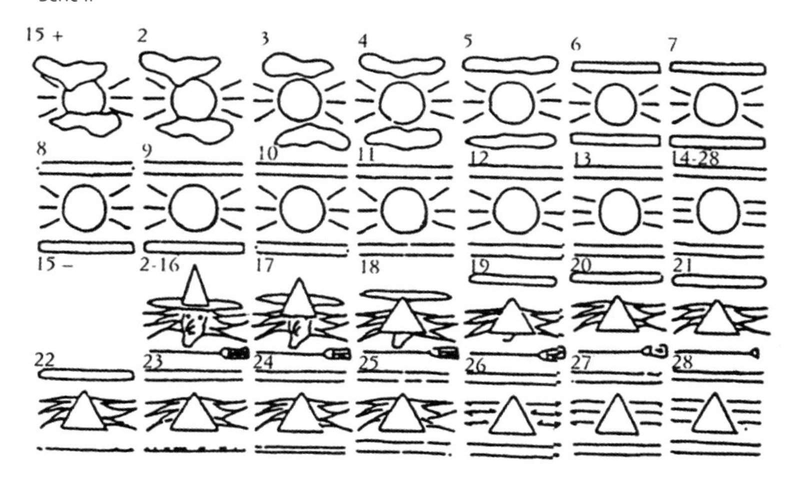

Figura 8.4. *Sequência de modelagem para favorecer a aprendizagem da discriminação condicional.*

Fonte: Perini e Cammà [1983].

utilizam uma sequência de dez transformações para atingir a apresentação do estímulo em seu nível criterial. De fato, parece que dez passagens são suficientes para induzir a aprendizagem e garantir sua manutenção, sem, ademais, desencadear processos de "saciedade" ou de tédio, pelo menos em sujeitos em idade evolutiva ou com problemas de atraso no desenvolvimento, para os quais esses procedimentos foram elaborados [Benedetto, Ingrassia e Perini].

De fato, são bastante eficazes na intervenção educativa com sujeitos muito jovens ou pessoas com deficiências evolutivas. Perini e Maistrello [1988] confrontaram cinquenta crianças com síndrome de Down e cinquenta crianças sem dificuldades cognitivas ou de desenvolvimento da mesma idade cronológica (média etária 5, 9), e de idade mental diferente, com tarefas de formação de pares e de rotulação de palavras, depois de um treinamento conduzido por meio de procedimentos de esvaecimento, de modelagem e de ambos. A figura 8.8 ilustra de maneira bastante evidente como os rendimentos dos sujeitos com síndrome de Down são, em geral, totalmente confrontáveis com os rendimentos de seus coetâneos, não apenas em nível tendencial, em termos de *tendência de aprendizagem* (resultado já verificado experimentalmente muitas vezes), mas também quando se considera o nível de rendimentos absolutos. Em particular, os grupos de crianças que seguiram o treinamento da modelagem e da modelagem e esvaecimento combinados apresentam *performances* totalmente semelhantes também em nível de valores absolutos.

A correspondência perfeita dos ritmos de aprendizagem e dos rendimentos na tarefa experimental, ainda bastante evidente quando as crianças têm uma idade de cerca de 5 anos, e não obstante uma diferença intelectual que os testes de nível-padrão já expressam, diminui com o crescimento da idade cronológica, ao passo que, ao contrário, aumenta a disparidade *intelectual*.

Uma análise posterior, conduzida com o teste de Rosenthal e Rubin [1979], que permite confrontar os resultados de estudos diferentes [Perini e Cammà, 1986; Perini e Maistrello, 1988], confirma-o também estatisticamente. As duas pesquisas levadas em consideração pela metanálise, embora conduzidas em tempos diferentes e com sujeitos diferentes, utilizaram o mesmo desenho experimental, o mesmo material, os mesmos procedimentos e os mesmos parâmetros de medida. Os dados confrontados referem-se aos

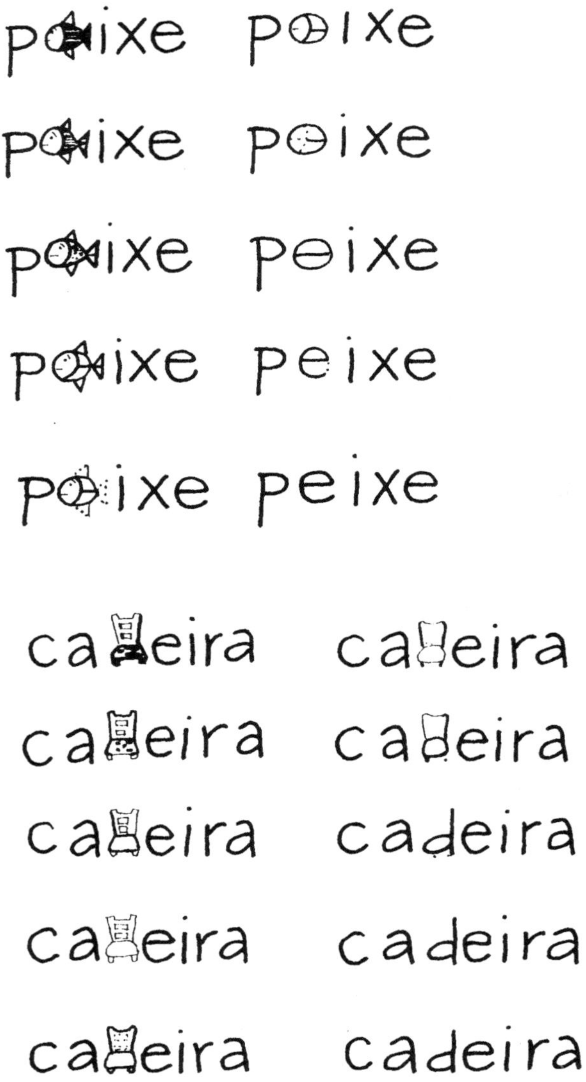

Figura 8.5. *Sequências de esvaecimento para a discriminação e a rotulação verbal das palavras*
Fonte: Perini, Cammà e Benedetto [1989].

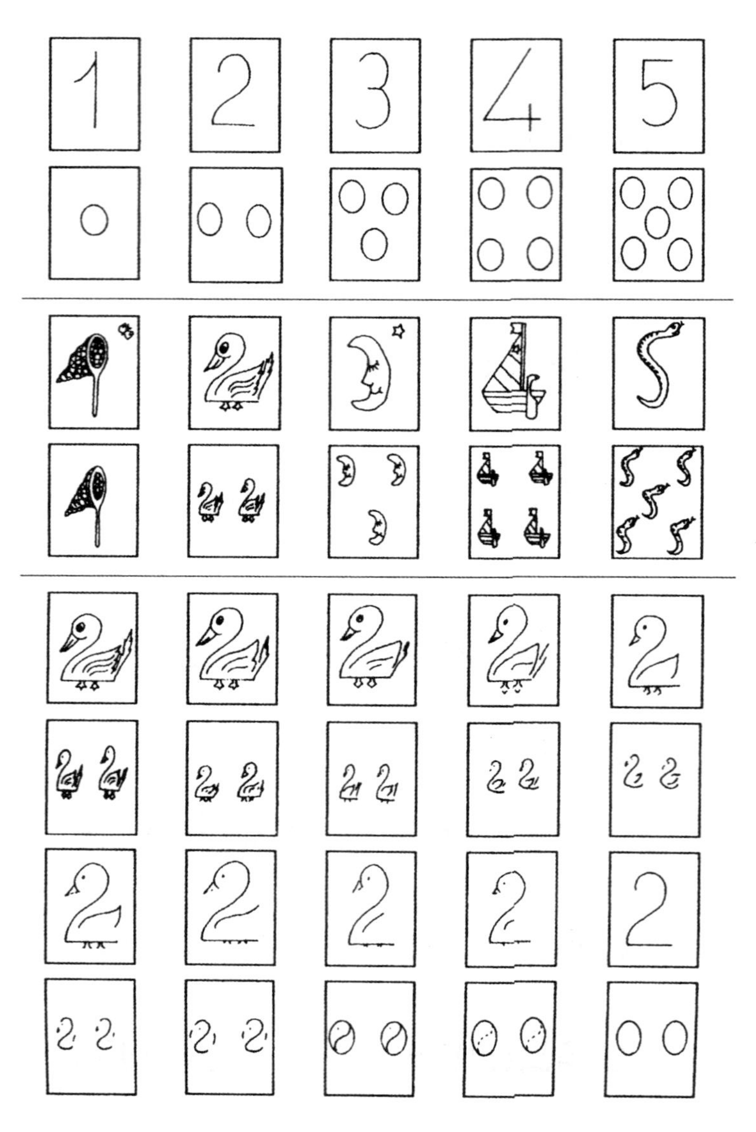

Figura 8.6 *Sequências de modelagem para a aprendizagem da correspondência biunívoca símbolo numérico-quantidade.*

Fonte: Perini, Cammà e Benedetto [1989].

Figura 8.7. *Sequências de modelagem e esvaecimento para a discriminação e a rotulação verbal das palavras*

Fonte: Perini, Cammà e Benedetto [1989].

resultados obtidos no pós-teste por dois grupos experimentais de sujeitos com síndrome de Down de duas faixas etárias diferentes (4-5 anos e 6-7 anos) e por um grupo de controle com sujeitos sem dificuldades intelectuais de 4-5 anos [Benedetto, Ingrassia e Perini, 1991].

Os gráficos da figura 8.9 descrevem os rendimentos dos sujeitos com síndrome de Down dos dois níveis etários diferentes e tornam evidente como a intervenção educativa precoce é capaz de contribuir para o seu desenvolvimento cognitivo.

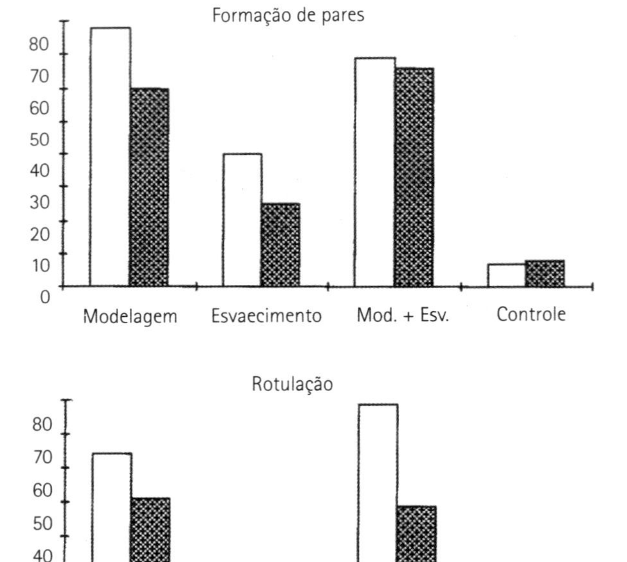

Figura 8.8. *Percentual de performances corretas nos testes de formação de pares e de rotulação verbal de palavras em crianças com e sem síndrome de Down da mesma idade cronológica (5, 9 anos).*

Fonte: Perini e Maistrello [1988].

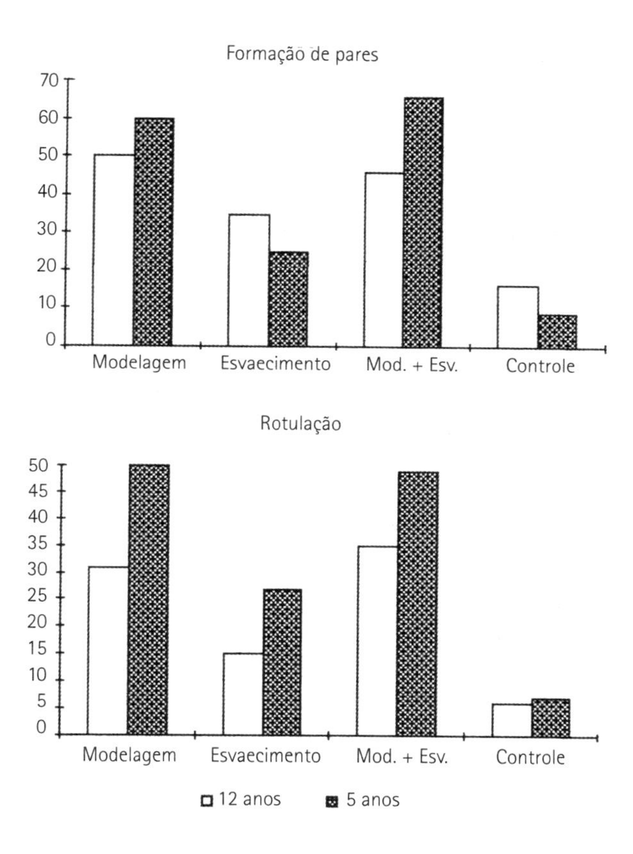

Figura 8.9. *Percentual de performances corretas nos testes de formação de pares e de rotulação verbal de palavras em crianças com e sem síndrome de Down de idades cronológicas diferentes.*

Fonte: Perini e Maistrello [1988].

Os resultados da metanálise confirmam, entre outras coisas, a leitura que a psicologia comportamental faz da deficiência mental em termos de atraso evolutivo. De fato, se os procedimentos que programam de maneira controlada as ocasiões de aprendizagem demonstram-se igualmente eficazes para as crianças com/sem atraso no desenvolvimento cognitivo em idade precoce, ao passo que, embora as modificando significativamente, não são mais suficientes para *normalizar* os rendimentos destas últimas em idades posteriores, as variáveis críticas para o desenvolvimento devem ser buscadas preferivelmente nas interações entre o tempo que passa e as interações funcionais comportamento-ambiente, mais do que em capacidades mentais hipotéticas e nos seus limites hipotéticos.

"Matching-to-sample" e tipos de equivalência. Outras modalidades de facilitação da aprendizagem discriminativa condicional se estruturam graças ao procedimento *matching-to-sample*.* Aperfeiçoado a partir dos estudos experimentais, objeto de ampla referência nesta obra, sua eficácia na indução, com um número limitado de testes, das relações de identidade e de reversibilidade entre os mais diversos tipos de estímulos, foi amplamente corroborada pela pesquisa experimental contemporânea tanto em sujeitos animais como humanos [Lowenkron, 1988; Sidman, 1971; Sidman e Tailby, 1982; Stromer e Osborne, 1982; Zygmont et al., 1992].

Do ponto de vista aplicativo, revelou-se muito interessante ao se tentar ensinar às crianças pequenas ou aos sujeitos com deficiências graves as discriminações condicionais entre os estímulos muito parecidos entre si, tanto no aspecto gráfico como no fonético, como no caso de letras oclusivas: *b, d, q, p*; de estímulos foneticamente idênticos que preveem formas gráficas diferentes em situações diferentes, por exemplo, letras que têm grafias diferentes no caráter maiúsculo e minúsculo: *E-e, A-a, D-d*; de estímulos que têm uma forma gráfica e uma forma fonética não correspondentes, como no caso de palavras da língua inglesa ou francesa; ou, ainda, de quantidades representadas pelo símbolo numérico correspondente ou pela palavra.

No âmbito das discriminações condicionais – em oposição àquilo que resulta da experimentação em animais, com a única exceção, parece, dos mamíferos marinhos [Schusterman, 1990] –, os sujeitos humanos são capazes de aprender, além de relações de identidade, relações mais complexas de reflexibilidade, simetria e transitividade entre o estímulo discriminativo – ou entre os atributos do estímulo – e os tipos de resposta que ocasionam. Sendo o centro de interesse dos pesquisadores há relativamente pouco tempo, as relações de *equivalência*, conhecidas também como *equivalência do estímulo* ou *tipos de equivalência*, representam um exemplo especial de *matching-to-sample* capaz de "explicar o comportamento 'emergente', isto

* Comparação com o padrão. (N.T.)

é, o comportamento novo, não diretamente treinado ou reforçado e que não se pode explicar pelo princípio da generalização dos estímulos" [Dugdale e Lowe, 1990, p. 115]. Essa propriedade faz dos *tipos de equivalência* um dos pontos cruciais para a compreensão no plano conceitual do comportamento humano, especialmente do comportamento simbólico [Sidman, 1986; 1990].

A análise experimental já verificou amplamente sua eficácia ao fazer emergir novas relações de identidade entre os tipos de estímulos caracterizados pelas mais variadas propriedades. Já sinalizamos como as relações de equivalência e o surgimento das discriminações condicionais não ensinadas entre os tipos *palavras ditas*, *figuras* e *palavras escritas* fornecem uma definição verificável de compreensão na leitura: constituem um teste confiável de compreensão. A leitura pode, de fato, ser considerada um tipo de relação em que os estímulos visuais – *palavras escritas* – controlam respostas de vários tipos: a mais simples é a resposta oral de nomear a palavra escrita, que não implica necessariamente a compreensão. Quando se lê uma palavra de uma língua estrangeira, é mais comum do que se espera não saber o seu significado. Além disso, não há diferença entre nomear uma palavra ou nomear a figura que lhe corresponde, embora se saiba muito bem que a criança aprende a nomear as coisas e os objetos antes de ler as palavras escritas.

> Para se demonstrar a compreensão, exige-se uma relação diferente entre estímulo-resposta. Quando se mostra a uma criança a palavra escrita *cão*, e ela é capaz de selecionar a figura do cão entre as muitas outras, diz-se que compreende a palavra [...]. Definida desse modo, a compreensão é uma tarefa puramente visual [...] que não exige, entre outras coisas, a capacidade de pronunciar oralmente a palavra. Outra relação, raramente discutida de maneira explícita, pode ser definida como *leitura auditivo-receptiva*. Por exemplo, diz-se a palavra *cão* e a criança a seleciona entre as muitas outras palavras escritas. Isso é diferente da leitura oral já que a palavra é dita *à* e não *pela* criança. A discussão sobre o papel das equivalências *auditivo-visuais* na leitura induz à confusão entre *leitura oral* e leitura *auditivo-receptiva*, associadas pela rotulação *reconhecimento da palavra* [Sidman, 1971, p. 5].

Os tipos de equivalência demonstram que as relações *auditivo--visuais* específicas, uma vez aprendidas, são pré-requisitos suficientes para o surgimento da compreensão, mesmo quando não ensinada explicitamente. As implicações no plano educacional são mais do que evidentes; sobretudo com sujeitos com atraso no desenvolvimento cognitivo, com problemas de aprendizagem ou em vista do início antecipado da escola formal, aos 5 anos. O fato de a compreensão, normalmente ensinada por meio de modalidades orais de denominação que exigem a participação direta e ativa do professor, ser mediada por equivalências auditivo-visuais - propostas de forma pré--estruturada e com uma participação do professor num papel organizador - pode favorecer a sua aquisição por parte de um número mais consistente de crianças, em tempos mais curtos e com resultados mais gratificantes para todos.

A eficácia "didática" dos tipos de equivalência não se limita aos problemas ligados ao ensino e à verificação da compreensão na leitura. Os resultados da pesquisa mais recente descrevem como equivalentes para a identificação do significado das palavras (obviamente aqui se entende a identificação daquelas que Bertrand Russel chama de palavras-objeto): as palavras e os seus sinônimos, as palavras e os seus referentes e, portanto, numa acepção mais ampla, os símbolos e as coisas [De Rose et al., 1988; Dugdale e Lowe, 1990; Fields et al., 1991; Lowe, 1986; Lowenkron, 1988; Sidman e Cresson, 1973; Sidman, Kirk e Willson-Morris, 1985; Stromer e Osborne, 1982; Wetherby, Karlan e Spradlin, 1983].

A aplicação aqui apresentada ilustra o material e a sequência de procedimento que permitiram ensinar a um grupo de sujeitos com síndrome de Down - com idade entre 8, 5 e 17 anos - e a crianças sem dificuldades intelectuais em idade pré-escolar a correspondência quantidade-símbolo numérico. Depois das fases de treinamento, os resultados nos testes de equivalência, nos testes de generalização e de acompanhamento, conduzidos após um intervalo de um mês, demonstram que as *performances* dos sujeitos com atraso no desenvolvimento cognitivo são totalmente confrontáveis com as dos demais [Benedetto, Ingrassia e Perini, 1995]. Nesse caso, ao *matching-to-sample* das relações de equivalência associou-se o controle do estímulo exercido por um programa de modelagem. Na parte superior da figura 8.10 é apresentada a série de dez transformações do estímulo definido pela quantidade no símbolo correspondente; na parte inferior, a configuração final do *matching-to-sample* em símbolos numéricos e quantidades.

4. As instruções verbais

O *controle da instrução*, que no âmbito dos tipos de equivalência é definido de maneira precisa e específica pela relação *estímulo condicional--estímulo discriminativo*, faz-se presente em muitos âmbitos diferentes e influencia a aprendizagem de uma grande variedade de tarefas, também de considerável complexidade. Em geral, fala-se em *controle da instrução* referindo-se ao conjunto de eventos antecedentes, de natureza verbal, que exercem uma função discriminativa específica no controle da probabilidade do surgimento das respostas. Nesse sentido, a correspondência entre as competências verbais de quem fala e de quem escuta assume, evidentemente, um papel crítico [Gentile, Moderato e Pino, 1994]. A função comunicativa e a função simbólica da linguagem, que contribuem para definir o *controle de instrução*, são, provavelmente, as características mais importantes do comportamento verbal, tanto no plano social como no individual, egocêntrico. É bom examinar mais detalhadamente as duas funções, considerando primeiro os seus aspectos característicos no sentido mais comunicativo e, depois, aqueles mais especificamente simbólicos, mas lembrando que ambos estão presentes quer no comportamento verbal à base do controle da instrução que prevê a interação entre os dois interlocutores – um que fala e o outro que escuta –, quer quando, na ausência de um interlocutor, o outro fala a si próprio e se autoinstrui.

4.1. A função comunicativa: as instruções verbais na tarefa

No âmbito da interação educativa, as modalidades verbais com que se formulam os pedidos específicos assumem quase sempre importância fundamental para o comportamento de quem deve responder. Que a maneira de propor as perguntas seja um aspecto estritamente correlacionado com a qualidade da resposta é um fato que tem sido debatido sistematicamente faz pouco tempo e, não obstante a relação entre as competências linguísticas e cognitivas, sempre esteve no centro do interesse dos psicólogos [Richelle, 1971]. E não é só isso: no *Prometeus unbound* [A libertação de Prometeu], Shelley escreve com uma intuição fulgurante: "Ele deu ao homem a fala, e a fala criou o pensamento que é a medida do universo".

O debate sobre a coincidência de pensamento e linguagem ou sobre a prioridade de um sobre o outro avivou especialmente o âmbito da psicologia

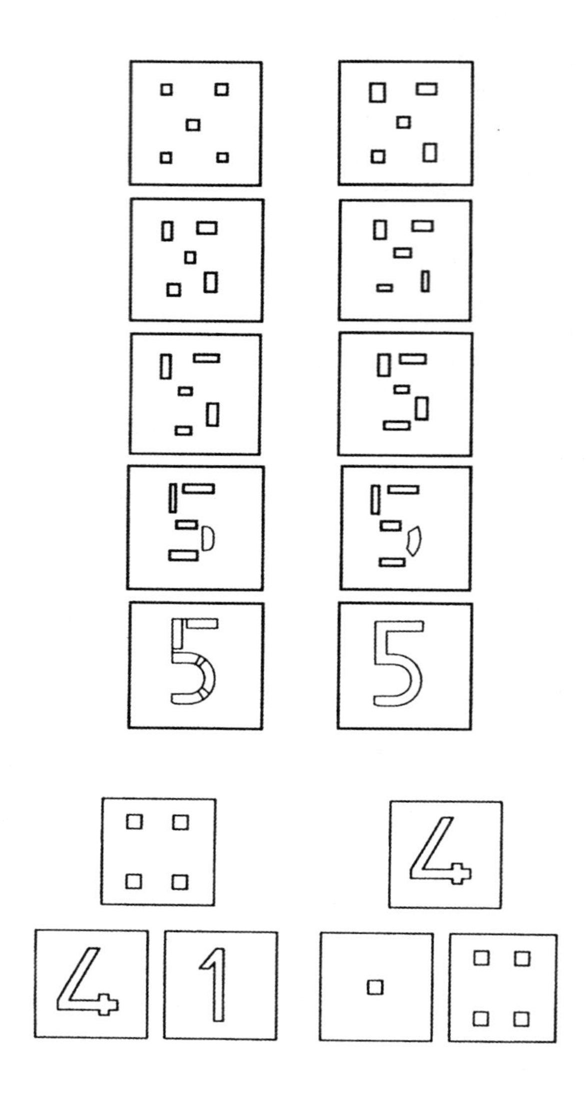

Figura 8.10. *Matching-to-sample nas relações de equivalência realizado com programa de modelagem.*

Fonte: Benedetto, Ingrassia e Perini [1995].

cognitiva, de Piaget [1993] a Vigotsky [1999], de Luria [1969] a Bruner [1975], e o delineamento do problema influenciou, a cada vez, a atitude pedagógica.

As posições assumidas pelos psicólogos de orientação comportamental a propósito da relação pensamento-linguagem foram sempre marcadas, de um lado, pela filosofia de base da ciência do comportamento na qual gênese e desenvolvimento – tanto da linguagem como do pensamento – são analisados no âmbito das relações observáveis entre os eventos ambientais e o comportamento individual e, de outro, pela crítica skinneriana, segundo a qual o que importa analisar na linguagem é o aspecto funcional do comportamento verbal dos outros, além do próprio, e das interações que o tornam mais ou menos provável.

Atualmente, a nova leitura de Vigotsky e Luria, mais que a leitura de Skinner, parece ter reaproximado as posições, e por isso há uma boa concordância, pelo menos sobre a descrição da relação pensamento-linguagem--aprendizagem, como se fosse um produto *histórico* que evolui por causa das interações do indivíduo com os eventos sociais do ambiente.

> O pensamento e a fala possuem, sem nenhuma dúvida, raízes diversas e, com muita frequência, em etapas diversas do desenvolvimento, podem existir independentemente um do outro [...] *mas* a convergência entre pensamento e fala constitui o momento mais importante no desenvolvimento de um indivíduo [...]. *Com a* descoberta do uso funcional da palavra [...] o pensamento primitivo da criança [...] adquire novas possibilidades [...]. A criança se vê subitamente capaz de vincular aos seus desejos e necessidades uma forma verbal clara que a capacita a satisfazê-los mais facilmente [...] o pensamento, portanto, não se encarna na palavra, mas na palavra se conclui [Vigotsky e Luria, 1996, pp. 208-210].

A situação do ensino-aprendizagem é paradigmática do processo *histórico e social* que, embora a curto prazo, permite a quem faz uma pergunta ativar e guiar o comportamento de quem escuta, fazendo entrar em ação os estímulos discriminativos verbais que substituem as contingências naturais, antes que se conclua com a palavra.

Uma análise das relações entre história do indivíduo e história do ambiente, dentro do qual esta se evolve também em nível linguístico, e dos resultados obtidos em nível de competência intelectual e de rendimento escolar está bem sintetizada por Bernstein [1958; 1960; 1967].

> À medida que a linguagem verbal traça um quadro de estímulos, a criança, ao aprendê-la, se adapta, sua percepção se organiza, se estrutura e se reforça. A adequação da sua resposta é recompensada ou punida pelo modelo adulto, até que a criança não seja capaz de regular as suas respostas independentemente do adulto. Desse modo, o exterior penetra no interior desde o começo da linguagem verbal. A apropriação do comportamento da criança é, assim, condicionada por uma ampla variedade de contextos por meio do veículo da comunicação [...]. As formas de linguagem falada delineiam o que é importante do ponto de vista afetivo, cognitivo e social e *a experiência é transformada por aquilo que foi tornado relevante* [...]. O tipo de aprendizagem, as condições de aprendizagem e as dimensões daquilo que é relevante e que a linguagem falada inicia e mantém são completamente diferentes [Bernstein, 1967].

De maneira bastante semelhante se exprime Andreani Dentici [1991, p. 287], que, ao comentar os resultados de uma pesquisa longitudino-transversal com margem ampla, escreve, entre outras coisas:

> Pode-se dizer que a fonte das diferenças individuais se situa predominantemente nos fatores genéticos e familiares até os 4-5 anos de idade, enquanto pelos 6-7 anos a diferença de *status* começa a fazer-se sentir e se acentua assim que as tarefas exigem funções simbólicas e aquisições de códigos culturais específicos, de modo especial, a linguagem.

A contribuição de Bernstein representou, na década de 1970, um impulso importante para o aprofundamento da análise da interação verbal professor-aluno e das suas consequências em todos aqueles âmbitos educativos que, até então, tinham tido pouca atenção, não obstante o fato de já há muito tempo a pesquisa experimental ter evidenciado as conexões estreitas entre instrução verbal e *performance* na tarefa.

Numa resenha de 1980, por exemplo, Winer apresenta e classifica, pela primeira vez e de maneira sistemática, boa parte da produção experimental relativa à competência de *inclusão em sala de aula*. Da sua análise emerge, com grande evidência, o significado da relação instrução verbal-*performance* não só quando explícita e objetivamente definida em termos de variável independente – instrução visada ou regra –, mas também quando faz parte de modo menos experimentalmente controlado, em nível de ordens na tarefa. As décadas de 1970 e 1980 caracterizaram, nesse sentido, um âmbito vasto e variegado de pesquisa e de revisão crítica sobre todas as habilidades típicas dos estágios operatório-concreto e do pensamento formal. As contribuições sistemáticas de Brainerd [1977], Donaldson [1994], Siegel [1977] e também o debate experimental e teórico acolhido em revistas como *Child Development* [Desenvolvimento da criança], *Journal of Experimental Child Psychology* [Revista de psicologia experimental infantil], *Journal of Experimental Psychology*: Human Learning and Memory [Revista de psicologia experimental: aprendizagem e memória humanas] foram, naquele período, o palco privilegiado de uma discussão cujo resultado determinou uma leitura da gênese e do desenvolvimento do pensamento, diferente daquela proposta por Piaget, até então ponto de referência indiscutível [Caracciolo, Moderato e Perini, 1988; 1990].

No plano mais propriamente conceitual, é posta em discussão a suposta dicotomia entre *competência* e *performance*. Se as formas de avaliação verbal e não verbal de condutas de conversação, por exemplo, determinam, em dois momentos sucessivos, rendimentos totalmente diferentes por parte dos mesmos sujeitos [Perini e Cammà, 1982; Russel, 1979; Wheldall e Poborca, 1980] e, de modo totalmente análogo, a variação sistemática da verbalização dos quesitos relativos às tarefas de inclusão na sala de aula, da conversação, da classificação hierárquica, da categorização está correlacionada sistematicamente à variação das *performances* [Caracciolo, Moderato e Perini, 1990], então os sucessos ou fracassos nas diversas tarefas não são atribuídos às competências deficitárias porque estão baseadas em estruturas cognitivas hipotéticas mais ou menos "maduras", mas aos fatores de procedimento cuja variação funcional é muito mais controlável.

Atualmente, a função discriminativa que as instruções verbais exercem no controle do comportamento de quem aprende é reconhecida amplamente por especialistas de orientação divergente; também os expoentes da escola neopiagetiana parecem considerá-las em termos tão relevantes para os fins da *performance* quanto aqueles atribuídos à correspondência entre estrutura lógica da tarefa e maturidade cognitiva do sujeito que aprende [Andreani Dentici e Gattico, 1992; Doise e Mugny, 1981; Monoud, 1988; 1993; Perret-Clermont, 1979; 1981]. Como já dissemos, a literatura sobre o assunto é abundante e quem quiser se aprofundar no tema deve reportar-se a ela.

Mais recentemente, foi debatida também a relação entre regras verbais e aprendizagem. Provavelmente não haveria escola se não houvesse o comportamento regido por regras. A grande maioria das coisas que se aprendem no decurso da educação formal aprende-se por causa de sua mediação. E, embora já tenham sido apontados alguns riscos possíveis implícitos nessa forma de aprendizagem, não há dúvidas de que ela se reveste de considerável importância.

4.2. A função simbólica: as regras verbais

Ser capaz de controlar o comportamento próprio ou de outros, com base na descrição das contingências, graças ao contato direto, talvez seja a característica mais importante do comportamento verbal do homem [Catania, 1984] e é bastante crítica quando as consequências naturais podem ser aversivas ou se, por diversos motivos, não estão imediatamente disponíveis. A regra, é bom lembrar, é uma forma especial de instrução verbal que descreve as relações entre os eventos antecedentes, o comportamento e suas consequências. Descrever o que pode acontecer quando se atravessa a estrada sem olhar à direita e à esquerda ou o que vai acontecer no final do semestre se não se tiver estudado o suficiente permite evitar atropelamento ou reprovação. Em outras palavras, uma regra, além de ativar e dirigir o comportamento próprio ou de outros "em situação", substitui ou antecipa a experiência direta. Portanto, tem uma função simbólica.

O fato de a regra, e, portanto, o comportamento regido por ela, não ser diretamente observável favoreceu por muito tempo o debate habitual entre psicólogos de orientação cognitiva e comportamental. Embora concordem que o comportamento humano caracteriza-se tipicamente nesse sentido, dão-lhe definições diferentes e explicam sua gênese e sua função de maneira diversa. Segundo os cognitivistas, o comportamento regido por regras é identificável como uma sucessão de dois momentos, em que o primeiro, definido pela *descoberta ou identificação* da estrutura da regra, é preliminar ao segundo: comportar-se coerentemente com ela [Gagné, 1974]. Na ótica comportamental, conhecer a regra e conformar-se a ela são ambos comportamentos *modelados* pelas contingências, que não exigem, portanto, habilidades específicas ou competências de natureza cognitiva.

> Quando dizemos que um organismo aprende uma regra, que se expressa no desempenho de respostas diferentes em diferentes situações de estímulo estamos obscurecendo o fato de que a regra é adquirida como resultado de experiências específicas de aprendizagem em situações específicas de estímulo, e que tais experiências de aprendizagem fazem com que outras

> respostas específicas sejam desempenhadas em outras situações de estímulo igualmente específicas [Berlyne, 1973, pp. 175-176].

Portanto, para uns conhecer a regra é causa de comportamento, enquanto para outros a regra é simplesmente uma asserção atualizada [Reese, 1989], que, por sua vez, é, em todo caso, suscetível de controle por parte das contingências ambientais. O todo remete à diferenciação entre a competência (conhecer *o que*) e a *performance* (conhecer *como*) e o seu relacionamento que, ao contrário, não é considerado crítico pela psicologia do comportamento. Na medida em que "a conexão entre uma disposição normativa, ou competência, e uma atualização, ou *performance*, depende de variáveis que não são especificadas pela regra, que é um dos elementos num conjunto de antecedentes, [...] e dado que, na sua forma completa, especifica uma contingência de três termos" [Reese, 1989, p. 31], ela é também uma função das consequências produzidas pela resposta.

Um exemplo talvez ilustre melhor como a estrutura da regra pode ser irrelevante para os fins da capacidade de comportar-se de modo coerente com ela e como são importantes, ao contrário, outras contingências ambientais. Os resultados de uma série de experimentos sobre o raciocínio condicional

> oferecem algumas situações muito úteis para estudar as relações de linguagem e de pensamento, mostrando como os processos de raciocínio e de decisão são influenciados por uma "heurística inadequada" e forçando a perguntar-se sobre a origem dessa heurística, sobre a natureza desses fatores desviantes não lógicos, assim como sobre aqueles de contexto e de conteúdo [Pontecorvo e Pontecorvo, 1985, p. 320].

O raciocínio de natureza lógico-condicional define uma forma sofisticada de comportamento simbólico que pode ser estudado com sujeitos adultos e, portanto, teoricamente competentes tanto em nível de pensamento formal como no das competências linguísticas e do comportamento de "conformar-se à regra". A literatura experimental sobre a compreensão dos conectivos lógicos condicionais (*se p, então q*) demonstra, com evidência clara, que a escolha dos conteúdos a que se aplicam – mas também outros fatores que serão vistos – determina, em larga escala, os resultados do processo de inferência, essencial, sobretudo nas duas contingências intermediárias do raciocínio condicional (a afirmação do consequente e a negação do antecedente), para as quais toda a literatura experimental evidencia uma alta frequência de erros de inversão e de conversão [Cope, 1979; Evans, 1980; 1984; Markovits, 1984; Perini, 1992; Perini e Fabio, 1986; 1990; Politzer, 1981].

Os resultados das pesquisas desse estudo, de acordo com a literatura, levam, portanto, a compartilhar as conclusões de Pontecorvo e Pontecorvo, por isso:

a) a aquisição do raciocínio lógico-formal não é uma condição necessária para a compreensão e a solução dos problemas ligados aos contextos específicos;

b) tanto nos adultos como nas crianças, o raciocínio segue – facilmente – o modelo lógico quando este último coincide com os usos linguísticos comuns, próprios da linguagem ordinária; afasta-se, no entanto, quando intervém um uso técnico e muitas vezes mais ambivalente e complexo de conectivos, quantificadores, modais etc.;

c) o vínculo estreito entre a forma e o conteúdo foi verificado em muitas pesquisas empíricas: em relação a isso, o próprio Piaget [1972] reviu a sua concepção de pensamento adulto, enfatizando a influência decisiva da experiência [Pontecorvo e Pontecorvo, 1985, p. 321].

O simples fato de utilizar uma proposição do tipo: *se Ana tiver de fazer as tarefas escolares ficará mal-humorada*, que no âmbito das contribuições experimentais deste estudo foi rotulada como *experiencial não específica*, em vez daquela de tipo *experiencial* mais *formal* – *se numa caixa houver um quadrado, então haverá um círculo* – ou daquela formal clássica – *se p, então q* –, torna mais fácil compreender as relações entre *Ana, as tarefas e o mau humor* em todas as situações possíveis e, assim, aplicá-las corretamente também nas relações entre *círculo* e *quadrado* e naquelas entre *p* e *q*.

Em geral, nenhum sujeito experimental encontra dificuldades especiais em prever que, se *p* é dado por verdadeiro, *q* é verdadeiro; nem que, se *não q* é dado por verdadeiro, *não p* também é verdadeiro. As contingências entre *p* e *q*, *não p* e *não q*, conhecidas como *modus ponens* e *modus tollens** da proposição lógica, não criam problemas de inferência nem sequer em crianças de 7-8 anos de idade e, portanto, num estágio de pensamento pré-formal [Perini, 1992; Perini e Fabio, 1986; Perini, Fabio e Cammà, 1989; Perini, Notarbartolo e De Moja, 1986]. Um percentual altíssimo de erros verifica-se, no entanto, quando se dá por verdadeiro *q* ou *não p* e se pede para inferir algo sobre *p* e *não q*. Em ambos os casos – conhecidos como contingências intermediárias do raciocínio condicional – não é possível inferir nada sobre o outro termo da asserção e, todavia, a quase totalidade dos sujeitos experimentais – distribuídos em classes de idade dos 7 aos 18 anos e por nível cultural desde o ensino fundamental até o ensino médio completo – inferiu *p* de *q*, cometendo um erro de *inversão* e inferiu *não q* de *não p*, cometendo um erro de *conversão*. Para todas as faixas etárias e para todos os níveis culturais, o percentual de erros diminui significativamente substituindo simplesmente *as tarefas e o humor de Ana* por *p* e *q*, a propósito dos quais é mais fácil raciocinar e que, portanto, induzem a uma compreensão mais fácil do fato de que Ana pode estar ou não de mau humor por muitos motivos, independentes das tarefas.

Os gráficos da figura 8.11 exemplificam o que acontece com estudantes universitários, próximos à graduação, quando se mantêm sob controle, além do contexto da inferência, também a hierarquia da sequência de testes. O primeiro par visualiza os resultados nos testes de afirmação do consequente – A.C. – e de negação do antecedente – N.A. – obtidos pelo grupo experimental com uma sequência que prevê contextos que vão do mais familiar ao lógico formal; o segundo, aquilo que acontece com o grupo de controle submetido aos mesmos testes, mas numa ordem hierárquica invertida. Os formandos em medicina, se passam de problemas ligados à sua experiência médica específica – *os sintomas de uma doença* – a contextos de experiência cotidiana não específica – *Ana e as suas tarefas* – até contextos de experiência mais formal – *o círculo e o quadrado* – e, enfim,

---

* *Modus ponens*: afirma-se o consequente de um condicional quando se afirma o antecedente. *Modus tollens*: nega-se o antecedente de um condicional quando se nega o consequente. (N.T.)

ao contexto formal por excelência – *p* e *q* – cometem um número de erros significativamente mais baixo do que fazem os seus colegas que procedem segundo uma sequência invertida, também nos conteúdos lógico-formais. As *performances*, nestes últimos, são ainda muito limitadas.

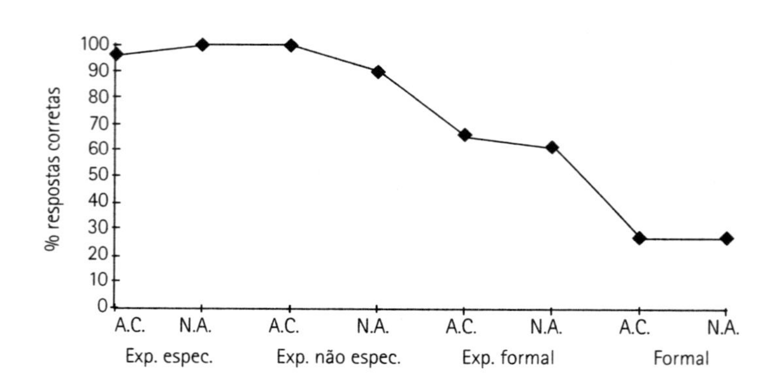

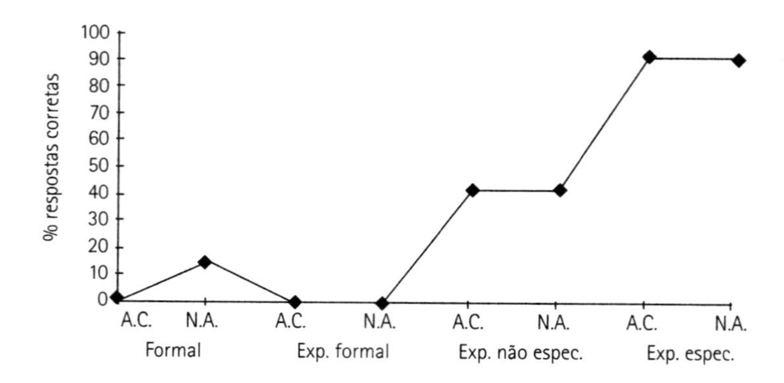

Figura 8.11. *Percentual de respostas corretas fornecidas pelos formandos em medicina sobre tarefas de A.C. e N.A., nas duas condições de sequência dos testes.*

Fonte: Perini [1992].

Os dois gráficos da figura 8.12 ilustram o que acontece com os formandos em matemática, submetidos a condições análogas. Para eles, o contexto formal é o mais familiar, quando expresso em termos de *p* e *q* e quando propõe as relações entre um *polígono* e *o seu centro de rotação*; e é, de fato, relativamente a esses contextos que exprimem as melhores *performances*, independentemente de serem propostos no início ou no fim da sequência hierárquica.

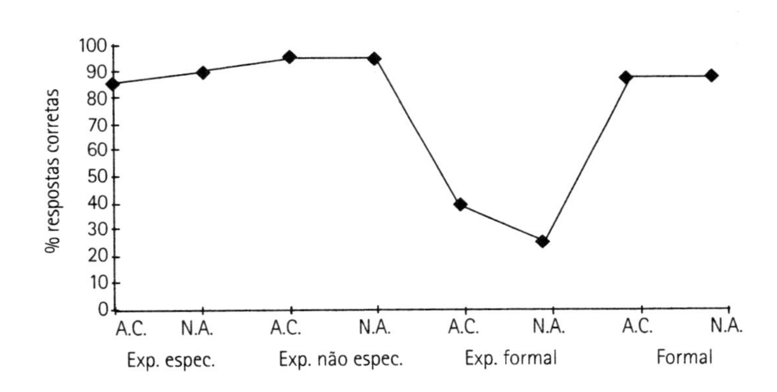

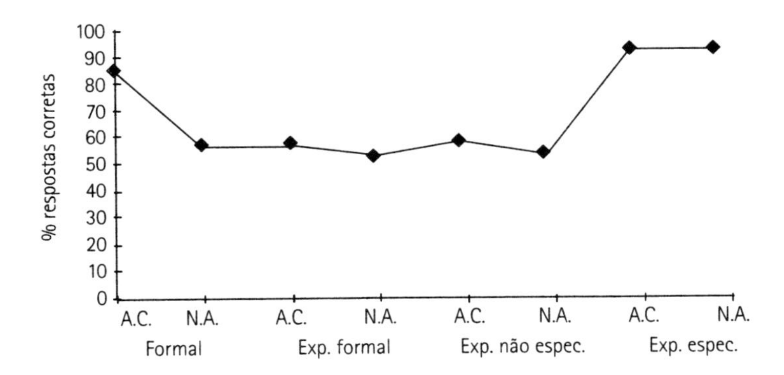

Figura 8.12. *Percentual de respostas corretas fornecidas pelos formandos em matemática sobre tarefas de A.C. e N.A., nas duas condições de sequência dos testes.*

Fonte: Perini [1992].

Por fim, a curva da figura 8.13 ilustra o comportamento dos formandos de outras faculdades a quem não foi proposto um contexto específico de experiência e que, portanto, servem para controlar a variável *contexto do problema*. A tendência das suas *performances* entre a tarefa relativa ao contexto de experiência cotidiana e o contexto lógico formal não exige comentários ulteriores.

Níveis de facilidade ainda mais significativos são obtidos com um exercício banal com paradoxos lógicos do tipo: *Carla Fracci é uma bailarina; eu sou uma bailarina; portanto, eu sou Carla Fracci*, proposto entre dois testes. Também nessa situação é a organização dos eventos antecedentes que assume a função de regra útil para a solução; a estrutura do paradoxo, de fato, é tal que canaliza de modo forçado, por causa de uma corrente mediadora explícita, a dedução lógica correta.

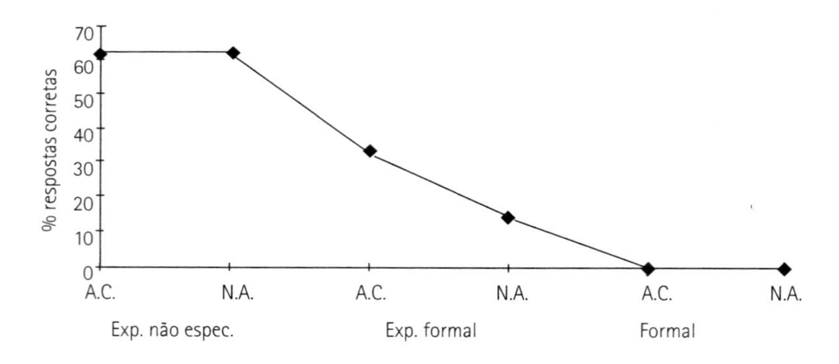

Figura 8.13. *Percentual de respostas corretas fornecidas por formandos em outras disciplinas sobre tarefas de A.C. e N.A., nas duas condições de sequência dos testes.*
Fonte: Perini [1992].

Os resultados dos experimentos desse tipo – que evidenciam como as variáveis determinadas pelo controle dos eventos antecedentes podem modificar o comportamento também em sujeitos para os quais não se pensaria que fossem tão relevantes porque, por definição, são dotados de estruturas cognitivas adequadas - não podem senão apoiar a abordagem analítico-comportamental que enfatiza a relação funcional entre comportamento e condições antecedentes que o controlam e que tornam mais ou menos imediatamente disponível a existência e a pertinência das possíveis relações entre os termos que fazem parte da relação condicional [Lunzer, 1975; Markovits, 1984; O'Brien e Overton, 1980; 1982; Politzer, 1981].

Portanto, não parece essencial nem relevante procurar "entender quais fatores gerais e específicos intervêm nessas tarefas que são (mais do que tudo) tarefas específicas de solução dos problemas ou de tomada de decisão e que, em ambos os casos, devem referir-se aos mecanismos cognitivos mais gerais" [Pontecorvo e Pontecorvo, 1985, p. 320]. O parecer desse estudo, no entanto, é que, por ser possível observar a relação sistemática entre as modificações da variável dependente definida pela lógica implícita na regra, mediante as contingências induzidas pelas características não lógicas da variável independente - por exemplo, o contexto -, a relação entre as duas variáveis deve ser observável e descritível nesses termos e não exige ser inferida com base nos outros mecanismos cognitivos diferentes, aliás, não mais bem identificados.

Parafraseando-se Skinner, pode-se concluir dizendo que é possível agir de maneira logicamente correta sob o efeito das contingências mantidas pela comunidade verbal sem conhecer as regras da lógica e, ademais, uma vez que tais contingências sejam explicitadas e as regras lógicas formuladas, pode-se, em algumas ocasiões, pensar de maneira logicamente correta, aplicando as regras [Skinner, 1980]. Em ambos os casos, o comportamento "conformar-se à regra" depende, além do fato de se conhecer sua estrutura lógica, de outras contingências que a ativam de modo mais ou menos eficiente, por exemplo, o hábito de usá-las ou o contexto a que se aplicam.

Quaisquer que sejam as próximas contribuições experimentais e conceituais à análise do comportamento verbal e à compreensão da gênese e do desenvolvimento das suas funções comunicativas e simbólicas, permanece o fato, amplamente compartilhado, de que sua importância no favorecimento de comportamentos cognitivos também de considerável complexidade representa um dos fatores básicos no âmbito da programação educativa.

CAPÍTULO IX

A INTERVENÇÃO EDUCATIVA: A ORGANIZAÇÃO DAS CONSEQUÊNCIAS

Se o crescimento fosse impossível, então as objeções não teriam nenhuma finalidade.
[Skinner 1975b]

1. Introdução

*Manum ferulae subducere** era, na antiga Roma, um modo elegante de se dizer *estudar*. Também em tempos historicamente mais recentes, sucedeu repetidas vezes que o comportamento de estudo, especialmente no contexto institucional, fosse garantido por formas de punição corporal. Parece que ainda hoje as escolas inglesas, que nesse campo orgulharam-se de um longo e discutível primado, usam instrumentos específicos cuja eficácia é celebrada até em comerciais dedicados aos "subsídios" didáticos. Mas, também onde essa prática permaneceu viva apenas por causa das narrações anedóticas dos avós e das velhas tias sobre os quinze minutos passados de joelhos sobre os grãos de milho ou feijão, a educação pode vangloriar-se de uma variedade mirabolante de castigos. Os pais e as mães se lembram, como situações comuns do seu passado escolar mais recente, das experiências vividas "olhando para o quadro-negro" ou de "falar com a direção", das páginas de caderno preenchidas com "penso" ou das observações no diário para serem assinadas; e os filhos contam que passaram o intervalo na sala de aula, sozinhos, ou que lhes chamaram a atenção e eles perderam a posição de líder da turma. Amiúde os métodos educativos ainda propõem de novo um esquema inteiramente análogo ao das punições corporais, embora menos explicitamente violentos e que se podem sintetizar

* "Dar a mão à palmatória". (N.T.)

dizendo que "o estudante passa a maior parte do seu dia fazendo coisas para as quais não se sente inclinado" [Skinner, 1975b, p. 92], exclusivamente para evitar a "palmatória".

São muitas as razões pelas quais o controle negativo ainda hoje é tão comumente utilizado e, ao contrário, a programação de consequências positivas suscita perplexidade e dúvidas. A mais séria, porém, é provavelmente aquela que questiona, também a esse respeito, uma informação incompleta, às vezes até mistificadora, que apresenta as operações de reforço como operações que constroem vínculos de dependência entre aquilo que se aprende e o reforço, das quais um indivíduo não se libertaria facilmente e que não permitiriam atingir os objetivos de motivação para aprender e de autonomia do controle alheio, considerados essenciais pela instituição educativa.

A convicção de que a tarefa prioritária da escola é fazer emergir a capacidade de aprendizagem pela *descoberta*, na medida em que se está convencido de que aquilo que se descobre por conta própria torna-se patrimônio cultural permanente, mais facilmente do que aquilo que se aprende mediante a interação programada com eventos preparados pelo professor, implica conceitos de empenho, de esforço, de trabalho, que se associam mais naturalmente às formas de controle negativo do que à administração de reforçadores. Talvez o que se devesse enfatizar melhor é que a *descoberta* pessoal é, de fato, a percepção de contingências de reforço presentes na situação, e são estas últimas que fortalecem a aprendizagem e a sua manutenção no tempo. Também a *descoberta* é, portanto, objeto de aprendizagem, e, nesse sentido, uma das tarefas da escola é, sem dúvida, a de favorecer-lhe o método, preparando o ambiente dentro do qual ela será mais provável, os modos que a tornam mais acessível, as informações e as regras verbais úteis para sua percepção.

A análise dos limites do controle negativo – da punição, especialmente –, as razões pelas quais, ao contrário, é importante "manter o aluno ao alcance do reforço", como fazê-lo da melhor maneira possível, e quais implicações o garantem também em nível de *pensamento produtivo* serão os temas discutidos neste capítulo. Serão ilustrados também exemplos de programas eficazes tanto em situações de ensino individualizado como no âmbito da gestão das atividades coletivas.

2. O controle negativo

A redução da probabilidade de surgimento de um comportamento – ou a sua exclusão do repertório individual – não é um objetivo educacional apenas legítimo se o comportamento em questão é incorreto ou indesejável, mas realmente necessário em todas aquelas situações em que sua frequência é tal que inibe a aprendizagem de outros comportamentos fundamentais para a evolução da pessoa. Obviamente, não é necessário nem legítimo quando se pretende atingi-lo por meio de comportamentos corretos e socialmente adaptados. Apesar disso, buscou-se regularmente modificar, num sentido preestabelecido, o comportamento de grupos inteiros de pessoas, também na história mais recente. A definição dos comportamentos a serem inibidos, assim como aqueles a serem promovidos, é um problema fundamental, sem dúvida, mas não se tem a intenção de aprofundá-lo aqui, já que é considerado óbvio que nas democracias ocidentais isso aconteça nos âmbitos político-culturais democraticamente designados precisamente para essa finalidade.

Nem parece ser este o lugar oportuno para discutir o uso de procedimentos baseados no controle negativo, na punição especialmente, em situações específicas com conotação declaradamente psicopatológica mais do que pedagógica e que, portanto, exigem uma intervenção mais clínica do que educativa. Prescindindo do fato de que também nesses contextos o debate sobre a sua inelutabilidade está mais do que aceso, a escolha terapêutica e a gestão do programa de intervenção referem-se aos profissionais qualificados em setores diferentes daqueles no centro da análise aqui apresentada.

Do ponto de vista educativo, é interessante esclarecer se os sistemas de controle negativo são os únicos capazes de atingir o objetivo, e eventualmente *qual*, dentre os muitos disponíveis, é oportuno escolher. Precisamente porque não subsistem as dúvidas sobre a sua eficácia, é necessário questionar, antes de mais nada, a oportunidade de utilizá-los e, depois, os possíveis efeitos colaterais que os caracterizam e que parece não ser o caso de negligenciar.

A punição é a forma mais utilizada de controle negativo, embora não seja a única. Os mesmos resultados podem ser obtidos em quase todas as situações e com quase todas as pessoas, mediante as várias formas de controle que preveem, por exemplo, as operações de remoção dos estímulos de reforço, de extinção, de controle aversivo e, sobretudo, de programação das contingências de reforço para os comportamentos alternativos. Pode-se observar, no entanto, a esta altura e antes de se examinarem o conceito e as modalidades corretas de punição, que é oportuno considerar a utilidade de substituir no aluno o papel crítico pelo papel ativo: a simples verbalização neutra do comportamento incorreto ou negativo resulta facilmente no elemento resolutivo com considerável valor educacional, enquanto descreve e relata de maneira emotivamente descontextualizada de toda a sequência de situações que o provocaram e propondo-as à sua consideração crítica. O sujeito não é entregue a uma "meditação", que muitas vezes se torna estéril, mas é submetido a uma auto-observação. A mudança de papel só pode favorecer uma evolução crítica também dos sistemas de avaliação.

2.1. A punição

Sabe-se, pela pesquisa, que as operações de punição reduzem, ou mesmo eliminam, a probabilidade de surgimento da resposta que produz os estímulos com propriedades punitivas. Já se falou muito sobre os aspectos que vinculam de modo rígido a eficácia da punição, descrevendo as operações de organização experimental das consequências do comportamento. A relatividade que caracteriza a tipologia dos estímulos punitivos e a dimensão temporal da sua função, além dos efeitos secundários frequentemente associados ao estímulo punitivo, são fatores básicos a serem controlados e tornam a tarefa punitiva bastante difícil de ser realizada de modo eficaz. Mas a eficácia não é o único aspecto importante a ser considerado.

A utilização da punição, especialmente se for sistemática, implica não poucos problemas de natureza ética. O abuso de sistemas punitivos não é, sem dúvida, um produto dos nossos dias: ao contrário, é a consciência de que se trata de abuso caracterizar o problema como fenômeno social e colocá-lo, no decurso dos últimos anos, no centro das intervenções sistemáticas, em todos os níveis institucionais. Não é este, evidentemente, o local para o debate sobre os diversos e variegados aspectos que caracterizam o tema do abuso. No entanto, não será inútil enfatizar como pode contribuir para a prevenção o conhecimento dos modos pelos quais se *aprende* a ser violento, exatamente começando pelas práticas punitivas sofridas em âmbito familiar e escolar. Que se trate de *aprendizagem* já nem se discute mais. Os números cada vez mais dramáticos confirmam, de maneira fidedigna, e dão "dignidade científica" a conhecimentos até ontem baseados no senso comum sobre "a violência que gera violência", e não só em todos aqueles âmbitos em que os tecidos micro e macrossociais caracterizam situações claramente desviadas. É cada vez mais frequente descobrirem-se realidades dramáticas também dentro de organismos institucionais que até ontem estavam acima de qualquer suspeita: a família e a escola, especialmente. As estatísticas sobre a violência contra menores, por exemplo, evidenciam invariavelmente como os indivíduos com história de punições significativas e sistemáticas no passado revitalizam, uma vez adultos, o modelo violento que sofreram. A tendência, além do mais, parece sempre mais independente da qualidade do contexto social.

Naturalmente, e felizmente, as situações-limite não são tão frequentes assim, todavia as implicações éticas têm um valor absoluto e, portanto, deveriam sugerir cautela na adoção da punição. A escolha de sistemas alternativos é, por outro lado, preferível também segundo as considerações de ordem mais estritamente "técnica". De fato, a punição é um costume que não é fácil de administrar nem desprovido de limites.

2.2. Por que se escolhe a punição?

A filosofia de base da pedagogia contemporânea parece ter abandonado há algumas décadas, pelo menos como princípio, a ideia de que o controle negativo implícito na punição represente um *método natural* de aprendizagem. Nenhum educador afirmaria ainda que as contingências aversivas da vida cotidiana ofereçam ao indivíduo "uma oportunidade para [...] aprender a ajustar-se ao desagradável e doloroso, a agir eficazmente sob ameaças, a submeter-se à dor" e que, portanto, são fundamentais para ensiná-lo "a agir de modo que resolvam a inquietude ou reduzam a ameaça de não saber" [Skinner, 1975b, p. 97]. A psicologia experimental desempenhou, sem dúvida, um papel importante na superação da visão da natureza como "mestra admirável"; sua contribuição, em termos de conceitos e princípios da aprendizagem, evidenciou que, normalmente, as contingências negativas naturais não são muito indicadas para essa finalidade e que, portanto, "não são um modelo a ser copiado, mas um padrão a ser superado" [Skinner, 1975b, p. 97].

No entanto, os usos punitivos, nas suas variadas formas, continuam a desenvolver uma função proeminente também nas interações educativas.

É absolutamente evidente que ninguém jamais os utilizaria se não se visse, de um modo ou de outro, obrigado pela necessidade de eliminar ou bloquear respostas e comportamentos errados ou indesejáveis, que parecem impossíveis de modificar de outra forma. Normalmente, na praxe educacional, recorre-se à punição depois de se ter tentado obter os resultados desejados por outros sistemas. E, às vezes, esta parece atingi-los. O sucesso, porém, é muitas vezes momentâneo e, sobretudo, sempre incompleto e incoerente com os princípios e os objetivos da educação.

2.3. Características e limites técnicos da punição

O sucesso é momentâneo porque o comportamento punido está sob o controle diferencial de alguns estímulos específicos antecedentes e não de outros, por isso, em situações em que aqueles estímulos discriminativos não estão presentes e ativos, o comportamento tende a repetir-se. É incompleto e incoerente na medida em que a educação deve promover a aprendizagem e o desenvolvimento de competências; tem por obrigação, portanto, ensinar repertórios novos e sempre mais ajustados, em vez de limitar-se a inibir os repertórios incorretos. A punição não é capaz de fazê-lo e, portanto, neste sentido, é um instrumento inútil. A seguir descrevemos, em detalhes, alguns dos problemas mais frequentes.

Eliminar do repertório individual um comportamento incorreto (por exemplo, uma resposta errada a uma pergunta de tipo acadêmico) ou indesejável (um comportamento socialmente desajustado) exige, antes de mais nada, que a punição seja distribuída de maneira rigorosamente programada. E, contrariamente ao que normalmente se pensa, a programação das contingências punitivas exige um nível considerável de controle, a custo da ineficácia absoluta.

Por exemplo, é fundamental certificar-se de que o estímulo escolhido como punidor é *significativo*, ou seja, demonstra-se capaz de modificar a probabilidade de surgimento do comportamento ao qual é contingente; alguns estímulos o são apenas na aparência. Diversos estudos experimentais confirmam, por exemplo, os relatórios de muitos pais e professores que indicam como quase todas as formas de punição verbal, para as crianças, funcionam mais como reforçadores do comportamento que as produz. De fato, representam um modo eficaz, às vezes o único, de que a criança dispõe para obter e manter a atenção do adulto. As situações em que se demonstram válidas são, em geral, aquelas nas quais estão acompanhadas por um *reforçador de suporte*, isto é, por um estímulo cuja função punitiva é mais significativa, por exemplo, uma punição física.

Além de significativa, portanto, a punição deve ser suficientemente *intensa*, e desde o início. Se inicialmente for muito fraca, não incide sobre a probabilidade do comportamento, mas aumentar-lhe aos poucos a intensidade produz quase sempre efeitos de dessensibilização gradual, com o resultado de ativar uma espiral em sentido negativo que, além de não produzir os resultados esperados sobre o comportamento-alvo, acaba por determinar um clima educativo hostil. No entanto, essa é a situação que mais frequentemente ocorre tanto no ambiente familiar como nas situações escolares.

Se for intensa desde o início, a punição tende a produzir efeitos colaterais tão indesejáveis quanto os comportamentos que contribui para eliminar. Elicia, por exemplo, e com certa frequência, comportamentos agressivos que, não podendo ser dirigidos contra quem aplica a punição, exprimem-se contra as pessoas e em situações que não têm a mesma função discriminativa: os irmãos menores, os colegas mais fracos, o professor substituto. Pode provocar reações emocionais de considerável intensidade com consequências importantes para o bem-estar físico da pessoa e que, assim mesmo, interferem no comportamento desejável. Basta pensar no aumento alarmante de casos de suicídio por fracasso escolar ou então no número também significativo de crianças que manifestam em idade cada vez mais tenra formas de fobia em relação ao ambiente escolar em si. Menos dramáticas, mas mesmo assim deletérias, são as consequências da generalização dos efeitos punitivos em pessoas, situações e eventos associados de alguma forma com quem aplica a punição; é o que acontece quando o controle negativo exercido sobre uma matéria específica generaliza-se às outras ensinadas pelo mesmo docente. Os comportamentos de desvio e fuga que se exprimem de muitos modos diferentes, todos discutíveis pelo menos quanto ao comportamento incorreto punido, são quase sempre induzidos e mantidos por contingências aversivas. Matar a aula e, também, pensar em outras coisas durante a aula ou esquecer tudo aquilo que se aprendeu logo depois da prova ou do exame são condutas mais do que conhecidas e experimentadas por todos os estudantes.

A punição deve ser aplicada imediatamente após o comportamento indesejável e de modo tal que não seja associado a um reforçador. Em situações educacionais não é tão simples assim; já se falou sobre como a atenção, que quase sempre acompanha a aplicação da punição, representa um reforçador forte. Além disso, pedir ao pai quando regressa à noite para que repreenda o filho que se comportou mal durante o dia produz um duplo efeito negativo. A intervenção pune quase sempre um comportamento correto da criança que, no momento, está brincando tranquila ou fazendo os seus deveres escolares, e não o comportamento incorreto pelo qual a mãe pediu a sanção, e é contingentemente punido, ao mesmo tempo, o comportamento de "regresso ao lar" do pai.

A punição deve ser aplicada de maneira contínua; se for ocasional, produz efeitos contrários ao desejado, isto é, mantém e consolida o comportamento. Respeitar a contingência em cada exemplo de comportamento indesejado representa, contudo, um dos requisitos mais difíceis de serem alcançados: em geral, a complexidade da interação educativa é tal que torna quase impossível o controle rigoroso de todas as ocasiões em que o comportamento a ser punido se verifica.

Um último aspecto merece ser apontado. A pessoa que pune deve permanecer calma e "serena" ao fazê-lo. A raiva e a sensação de frustração representam, de fato, possíveis eventos reforçadores capazes de alterar a consistência e a intensidade da punição. Na realidade, é mais do que sabido que os pais e os professores punem, no mais das vezes, levados por uma atitude *emotiva*, e não de maneira cientificamente programada. A punição assume, assim, significado de reação, libertadora para quem a aplica ao comportamento incorreto, vivido como uma *provocação*. E o comportamento incorreto punido de modo emocional acaba, com frequência, assumindo exatamente uma função provocadora e, portanto, reforça quem o emite. Além disso, administrar com calma o programa de punição, executando-o como foi planejado, imediatamente depois da resposta-alvo, exige um nível de autocontrole que os educadores admitem não conseguir manter sempre. O resultado é que o programa de punição não só se revela ineficaz em relação ao problema que se está administrando, mas, acima de tudo, determina uma deterioração progressiva do relacionamento interpessoal e do clima educativo geral.

Nos últimos anos, a percepção de que o aumento entre comportamento punido e estímulos punitivos é incessante e, em geral, não se soluciona do modo desejado é uma das razões que levam pais e professores a procurar especialistas, com uma frequência cada vez maior, em busca de alternativas [Repp e Singh, 1990]. Não obstante o papel educativo da punição, ela continua a não ser posta seriamente em discussão. Isto é, falta, sobretudo no âmbito das instituições, a consciência clara de que a punição não "educa": se for muito fraca, não é eficaz; se for eficaz, sua intensidade subentende quase sempre a necessidade de avaliação em relação à oportunidade; em ambos os casos, não é *ética* e, portanto, não pode ser *educativa*. O indivíduo que continua a comportar-se de determinado modo porque a punição é mais que suportável e também aquele que deixa de fazer algo apenas para evitar maiores consequências não aprenderam nada de novo e, portanto, não evoluíram nem no plano cognitivo nem no nível da autonomia pessoal e do comportamento moral.

Punir o comportamento não é suficiente para modificá-lo. Aquele comportamento pode ser, de fato, uma resposta às situações inadequadas anteriores, determinadas pelo contexto específico da interação com as outras pessoas ou eventos do ambiente, ao contrário das circunstâncias mais genéricas do *setting*, ou talvez seja a única resposta que o indivíduo é capaz de emitir por ser a única presente em seu repertório. Em ambos os casos, o objetivo da intervenção educativa não pode ser simplesmente enfraquecer aquele comportamento ou eliminá-lo por ser incorreto. Deve, em vez disso, oferecer a possibilidade de aprender, de fortalecer e de manter as novas respostas alternativas, mais oportunas. Naturalmente, isso vale para qualquer comportamento: motor, verbal, cognitivo, social, emocional e assim por diante.

> Não se fortalece a boa pronúncia punindo a má, ou movimentos corretos punindo os errados. Não se faz com que um estudante seja aplicado punindo a preguiça [...]. Não lhe ensinamos a aprender rapidamente punindo-o quando estuda devagar, ou a lembrar-se do que aprendeu punindo-o quando esquece, ou a pensar logicamente punindo-o quando não raciocina [Skinner, 1975b, pp. 140-141].

O objetivo é muito mais facilmente atingível utilizando-se programas de reforço de respostas alternativas corretas, eventualmente associados a programas de extinção ou de custo da resposta aplicados contingentemente aos comportamentos indesejáveis.

3. As práticas positivas

> O organismo humano, com efeito, aprende sem ser ensinado. É uma boa coisa que isso aconteça, e seria ainda melhor se mais coisas pudessem ser aprendidas dessa maneira. Os estudantes estão naturalmente interessados no que podem aprender por si próprios, pois, do contrário, não aprenderiam e, pela mesma razão, lembram-se com maior probabilidade do que aprenderam assim [...]. A instituição da educação destina-se a servir a esse propósito [Skinner, 1975b, p. 105].

Que suscitar o interesse seja o dado básico do processo educativo é fato universalmente reconhecido e compartilhado. O objeto do debate é o modo de fazê-lo. A análise aplicada do comportamento há muito tempo demonstrou que preparar contingências de reforço é o sistema mais eficaz para induzir e manter a curiosidade e a motivação. Ensinar, já se disse, significa preparar as contingências oportunas para desenvolver "um comportamento de estudo adequado que se torne parte constitutiva do modo com que o indivíduo vai se situar, no futuro, diante de novas situações de estudo" [Bijou, 1970, p. 68]. Sobre os aspectos que determinam as características fundamentais dos eventos antecedentes ao *comportamento de estudo*, sobre como é possível selecioná-los e programar sua apresentação com o fim de facilitar o surgimento de respostas corretas, já se falou bastante, assim como sobre os aspectos técnicos das operações de organização das consequências reforçadoras e de sua eficácia. Agora é hora de propor algumas considerações de ordem mais geral em relação à natureza do processo de reforço. O objetivo é, especialmente, contribuir para esclarecer o uso e a função dos reforçadores naturais e artificiais no âmbito das interações educativas.

3.1. As contingências do reforço

Em seu célebre livro *Talks to teachers on psychology* [Palestras sobre psicologia para professores], William James enfatizou que o objetivo do ensino é suscitar nos alunos uma "curiosidade devoradora"; infelizmente, não explicou como consegui-la. Os pais e os professores sempre insistiram em que o nível de instrução e o título de estudo permitirão a escolha de uma atividade profissional satisfatória sob todos os pontos de vista, até mesmo econômico, e que, seja como for, a cultura permitirá usufruir oportunidades de outra forma vedadas e viver uma vida mais rica de ocasiões e, portanto, mais gratificante. Em sentido contrário, desde sempre os filhos e os alunos parecem pouco estimulados por essas perspectivas, que se lhes apresentam distantes e difíceis de serem atingidas. De fato, são poucos os alunos que se aplicam com constância ao estudo da sintaxe latina, dos teoremas da geometria de Euclides, das regras de pronúncia e dos verbos irregulares franceses, apoiados na ideia de que esses conhecimentos são propedêuticos ao sucesso na profissão e na vida. Não por acaso a instituição educacional sempre recorreu a instrumentos que, a curto prazo, pudessem apoiar as condutas de estudo. Provas, tarefas em sala de aula, notas, boletins, encontros de pais e mestres, aprovação e assim por diante são todos elementos pensados para mediar as vantagens finais da instrução e manter no tempo o compromisso dos estudantes. Sua eficácia é, porém, notoriamente muito discutível. As estatísticas sobre a evasão escolar, assim como os ajustes contínuos nos sistemas de controle e de avaliação, são apenas dois dos possíveis exemplos do nível de ineficiência do sistema. Talvez fosse hora de levar em consideração, de maneira mais serena, as possíveis vantagens de uma educação baseada em sistemas que possam promover o comportamento, o de estudo especialmente, em vez de limitar-se a mantê-lo sob controle.

A análise experimental do comportamento que possui caracteres identificáveis tais como "curiosidade" há muito tempo salientou sugestões importantes a propósito das condições capazes de mantê-lo ou de modificá-lo, sugerindo também indicações úteis sobre a maneira de gerá-lo. Entre as variáveis observáveis que têm função básica há, sem dúvida, as consequências reforçadoras imediatas do comportamento de estudo.

3.2. O reforço

Não é um artifício da psicologia comportamental. Já dissemos que as contribuições da análise experimental permitem descrever a relação entre comportamento individual e eventos do ambiente em termos interativos, analisar em sentido funcional a ação das consequências sobre o comportamento que as provocou, prever quais modificações comportamentais acompanham a manipulação sistemática das contingências e, portanto, em última instância, compreender as razões pelas quais alguém se comporta de determinado modo. Já apontamos como o sistema psicológico do qual a análise experimental é parte constitutiva permite uma elaboração teórica das interações comportamento-ambiente regidas pelas mesmas leis e pelos mesmos princípios, qualquer que seja o contexto em que se verificam. Mas é exatamente a aplicação de leis e princípios em âmbito educacional que faz nascer certo número de objeções. São recorrentes, especialmente, aquelas que se referem ao conceito de reforço e às suas operações e processos.

As objeções mais frequentes. A mais significativa refere-se ao fato de que a maior parte do trabalho experimental que permitiu a formulação das leis do reforço baseia-se na experimentação com animais; e utilizar procedimentos úteis com animais em campo educacional significaria tratar o aluno como uma cobaia de laboratório.

> Tanto quanto eu saiba, ninguém diz que, pelo fato de uma coisa ser verdadeira em relação a um pombo, por isso mesmo é verdadeira em relação a um homem. Há uma enorme diferença nas topografias dos comportamentos do homem e do pombo e nas espécies de eventos ambientais que são relevantes para aqueles comportamentos – diferenças que, se a anatomia e a fisiologia estivessem à altura de suas tarefas, poderíamos provavelmente comparar com as diferenças nos substratos mediadores [...]. Experimentos com pombos podem não lançar muita luz sobre a "natureza" do homem, mas são extraordinariamente úteis, pois nos permitem analisar mais efetivamente o ambiente do homem. O que é comum ao pombo e ao homem é o mundo no qual certas contingências de reforço prevalecem [Skinner, 1975b, p. 81].

E, ainda mais em geral, Catania confirma que seria um erro grave manter separados os setores da aprendizagem animal e humana, já que

> os fenômenos de aprendizagem estudados nos animais verificam-se também no comportamento humano; a natureza da aprendizagem, complexa no homem, é esclarecida pela análise em termos de processos mais elementares; e, talvez mais importante que tudo, o comportamento humano se caracteriza pela interação entre comportamento verbal e não verbal, e ainda não se compreenderam as origens e as prioridades de um e de outro [...], portanto, devem-se descobrir não só quais propriedades do comportamento são unicamente humanas, mas também quais são comuns a outros organismos [Catania, 1984, p. 352].

Agora que a Igreja admite a evolução, talvez possa cair também a barreira para a formulação teórica, sistemática e unitária, que inclui todas as variedades de aprendizagem animal e humana.

Outra perplexidade avançada pelos educadores refere-se ao fato de que as contingências de reforço organizadas no decurso das práticas de ensino são frequentemente artificiosas, ao passo que na vida de todos os dias quase nunca acontece que se façam ou se deixem de fazer coisas para obter uma bala ou um prêmio. Além disso, também é verdade que a criança, sobretudo no decurso dos estágios institucionais e de base, aprende uma grande variedade de comportamentos totalmente novos, principalmente por causa da presença constante, da atenção, do encorajamento dos adultos que a circundam. Caminhar e falar, por exemplo, são repertórios que se constroem gradualmente no decurso de uma troca contínua de reforços de tipo afetivo e social e que não representam, com certeza, as consequências naturais dos comportamentos em questão. Uma vez terminado o longo percurso da aprendizagem, só então a criança continua a caminhar e a falar também por causa das contingências naturalmente produzidas por essas atividades e, portanto, pelo prazer de uma caminhada ou de uma conversa interessante.

Os comportamentos de estudo implicam quase sempre consequências naturais muito distantes no tempo e, portanto, ineficazes para promover seu surgimento, manutenção e generalização. Nenhum aluno acha bastante gratificante aprender a soletrar as primeiras palavras, muito pelo contrário; por outro lado, não se tornará um leitor apaixonado se não adquirir as capacidades técnicas elementares de maneira positiva e agradável. A tarefa principal da escola é, na realidade, predispor a transição de sistemas de reforço artificial para sistemas naturais que manterão o comportamento de leitura por toda a vida. Se não for capaz de tornar o aluno, gradualmente, sensível aos reforçadores naturais implícitos no prazer de "saber mais", fracassa no seu objetivo e, de fato, produz estudantes cuja finalidade fundamental continua sendo a de evitar a palmatória ou as suas versões mais atualizadas.

Colocada nesses termos, a questão da programação das contingências, que dão significado progressivo aos reforçadores naturais, só pode referir-se à análise da tarefa e à gestão dos eventos antecedentes. Não se deseja, no entanto, voltar a esse aspecto do ensino; aquilo que já foi dito parece ter sublinhado amplamente as conexões evidentes entre programação dos eventos com função estímulo, as respostas e o acesso ao reforçador.

Seria possível agora levantar a questão, que também interessa aos educadores mais sensíveis, sobre o fato de que uma programação eficaz das contingências de ensino, excluindo a possibilidade de uma *descoberta* original e autônoma, pode inibir a criatividade e, pior ainda, criar uma relação de dependência do reforço, imoral na condição de limitadora da livre-iniciativa. A propósito disso, a primeira consideração que se pode fazer refere-se aos fenômenos de "arregimentação" que caracterizam cada vez mais as formas de agregação dos jovens. Qualquer que seja o catalisador – a moda, a música, o esporte, a ideologia política ou religiosa –, a uniformidade dos comportamentos que exprimem, nos planos verbal, intelectual e ético, é, como se sabe, objeto de intervenções cada vez mais preocupadas por parte dos sociólogos, psicólogos sociais, peritos em comunicação de massa, especialistas de fatos de costumes e assim por diante. O conformismo que promovem e a correspondência com os modelos estandardizados que propõem demonstram, de maneira inequívoca, segundo a opinião aqui defendida, pelo menos duas coisas: primeiro, que, quando bem organizadas, as contingências de reforço funcionam de modo excelente e, em segundo lugar, que as instituições educacionais, por excelência a família e a escola, não são capazes de opor modelos alternativos apetecíveis nem, muito menos, de dotar os jovens de instrumentos críticos capazes de favorecer a sua autonomia e a sua divergência. A filosofia de base que subentende a pedagogia da *descoberta* não pareceria, em outras palavras, nem corresponder às exigências de promoção da criatividade individual nem, muito menos, favorecer a sua expressão fora das contingências escolares.

Além disso, se for verdadeiro, como alguém disse também em relação à educação, que ela é aquilo que fica depois de se ter esquecido tudo o que foi ensinado, o que se ensina na escola deve tornar cada um capaz de depender exclusivamente de si mesmo. Nesse sentido:

> A educação promove a liberdade de um outro modo, ao ensinar técnicas de autocontrole [...], pode libertar [...], pode proteger a individualidade [...], assegurando que o seu comportamento seja modelado pelo autorreforço idiossincrático em vez de o ser por atenção, aprovação ou admiração de um professor [Skinner, 1975b, p. 162].

3.3. Os programas de reforço: do controle externo ao autocontrole

Estabelecer se um evento consequente, natural ou artificial, tem função reforçadora só é possível verificando sua capacidade de modificar a probabilidade da resposta que o produz. A regra geral prevê, portanto, que o significado de um evento-estímulo não pode ser estabelecido *a priori*, mas observado a partir de seus efeitos. Além disso, qualquer estímulo pode adquirir função reforçadora na medida em que esteja associado um número suficiente de vezes a um reforçador já eficaz. O percurso educativo ideal prevê que o estudante comece a estudar, porque, ao fazê-lo, obtém o louvor do professor e a aprovação dos pais; e acabe por continuar a fazê--lo porque "é bom" ser instruído, e porque, quando aprende algo de novo, sente-se gratificado.

Para que ocorra a transição do controle e do reforço externo para formas de autocontrole e de reforço natural, é fundamental organizar também os aspectos quantitativos das operações de reforço. Não existem regras gerais que estabeleçam quantos reforçadores artificiais serão necessários para estabilizar uma aprendizagem que defina o objetivo intermediário num currículo e para poder passar ao seguinte nem quando é o caso de substituir os reforços consumistas por outros simbólicos ou se chegou o momento de eliminar totalmente as contingências externas. A regra fundamental para decidir, em cada caso, baseia-se na observação direta do comportamento.

Em geral, é muito importante administrar corretamente os reforçadores de tipo consumista – os alimentares ou os definidos por atividades lúdicas ou de lazer – para que possam induzir, compreensivelmente, fenômenos de "saciedade". Também a criança mais ciumenta achará repugnante a milésima bala e o jogador de *games* mais viciado, a milésima partida de *Tetris*. Na praxe educacional normal, passa-se muito rapidamente de um programa de reforço contínuo, bastante eficaz em promover uma resposta totalmente nova, para programas intermitentes que acostumem o estudante a empenhar-se em unidades de aprendizagem cada vez mais amplas e por períodos de tempo sempre mais longos, que favoreçam a memorização e a organização daquilo que está aprendendo e encorajem a autonomia. Se a programação for conduzida de modo progressivo e controlado, chega-se sempre à fase em que o comportamento é mantido mediante um número extraordinariamente exíguo de reforços.

> Como, por exemplo, produzir estudantes que leiam "bons livros"? É o esquema e não a magnitude do reforço que precisa ser considerado. A gente lê e continua a ler histórias em quadrinhos, piadas e pequenas matérias nas quais o reforço, embora não seja grande, depende de muito pouca leitura. As cartilhas e os primeiros livros de leitura seguem o mesmo princípio; algo acontece à medida que cada sentença é lida. A proporção variável é de tamanho modesto. É o que se chama leitura leve, e muitos leitores nunca vão além disso. Nos "bons" livros, quase por definição, os reforçadores são dispensados. Os alunos geralmente leem esses livros só porque são mandados [...]. Poucos estudantes chegam a adquirir o comportamento sustentado que coloca ao alcance os grandes reforços ocasionais da literatura [...]. Os reforçadores raros e particularmente poderosos aguardam aqueles cujo comportamento foi construído e é mantido por esquemas especiais [...], foi exposto gradualmente a esquemas de proporção variável crescente [Skinner, 1975b, pp. 154-156].

Para concluir esta análise sobre a organização dos programas de reforço, parece-nos útil propor, em detalhes, um dos procedimentos mais versáteis de programação das contingências de reforço, conhecido por *token economy* ou *economia simbólica*. Eficaz em numerosas situações educacionais tanto individuais como de grupo e com sujeitos de diversas faixas etárias, representa um bom exemplo de como é possível integrar os princípios de controle positivo do comportamento com formas de controle aversivo, sempre, no entanto, com a finalidade de promover a aprendizagem de comportamentos cada vez mais complexos e numa relação que envolva o aluno desde as primeiras fases do programa até atingir formas autônomas de gestão e de controle da aprendizagem.

4. Os sistemas de reforço simbólico

São verdadeiros sistemas de negociação das operações, dos processos e das contingências de reforço. Como todas as formas desse gênero, preveem um acordo explícito entre as partes interessadas que especifique a relação que deve haver entre o que se concordou em fazer e as consequências que daí derivam para os dois agentes envolvidos. Um pacto desse tipo, em que ambos os contraentes estão engajados de maneira igual e dotados da mesma "personalidade jurídica" como responsáveis pelas próprias ações, representou uma novidade não irrelevante em muitos ambientes clínicos e educacionais especialmente no escolar.

Ao contrário de outras formas de negociação das contingências, os sistemas de economia simbólica preveem o recurso a reforçadores contingentes condicionados, generalizados e simbólicos – os símbolos – que adquirem significado por causa da associação com estímulos já dotados de poder reforçador ou com a finalidade de marcar a ocasião na qualidade de estímulos discriminativos. A função mediadora que exercem em relação a uma grande variedade de reforçadores consumistas, com que podem ser trocados, conforme as regras estipuladas, tem um papel crítico não só no favorecimento da obtenção dos objetivos comportamentais, mas, sobretudo, na promoção da autonomia gradual dos reforçadores artificiais e no incremento progressivo de formas comedidas de autocontrole dos reforçadores naturais.

O sujeito que assina um contrato de economia simbólica aceita, em outras palavras, que a conduta escolhida como objetivo produza estímulos neutros – cartas, fichas, carimbos, selos ou estrelinhas adesivas – desprovidos de um poder reforçador imediato, mas que, colecionados por certo período de tempo ou num certo número, permitem-lhe "adquirir" objetos desejados ou participar de eventos agradáveis, respeitando o princípio geral pelo qual "ninguém nunca é efetivamente reforçado por consequências longínquas no tempo, mas o é por agentes de reforço que adquiriram o seu poder por meio de alguma mediação com elas" [Skinner, 1972].

As primeiras análises sistemáticas dos programas de reforço baseados na economia simbólica, conduzidas no âmbito de estudos sobre o condicionamento operante nos primatas, são das décadas de 1930 e 1940 [McConahey, Thompson e Zimmermann, 1977]. Trinta anos mais tarde, e graças ao trabalho pioneiro de Ayllon e Azrin [1968] que permite a evolução de um hospital para psicóticos para uma comunidade "na qual os pacientes cuidam de si mesmos e do que possuem, evitam ter relacionamentos negativos com os outros pacientes e, dentro dos limites impostos pela sua doença, gozam a vida" [Skinner, 1972], as aplicações do procedimento em *settings* institucionalizados, especialmente nos hospitais psiquiátricos, tornam-se aos poucos mais frequentes. A organização do ambiente psiquiátrico, por causa da economia simbólica, permite, de fato, eliminar a maior parte das formas habituais de controle aversivo e favorece o aparecimento de condutas adequadas em pacientes até então incapazes de autonomia, também porque são totalmente insensíveis aos eventos reforçadores previstos pelos tratamentos tradicionais.

Distribuídos inicialmente de maneira contínua e, aos poucos, com programas intermitentes, os símbolos, conciliando a distribuição de reforçadores consumistas com a independência gradual deles, permitem analisar de maneira brilhante o problema. O *custo* estabelecido pela troca mantém, de fato, a contingência comportamento-reforço e, graças ao incremento gradual do intervalo entre os dois termos, favorece a generalização da função reforçadora para a aprovação verbal, para a atenção contingente e para outros eventos sociais sistematicamente associados à distribuição do símbolo. Além do mais, e não é uma vantagem insignificante, os programas permitem a gestão concomitante de vários reforçadores para uma diversidade de respostas exibidas por vários sujeitos [Birnbrauer et al., 1972; Kuypers, Becker e O'Leary, 1968].

Os resultados obtidos nas instituições psiquiátricas favoreceram a sua difusão rápida num número crescente de instituições: seções para tratamento de dependentes químicos, reformatórios e cadeias, casas de repouso, instituições para deficientes mentais, escolas de todo tipo e grau, consultores familiares, ambientes de trabalho e até no exército [Kazdin, 1977; 1985], com resultados surpreendentemente positivos.

Os comportamentos que a economia simbólica permite modificar são, com efeito, numerosos. Aqueles dos quais existe um testemunho mais amplo na literatura referem-se a:

- *comportamentos desajustados de natureza social*: da falta de autonomia na gestão e no controle do próprio corpo à agressividade física e verbal, da rejeição a colaborar com os semelhantes às dificuldades de concentração, da lentidão na realização dos afazeres domésticos às divergências entre cônjuges, da ausência no local de trabalho aos índices de produtividade muito baixos;
- *comportamentos acadêmicos incorretos*: dos erros mais banais de leitura e escrita às dificuldades no desenvolvimento de tarefas lógico-matemáticas;
- *comportamentos psicóticos.*

As aplicações em ambiente escolar e com estudantes de qualquer faixa etária e nível intelectual são bastante interessantes. E têm um valor "pedagógico" muito especial: aplicadas com "honestidade intelectual" por professores céticos em relação à abordagem, mas insatisfeitos com os resultados obtidos com os sistemas de incentivo e punição tradicionais, os resultados alcançados em termos de conquista de formas de autocontrole foram tão reforçadores que se modificou permanentemente também o comportamento do professor.

4.1. A economia simbólica em ambiente escolar

A dinâmica contratual, presente desde sempre nas relações professor--aluno, raramente torna este último um participante explícito e igualitário: em geral, o professor é quem decide o que o aluno deve fazer e quem estabelece as sanções em caso de não cumprimento das determinações [Meazzini, 1978]. O recurso a modalidades mais ou menos formalizadas de acordos, que preveem uma escolha compartilhada da hierarquia de objetivos a serem atingidos e a aceitação responsável das regras que presidem o contrato educativo, é um evento inteiramente extraordinário.

Os sistemas de economia simbólica não só envolvem o aluno na programação educativa, mas também determinam, com o mesmo rigor, os direitos e deveres de todos os interessados. A negociação começa com o reconhecimento do sujeito como pessoa digna de confiança e responsável, torna o estudante autônomo, permitindo a máxima individualização do relacionamento ensino-aprendizagem, reduz a diretividade do educador e envolve o sujeito no processo educacional como parte ativa [Meazzini, 1978; Wheldall, 1987]. Esclarecer os pactos que regularão a possibilidade de obter os símbolos produz uma série relevante de vantagens. O professor pode contar com o fato de o reforçador simbólico lhe permitir:

- manter a contingência resposta-reforço mesmo quando, por razões espaciais ou organizacionais, "não pode reforçar a criança que está sentada silenciosamente, mandando-a dar uma volta fora da sala de aula, nem pode reforçá-la dando-lhe um sorvete quando para de brigar" [Skinner, 1972].
- evitar os fenômenos de saciedade tão fáceis quando se usam reforçadores contingentes consumistas;

- reforçar respostas complexas que se desenvolvem em sequência ou tarefas concatenadas, sem as interrupções implícitas na entrega de reforçadores consumistas [Ayllon e Azrin, 1968];
- protelar de modo controlado o momento da troca entre símbolos e os reforçadores consumistas de sustentação e, portanto, programar um "desmame" gradual das recompensas artificiais, até a extinção do contrato, garantindo que o comportamento seja mantido pelos reforçadores naturais [Martin e Pear, 1992].

Por outro lado, o aluno, além de modificar em sentido mais ajustado o *comportamento-alvo*:

- aprende uma série de comportamentos - conquistar as coisas que deseja, esperar, escolher - úteis para definir um estilo comportamental em termos de autonomia crescente [Kozloff, 1974];
- aperfeiçoa os comportamentos de colaboração com o grupo de semelhantes, tanto quando o programa envolve todos os componentes do grupo como quando as consequências recaem sobre todo o grupo baseadas no comportamento de apenas um sujeito [Meazzini, 1978].

Se é verdade que as vantagens são inegáveis e que a economia simbólica não é senão a aplicação rigorosa e sistemática no campo educacional de uma atividade de troca que há séculos a humanidade usa nas relações interpessoais [Moderato, 1982], é também verdade que a eficácia de um sistema de símbolos depende da definição clara dos seus elementos constitutivos e do respeito a regras precisas. Além de identificar os comportamentos a serem reforçados, de fato, é indispensável, desde o início, tomar decisões acerca da natureza dos símbolos e dos reforçadores de sustentação a que os símbolos dão acesso; estabelecer as modalidades que vão regular a troca; escolher os procedimentos de registro e de monitoramento do comportamento e também as estratégias mais adequadas para a manutenção e a generalização dos progressos obtidos, uma vez que o contrato tenha sido concluído.

Uma preliminar bastante fundamental é estabelecer o que fazer quando o contrato não for respeitado ou em relação a comportamentos inadequados, antitéticos aos escolhidos como objetivos a serem atingidos.

Em geral, a distribuição sistemática e pontual dos reforços contingentes nos comportamentos-alvo determina a atenuação concomitante e também sistemática dos reforços incorretos, que, ao contrário, não são mais reforçados. Se a extinção não for suficiente, o programa de economia simbólica é associado a uma técnica punitiva branda, de gestão fácil, conhecida como *custo da resposta*, que prevê a restituição dos reforçadores simbólicos colecionados, na medida concordada, toda vez que se manifeste um dos comportamentos a serem enfraquecidos ou extintos [Martin e Pear, 1992; Phillips, 1968].

Aliás, as regras a serem respeitadas nesse tipo de programa são aquelas que regem qualquer programa de reforço: o reforçador simbólico deve ser contingente e proporcional à tarefa, os termos do contrato devem ser claros e inequívocos para todos os contratantes, o contrato deve ser honesto e as prescrições devem ser respeitadas de maneira sistemática [Homme et al., 1970].

Uma descrição sintética das passagens fundamentais para a programação e a aplicação de um programa de economia simbólica é um ótimo pretexto para uma rápida "revisão" dos muitos fatores críticos da programação educacional, que foram mencionados em outras partes desta análise.

4.2. A programação da economia simbólica

Identificação dos comportamentos-alvo. Qualquer que seja a finalidade da intervenção – ensinar habilidades ou conhecimentos, em vez de modificar comportamentos indesejáveis –, a definição operacional dos objetivos a médio e longo prazos e a seleção dos comportamentos que produzirão os símbolos são o primeiro passo. Os comportamentos-alvo dependerão em larga escala das características dos estudantes com quem se está trabalhando, individualmente ou em grupo, e dos objetivos a médio e a longo prazos que foram estabelecidos.

Quanto mais homogêneo for o grupo, tanto mais fácil será padronizar as regras que especificam a relação entre as respostas e o número de reforçadores. Mas um programa de economia simbólica permite elaborar e administrar regras de reforço diferenciadas em intervenções individualizadas, sem interferir no programa que envolve todo o grupo [Martin e Pear, 1992; Pinelli, Rollo e Perini, 1999].

Organizar os comportamentos-alvo em sequência hierárquica prepara para um currículo propriamente dito, que, por causa do controle dos eventos antecedentes, facilita o acesso aos símbolos e, portanto, induz e mantém, além da aprendizagem, um bom nível de motivação. Também na economia simbólica obtêm-se resultados mais significativos e em tempos mais rápidos, reforçando-se desde o início os rendimentos de nível elementar com eventos de valor modesto, em vez de se distribuírem reforçadores conspícuos somente depois da execução de rendimentos complexos, que obviamente exigem tempos mais longos [Homme et al., 1970; Meazzini, 1978].

Avaliação inicial dos comportamentos. A observação, continuada ou no decurso de intervalos selecionados, o registro da frequência ou da duração dos *comportamentos-alvo* com grades projetadas conforme critérios já bem conhecidos [Kozloff, 1974; Meazzini, 1978; Soresi, 1978] e a sua quantificação permitem dispor de uma mensuração inicial, definida como *linha de base.* Além de evitar erros de avaliação sobre a entidade dos problemas, o que acontece frequentemente se as observações forem informais e esporádicas, a linha de base fornece um parâmetro de confronto essencial para garantir o controle do programa e, mais em geral, a validade do nível de intervenção. Não seria possível monitorar os dados nem, muito menos, intervir rapidamente com modificações eventuais se não estivesse disponível.

Além disso, constitui um instrumento importante de controle, no plano da análise experimental, da validade da metodologia de intervenção. Não se pode esquecer que os projetos experimentais com uma só pessoa ou para pequenos grupos são indicados unanimemente como uma das contribuições fundamentais da psicologia comportamental contemporânea no estudo do desenvolvimento individual [Caracciolo, Larcan e Cammà, 1986; Perini e Rollo, 1996].

Reconhecimento dos reforçadores de suporte. Não obstante o sistema de economia simbólica permita dispor de uma variedade de eventos muito mais consistente do que o normal, os métodos de seleção dos reforçadores de suporte são essencialmente os mesmos, úteis para os reforçadores comuns.

Preparar o elenco de reforçadores que poderão ser "adquiridos" com os símbolos é, sem dúvida, um momento crítico para o êxito do programa. Os interessados devem ser envolvidos e poder escolher o que os atrai, em vez de serem surpreendidos com uma seleção de coisas que o professor pensa que eles deveriam gostar. Inventários e questionários com perguntas explícitas sobre preferências ou listas de objetos e/ou de atividades a serem postas em ordem conforme uma hierarquia de gostos representam, sem dúvida nenhuma, modalidades menos subjetivas. E se recorre à observação direta em situações em que os sujeitos não são capazes, por vários motivos, de exprimir suas opiniões ou, inevitavelmente, quando se trabalha com pessoas que têm deficiências graves.

Os reforçadores de suporte, a esta altura, são inseridos num *menu* propriamente dito, que é ponto de referência desde o início da estipulação de cada contrato e que deve ser atualizado conforme o desenvolvimento dos programas de economia simbólica e conforme for diminuindo o elenco daqueles disponíveis. Como em todo *menu* que se preze, a ordem hierárquica estabelecida com base na preferência manifestada pelos sujeitos determina o valor de cada reforçador em termos de quantidade de símbolos necessários para obtê-lo.

Não é inútil, no entanto, lembrar que uma das regras básicas de todo contrato educativo é a do respeito aos princípios éticos mínimos; devem ser cuidadosamente evitados os objetos preciosos, com valor desproporcional em relação ao comportamento-alvo, ou perigosos, pois poderiam estimular condutas tão danosas quanto aquelas que se quer eliminar.

Seleção do tipo de símbolo mais apropriado. Os símbolos podem assumir uma das formas que, no decurso dos tempos históricos, caracterizaram os objetos de troca: se não se encontrasse nada melhor, e se não fossem tão frágeis, poder-se-ia recorrer também às conchas do mar. Outros objetos utilizados mais facilmente são, em geral, as fichas de pôquer ou roleta; mas também fichas personalizadas, selos ou carimbos em painéis sobre as paredes ou num caderno fornecido a cada sujeito; adesivos ou figurinhas para serem coladas, estrelas ou outros símbolos também são eficazes.

Qualquer que seja o símbolo selecionado, é bom que atenda a alguns requisitos:

- deve ser leve, transportável, durável, de fácil manuseio, podendo ser usado em qualquer momento e em qualquer lugar e ser conservado por um longo período de tempo antes da troca [McConahey, Thompson e Zimmermann, 1977];

- deve ser atraente: embora o símbolo seja um estímulo neutro que se torna reforçador na medida em que antecipa e prenuncia a distribuição de uma grande variedade de eventos reforçadores, se for aceito, sem dúvida, é mais eficaz; porém, não deve ser agradável demais, senão perde sua função mediadora e há uma possível competição direta com o reforçador de suporte [Martin e Pear, 1992];
- não deve ser suscetível de falsificação nem acessível fora do programa, caso contrário, pelo efeito da saturação, perde a eficácia [Meazzini, 1978].

Procedimentos específicos para a atuação do programa. Antes de dar início a um programa de *economia simbólica*, além dos preliminares genericamente referidos às condições do *setting*, é oportuno preparar o plano de administração também a propósito dos comportamentos problemáticos ou incorretos. Quando se opta, como em geral acontece, por uma prática baseada no *custo da resposta*, também a negociação desse aspecto do programa é conduzida de modo a atingir as regras explícitas para a troca. De fato, a troca é o momento mais importante de todo o programa: das relações comportamento-símbolo e símbolo-reforçadores de suporte depende sua eficácia.

Todo comportamento-alvo produz contingentemente certo número de símbolos; em geral, o comportamento mais fraco, mais infrequente ou emitido com maior dificuldade é aquele reforçado com o maior número de símbolos. O número de símbolos necessários para a troca pelo reforçador especial de suporte, bem como a frequência com que pode acontecer, é um assunto regulado pelos princípios gerais de qualquer programa de reforço: portanto, passa-se de contingências contínuas nas fases iniciais para modalidades intermitentes conforme o procedimento do programa. A questão foi estudada com cuidado especial. O reforço intermitente, sobretudo se for planejado por um programa preciso, permite manter altos os níveis de atividade. Sem atingir o comportamento extremo do jogador viciado que, reforçado por meio de programas com relação variável, joga até perder tudo; é sabido, além de evidente, que em situações naturais a maior parte dos comportamentos é mantida por reforçadores intermitentes. É também evidente, porém, que os comportamentos devem fazer parte do repertório individual: se não o forem, ou se forem expressos de maneira totalmente ocasional, será necessário preliminarmente estabilizar o seu surgimento.

A economia simbólica busca o objetivo, de modo especialmente eficaz, intervindo sobre os componentes do sistema de troca. O aumento gradual do número de símbolos necessários para obter um reforçador de suporte determinado e, portanto, o prolongamento do intervalo de tempo entre a resposta e o reforço consumidor determinam a passagem progressiva para sistemas de reforço artificial sempre mais irregulares e intermitentes. Além disso, o comportamento permanece sob o controle contínuo do reforçador simbólico, que vai assumindo cada vez mais um valor puramente social e, que, portanto, torna-se importante como *sinal* de aprovação e de apreciação. É a modificação progressiva das regras de troca que guia a evolução do comportamento de formas de controle artificial, administradas por outros, para formas sempre mais naturais e autoadministradas. Em geral, o programa estará concluído quando o controle do sistema de trocas for administrado de maneira totalmente autônoma pelos próprios sujeitos [Martin e Pear, 1992]. Quando o contexto da economia simbólica o permite, o uso sistemático de regras verbais que fornecem instruções específicas úteis para o aperfeiçoamento das formas de auto-observação e de autoavaliação favorece ainda mais a conquista da autonomia.

Do controle externo ao autocontrole. Uma das objeções mais frequentemente levantadas, tanto em relação aos sistemas de economia simbólica quanto a outros procedimentos de modificação comportamental, realça que sua eficácia se mantém apenas enquanto permanecem em ação. Assim que o tratamento cessa, não se registra a manutenção dos progressos adquiridos, muito menos a generalização ao ambiente natural. Com efeito, não são poucas as pesquisas que parecem confirmar esse quadro [Sibbach e Ball, 1977].

Um diagnóstico mais cuidadoso da literatura evidencia, porém, que isso se verifica quando não se preveem sessões de generalização, que são um corolário inseparável de qualquer tratamento de modificação do comportamento e objetivos a serem programados e atingidos ativamente, em vez de serem aguardados como consequência automática.

Também para esclarecer esse aspecto importante, além de apoiar o que foi dito até aqui, apresentamos a síntese de um programa de economia simbólica, conduzido por mais ou menos seis meses numa escola de ensino fundamental (cf. figura 9.1). Apresentar os resultados de uma intervenção reforçadora também por quem a conduziu, além dos resultados para os destinatários, parece ser a melhor maneira de concluir este tema sobre os

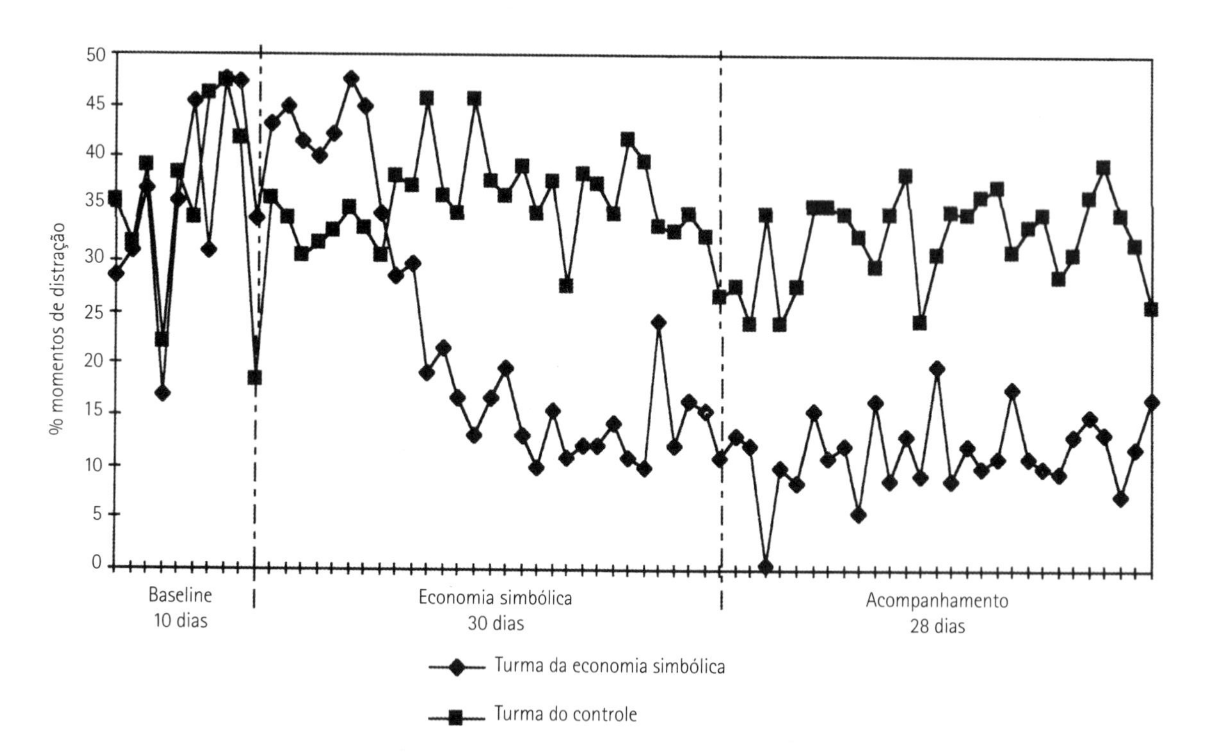

Figura 9.1. *Aplicação de um programa de economia simbólica em sala de aula.*

Nota

Sujeitos: 28 crianças de 9-10 anos de idade que frequentam duas turmas de terceiro ano.

Problema: A professora tem dificuldade em conciliar o desenvolvimento das aulas e o cumprimento dos programas curriculares com o controle dos sujeitos, que têm problemas de autocontrole físico e verbal e de concentração prolongada.

Objetivo: Verificar experimentalmente a eficácia das técnicas – *a economia simbólica* – para elevar o nível médio de concentração da turma.

Símbolos: Figurinhas adesivas para serem coladas no painel que resume os termos do contrato. Atingido o número combinado, é possível obter o reforçador de suporte (reforçadores dinâmicos como jogar no pátio ou ler revistas em quadrinhos).

Procedimento: A homogeneidade das duas turmas, confirmada pelos dados relativos ao *baseline*, sugeriu assumir uma como grupo experimental a ser submetido à *economia simbólica* e outra como grupo de controle, que não segue nenhum programa específico.

Para ambas as turmas, a observação experimental estruturou-se nas seguintes fases:

1. *Baseline* (dez dias): cada turma foi observada por uma hora ao dia, com sete levantamentos cada oito minutos, distribuídos oportunamente em todas as horas no período do dia letivo. As grades de levantamento sintetizam e marcam os comportamentos em quatro categorias: três de comportamentos a serem extintos (respostas de orientação, fazer algo diferente, comportamento motor) e um de comportamentos de atenção a serem incrementados.
2. *Economia simbólica* (trinta dias): logo após a conclusão da avaliação de base, a professora combinou as condições de contrato com os alunos da turma experimental. Num painel foram afixados os "comportamentos proibidos" (os de falta de atenção mais frequentes), os quadrinhos nos quais colar diariamente as figurinhas obtidas e o enunciado do prêmio escolhido. Tanto a professora como um representante da turma assinaram o painel, para formalizar o contrato. A distribuição dos símbolos foi acompanhada por reforços sociais. Na outra turma não se aplicou nenhum programa de reforço.
3. *Acompanhamento* (vinte e oito dias): concluído o programa, continuou-se a aplicar uma negociação de contingências de reforço apenas verbal. E continuou a distribuição frequente de reforçadores sociais personalizados, sobretudo nos sujeitos mais fracos do ponto de vista do autocontrole.

Resultados: O gráfico reproduzido parece bastante claro: as curvas das duas turmas têm diferenças mínimas no início da intervenção, mas, em seguida, cruzam-se, invertendo a tendência e diferenciando-se significativamente.

processos de reforço. É bom pensar que estimula a curiosidade e o desejo de repetir as experiências que conciliam o rigor metodológico, a solução de problemas específicos e a atividade didática cotidiana.

Os sujeitos da contribuição são duas turmas de crianças de 9-10 anos. A professora lamenta uma situação comum de desatenção generalizada e de pouco autocontrole. Uma vez que a composição das duas turmas é suficientemente homogênea, aos meninos de uma é proposto um programa simbólico, ao passo que os da outra seguem a praxe habitual e constituem o grupo de controle. No final do experimento, a professora que o conduziu (embora sob supervisão constante) observa melhoras mais do que significativas nos comportamentos-alvo com os melhores sujeitos do grupo experimental. Tais melhoras mantêm-se estáveis no decurso dos acompanhamentos periódicos que a professora realiza regularmente ao longo do ano escolar seguinte e evidenciam, entre outras coisas, um incremento quantitativo e qualitativo substancial também nas atividades acadêmicas, anteriormente muito limitadas pela reduzida capacidade de atenção e autocontrole [Perini e Saccalani, 1995].

CAPÍTULO X

INSTRUÇÃO PROGRAMADA, MÁQUINAS DE ENSINAR E OUTROS MODELOS

A gravidade não é apenas
uma boa ideia, é uma lei.
[Anônimo]

1. Introdução

Quem, por volta do início da década de 1970, teve a oportunidade de frequentar o Centro Europeu de Educação de Frascati* lembra muito bem o debate vivaz que se desencadeou também em relação às tecnologias educacionais, das quais na época se começava a discutir as aplicações e, especialmente, os temas da instrução programada e das máquinas de ensinar. O conhecimento extraordinário dos problemas da escola, a "curiosidade devoradora" por aquilo que acontecia de novo no mundo a propósito de educação e a fé no motivo do controle científico de Giovanni Gozzer, que dirigia o Centro, fizeram desta a instituição mais atualizada sob o perfil tecnológico e, sem dúvida, o único núcleo italiano empenhado sistematicamente no campo daquela que foi definida por muitos como a *quarta revolução pedagógica*. Depois da instituição da escola, a utilização da palavra escrita e a invenção da imprensa é, de fato, o desenvolvimento dos sistemas eletrônicos que

* Em 1960, o Ministério da Educação da Itália criou o *Centro Europeo Educazione* (CEE). Em 1979, foi transformado em *Centro Europeo dell'Educazione* (CEDE) e, em 2000, no *Istituto Nazionale per la Valutazione del Sistema dell'Istruzione* (INValSI), agora *Servizio nazionale di valutazione del sistema educativo di istruzione e di formazione* (Sistema nacional de avaliação do sistema educativo de instrução e de formação). Os principais objetivos concentram-se na avaliação do sistema escolar italiano: verificação sistemática e periódica das habilidades e conhecimentos dos estudantes e da qualidade do ensino; preparação anual da prova nacional que verifica o nível de aprendizado dos estudantes no terceiro ano da escola secundária de primeiro grau. (N.E.)

poderá "permitir configurar o processo pedagógico futuro, como alternativa ao atual, formalizado e já insignificante" [Gozzer, 1975, p. 222].

O compromisso do grupo de estudiosos que colaboraram com as iniciativas do Centro Europeu de Educação – de Salvatore Valitutti a Mauro Laeng, de Graziela Ballanti a Ettore Caracciolo, Renzo Titone e outros mais – não impediu totalmente que a abordagem do problema das novas tecnologias fosse estigmatizado pela onda como "um entusiasmo desordenado e ocasional pelo qual, frequentemente, os instrumentos são confundidos com os objetivos que permitem atingir" ou, por outro lado, baseiam-se na abordagem mantida por

> sistemas velhos que parecem criados propositadamente para opor-se a qualquer mudança, constituindo-se o principal obstáculo para fazer das novas tecnologias aquilo que realmente elas deveriam ser: um sistema integrado e flexível de conciliação entre o antigo (aulas, manuais, turmas ou programas) e o novo (participação, criatividade, grupos, currículos abertos) [Gozzer 1975, 225].

Relatando os resultados de numerosos estudos nacionais e internacionais que entre 1975 e 1976 tinham analisado os temas animados da educação e do seu futuro, Gozzer realçava, entre outras coisas, alguns pontos críticos sobre o uso das tecnologias que, vinte anos depois, permaneceram os mais controvertidos:

> Já existem os meios eletrônicos que constituem o seu aspecto mais futurístico; e já surgiram também alguns problemas a que os novos meios poderão oferecer soluções aceitáveis e, algumas vezes, espetaculares. O mais óbvio consiste na expansão contínua do ensino: a oferta de uma oportunidade escolar a um número sempre maior de estudantes; a expansão constante das matérias a serem ensinadas; a variedade crescente de interesses e de objetivos estudantis; as exigências sempre mais numerosas da sociedade e a expansão incessante da esfera da cultura. As instituições tradicionais não são mais capazes de dar uma resposta adequada ao problema posto por uma expansão dessas proporções. Precisa-se de alguma outra coisa e a nova tecnologia é, pelo menos em parte, capaz de satisfazer essa exigência [Gozzer, 1975, pp. 222-223].

A tecnologia, sugeria Gozzer, é uma *teoria de uso*, antes de ser um *armazém de instrumentos*, que permite "o enriquecimento e o melhoramento das condições de ensino e de aprendizagem, realizados mediante uma organização criativa e sistemática dos recursos e da utilização das disponibilidades físicas, instrumentais e metodológicas" [VV.AA., 1973]. Nesse sentido, concluía Gozzer [1975, p. 227],

> um uso inteligente e criativo das tecnologias representa um grande passo para a frente em direção àquelas formas individuais de aprendizagem que parecem estar destinadas a resolver, num futuro não distante, os problemas de comportamentos pessoais.

Vinte anos depois, o objetivo permanece o mesmo, bem como alguns temas do debate. Tanto hoje como ontem, o motivo principal da discussão não continua sendo a pesquisa, a aplicação e a avaliação dos instrumentos e das metodologias para verificar a sua *eficácia* na promoção das formas de individualização da aprendizagem, mas a rejeição preconcebida das premissas teóricas que os justificam dentro de um quadro de referência preciso. A análise do comportamento e a tecnologia consequente, sobretudo quando aplicada à educação, eram frequentemente julgadas por orientações teóricas e/ou ideológicas que as rotulavam como redutivas e desumanizadoras (então se preferia dizer passivamente condicionantes).

Muitas coisas mudaram, então, pelo menos em nível aplicativo. O mérito da mudança é atribuído, opina-se, à concomitância de duas ordens de eventos: o aumento da população escolar – com a diversificação correlata dos níveis e das necessidades –, depois das reformas sobre o ensino obrigatório, e a evolução da informática, que determinou a proliferação de processos e linguagens lógicas alternativas e ademais produziu gerações sucessivas de computadores – máquinas de ensinar e de aprender – sempre mais potentes, sofisticadas, multimidiais e interativas, capazes, portanto, de responder de modo eficaz às mais variadas exigências individuais. Tão capazes que, para os próximos anos, já se prevê a necessidade de intervenção para resolver o problema igual e contrário: o controle, e eventualmente a censura, sobre aquilo que se pode aprender graças ao computador. Demonstram-no a frequência e a intensidade do debate sobre o uso da Internet por menores de idade e sobre os possíveis efeitos da realidade virtual – e são apenas dois dos muitos temas controvertidos. O fato de levantarem problemas de natureza ética é uma manifestação incontestável de sua eficácia em termos de aprendizagem.

A brincadeira já vista em relação às características mecânico-reativas das máquinas de ensinar e daquelas cognitivas dos computadores é, provavelmente, a última chance de quem se obstina numa batalha de retaguarda. Como acontece frequentemente, porém, a brincadeira fala muito também sobre quem a conta. Determina, antes de mais nada, seu nível cultural: ele continua sabendo só aquilo que Watson disse sobre o comportamentalismo; ignora, portanto, totalmente, os oitenta anos de evolução científica. Diz algo também sobre o aspecto mais técnico concernente ao que em âmbito informático significa elaborar a informação, isto é, que a informação, antes de ser elaborada, deve não só estar disponível, mas também organizada tanto nos seus conteúdos internos como na compatibilidade com as regras que deverão analisá-la. Tudo isso está cuidadosamente programado ao se organizarem todas as condições antecedentes que, únicas, permitirão à máquina dizer o que se quer saber. O computador, assim como o estudante, tem sempre razão: quando erra ou se nega a responder é porque lhe foi feita uma pergunta errada ou foi mal escolhido o modo de apresentá-la.

O objetivo deste capítulo é percorrer outra vez a história das máquinas e de outros sistemas formalizados de ensino e das *teorias de uso* correspondentes, para realçar mais uma vez os aspectos que os tornam instrumentos eficazes para todos e que, ao mesmo tempo, garantem a promoção da individualidade de cada um.

> Pode muito bem ser que a tecnologia do ensino seja aplicada imprudentemente. Poderá destruir a iniciativa e a criatividade; poderá tornar todas as pessoas parecidas umas com as outras (sem que sejam necessariamente iguais em excelência); poderá suprimir os efeitos benéficos de acidentes no desenvolvimento do indivíduo e na evolução da cultura. De outro lado, poderá maximizar a dotação genética de cada estudante; poderá torná-lo tão hábil, competente e informado quanto possível; poderá criar uma maior diversidade de interesses; poderá levá-lo às maiores contribuições possíveis para o desenvolvimento e a sobrevivência de sua cultura [...]. Não podemos evitar as decisões que nos cabe tomar, colocando um ponto final no estudo científico do comportamento humano ou recusando fazer uso da tecnologia que inevitavelmente nasce dessa ciência [Skinner, 1975b, pp. 87-88].

E as decisões devem ser tomadas com base nas avaliações corretamente conduzidas que ajudem a decidir se uma teoria corresponde aos porquês levantados, mas também se é, pelo menos, indicativa da verdade, isto é, se além de ser explicativa é também verdadeira, pois apenas nesse caso será útil também em termos de projeto [Kosso, 1992]. Segundo Baer [1992], professores e profissionais da educação devem ser postos diante da possibilidade de "usar de maneira razoavelmente segura os conhecimentos já adquiridos" para resolver os problemas sempre novos que devem enfrentar. Os conhecimentos já adquiridos em relação às tecnologias são numerosos. São aprofundados, em detalhes, aqui e agora.

2. Instrução programada

Skinner conta que o estímulo para desenvolver um sistema automatizado de instrução surgiu depois de uma visita a uma turma de primário frequentada por uma de suas filhas. A impressão que teve foi desalentadora: em especial, pareceu-lhe que a falta absoluta de operações e processos de reforço determinasse uma perda enorme de tempo e, portanto, um número de ocasiões de aprendizagem inadequada, tanto sob o perfil quantitativo como qualitativo.

A ideia das máquinas de ensinar, porém, já tinha sido aventada por outros. Sidney L. Pressey, em 1926, havia projetado um protótipo que, como os exemplares seguintes utilizados nos seus cursos na Universidade de Ohio, e com algumas modificações na modalidade de registro das respostas, baseava-se na apresentação de uma sequência de perguntas de múltipla escolha, a que os estudantes respondiam apertando uma tecla. Se a escolha fosse correta, a máquina propunha a pergunta seguinte, caso contrário, o estudante devia tentar de novo, optando por uma alternativa, até atingir o objetivo. O *feedback* automático sobre a resposta correta, que por si só já representa um reforço, a gradação da sequência e a possibilidade de proceder em tempos diferentes segundo exigências individuais favoreciam de modo consistente também a aprendizagem. Os numerosos experimentos conduzidos, entre outras coisas, sobre conteúdos do vocabulário russo, sobre dificuldades específicas da língua inglesa e sobre assuntos de psicologia confirmaram sistematicamente que as máquinas não só verificavam e avaliavam de maneira rápida e confiável as *performances* dos estudantes, mas também lhes ensinavam algumas novas [Skinner, 1975b].

Não obstante o sucesso das primeiras aplicações, as máquinas de ensinar não tiveram nenhuma difusão, talvez porque provavelmente o momento não fosse propício, nem sob o perfil cultural nem sob aquele estritamente tecnológico, ou porque a ideia de Pressey não parecia permitir o seu uso mais extensivo no plano educacional.

Skinner traz uma solução especialmente em relação a este último limite, propondo-as novamente em 1954, com modificações substanciais. Em harmonia com os princípios do comportamento operante, Skinner projeta uma máquina que não se limita a fornecer um *feedback* depois de uma simples resposta de seleção, mas é capaz de *construir* a resposta correta. Um dos primeiros exemplares prevê, por exemplo, que a máquina apresente a pergunta e o estudante dê sua resposta escrevendo-a numa folha de papel. O confronto entre a resposta fornecida pelo estudante e aquela prevista pelo programa é automático; só se corresponderem uma à outra, passa-se à questão seguinte. Em relação aos protótipos criados por Pressey, o de Skinner apresenta, portanto, três diferenças importantes:

- pode ser utilizado para ensinar determinado assunto desde o início, e não apenas para avaliar, depois que o estudante já o estudou;
- pede ao estudante para elaborar e produzir suas respostas;
- o material é programado "para aproveitar o benefício de nossas aprendizagens sobre a imediaticidade do reforço em análise experimental do comportamento. Os estudantes avançavam mediante pequenos passos e, para terem certeza de que estavam sendo bem-sucedidos, tinham seu cumprimento cuidadosamente incitado (por estímulos de apoio ou pistas) e depois reforçado. Os estímulos de apoio e pistas eram interrompidos tão rapidamente quanto possível" [Skinner, 1995, p. 126].

No decurso dos primeiros anos da década de 1960, a produção de programas para a escola é surpreendentemente fecunda; ao final de 1962, segundo a revista *Science*, estavam à disposição 250 programas para o ensino da matemática em vários tipos de escolas, 60 para ciências, 25 para línguas estrangeiras e 120 para estudos sociais.

Uma série de razões concomitantes, entre elas a afirmação da psicologia cognitiva, faz, porém, diminuir o ritmo da difusão da instrução programada em âmbito educativo, ao passo que os programas de instrução e de ensino continuam a se evolver e a serem aplicados com sucesso no âmbito da indústria. Ao longo das décadas de 1960 e 1970, o debate em relação às máquinas de ensinar e à instrução programada, porém, acende-se vivamente. O foco da discussão está centrado no uso das máquinas mais do que no conceito de programação dos conteúdos que as máquinas propunham. Com efeito,

> o termo *máquinas de ensinar* é completamente insatisfatório porque não é preciso, nem suficientemente neutro. Esse novo *meio* de instrução não exige necessariamente máquinas; utiliza também livros de texto e instrumentos como caneta e papel [...]. O termo *máquina* elicia razões antagonistas associadas à ideia de desumanização e de controle do pensamento [...]. O termo *autoinstrutivo* poderia ser mais útil por ter conotações menos negativas e ser mais descritivo [Silvermann, 1964, p. 28].

O aspecto fundamental da instrução programada não está no fato de que quem a propõe seja uma máquina. O instrumento é mero veículo: são assim as características autoinstrutivas que tornam o programa uma maneira extraordinariamente eficaz de promover o desenvolvimento das habilidades individuais, operando como faria um tutor particular.

> A escola pública foi inventada para oferecer os serviços de um tutor particular a mais de um estudante ao mesmo tempo. Como o número de estudantes aumentou, cada um necessariamente passou a receber menos atenção. No momento em que o número atingiu a marca de 25 ou 30 alunos, a atenção pessoal tornou-se esporádica, se tanto. Os livros foram inventados para fazer uma parte do trabalho do tutor, mas eles não podem fazer duas coisas importantes. Eles não podem, assim como o tutor, avaliar imediatamente o que cada estudante disse nem dizer-lhe exatamente o que deve fazer em seguida. As máquinas de ensino e os textos programados foram inventados para restabelecer essas características importantes da instrução tutorial [Skinner, 1995, p. 118].

Apresentando-se o conteúdo numa sequência cuidadosamente predisposta de objetivos limitados, pode-se fazer o estudante alcançar habilidades complexas passando-se gradualmente de *performances* elementares para outras mais articuladas e, desde que ele seja ativo em cada instante do tratamento, é possível guiar o desenvolvimento das suas habilidades, confirmando imediatamente a exatidão das suas respostas. Além disso, o procedimento favorece a avaliação e o melhoramento do material *in itinere*, enquanto a verificação do nível de dificuldade de cada passo permite, se necessário, modificá-lo.

Em síntese, a preparação de um instrumento de autoinstrução, qualquer que seja o conteúdo tratado, deve garantir uma análise da tarefa que produza uma ordem natural de dificuldade, além de *cues* e sugestões adequadas para favorecer, inicialmente, a produção de respostas corretas, mas graduais, que vão desaparecendo assim que o programa progride, de modo que, no final, as respostas sejam mantidas exclusivamente pelo contexto apropriado. De maneira mais explícita, as regras a serem consideradas referem-se:

- à distribuição do conteúdo a ser ensinado em unidades simples, em termos e fatos essenciais, em conceitos exemplificados, em regras;
- à organização das unidades numa hierarquia natural ao longo da qual o estudante possa mover-se, passo a passo, até atingir o conhecimento e o domínio do assunto;
- à sua apresentação dentro de *estruturas* (*frames*) a serem completadas com a palavra, a frase ou a fórmula omitidas;
- à produção por parte do estudante de uma resposta explícita, escrita, que permita avaliações objetivas e forneça informações sobre a eficácia do programa e sobre a aprendizagem;
- à imediatidade do *feedback*;
- à autorregulagem dos ritmos de aprendizagem.

É claro que conhecer profundamente o assunto, além dos princípios da aprendizagem, é pré-requisito indispensável para se projetar cuidadosamente a sequência, o incremento gradual do nível de dificuldade, o número e o tipo de sugestões e a sua atenuação progressiva, evitando ao mesmo tempo as repetições inúteis e irrelevantes.

Um exemplo particularmente interessante de instrução programada, a que se pode reportar também como modelo de elaboração e de planejamento para outros conteúdos, é o volume de Holland e Skinner [1977].

A atual difusão dos sistemas de multimídia e interativos e o sucesso dos programas que propõem a mais variada gama de assuntos aos ouvintes de qualquer nível são a demonstração mais evidente da eficácia das modalidades de autoinstrução.

3. Sistema Personalizado de Instrução (PSI)

Muitas das características da instrução programada, além, obviamente, dos princípios da análise experimental do comportamento, formam a base do *Sistema Personalizado de Instrução* (PSI), elaborado por Fred Keller.

A ideia do PSI, desenvolvido inicialmente para os cursos universitários e a seguir adaptado para muitos outros tipos e níveis de instrução, nasce de um conjunto de circunstâncias, algumas das quais totalmente fortuitas [Keller, 1982].

Chamado para colaborar durante a Segunda Guerra Mundial na formação de radio-operadores, quando lecionava na Universidade de Columbia, Keller, muito influenciado pela obra de Skinner, seu colega de estudos em Harvard, aplica os princípios do reforço contingente no treinamento do pessoal encarregado da recepção do código Morse. Além disso, enquanto desempenha esse papel, tem a possibilidade de observar, de perto e por muitos meses, as operações de um centro de treinamento militar.

> Aprendi muito com ambas as experiências, mas poderia ter aprendido ainda mais. Deveria ter visto muitas coisas que não vi [...], por exemplo, que em centros desse tipo a instrução era altamente personalizada, não obstante a quantidade de alunos nas turmas, assim mesmo permitia aos estudantes avançar nos cursos de estudo conforme os ritmos individuais [...], que as habilidades finais de cada curso estavam bem especificadas e as passagens para atingi-las cuidadosamente graduadas [...], que se exigia a perfeição a cada nível de treinamento e de cada estudante, que se utilizavam instrutores de turmas apenas um pouco mais velhos do que seus estudantes, que o instrumento *aula* era minimizado, ao passo que era fortalecida a participação ativa do estudante [...]. Sobretudo, deveria ter notado uma divisão interessante do trabalho no decurso do processo educativo pelo qual os deveres do professor de turma consistiam em guiar, esclarecer, demonstrar, verificar e assim por diante. Ao passo que as tarefas de planejamento das matérias do curso, a interpretação dos manuais de

> treinamento, a construção dos planos das aulas, a avaliação dos progressos dos estudantes eram desempenhados por outro professor [...]. E não entendi, sobretudo, que um conjunto de contingências de reforço, úteis para construir habilidades simples como aquelas necessárias a um radio-operador, poderiam ter sido úteis também para o desenvolvimento de repertórios verbais, comportamentos conceituais e técnicas de laboratório em nível universitário [Keller, 1968, pp. 79-80].

Keller fará a experiência frutificar entre os anos de 1963 e 1968. Convidado pelo governo brasileiro para projetar o Departamento de Psicologia da Universidade de Brasília e diante do problema prático de preparar, em curto prazo, os programas para certo número de estudantes de uma universidade nova e os plenos poderes de que goza para fazê-lo, elabora a primeira formulação do *Sistema Personalizado.* As revisões sucessivas - fruto também da colaboração de Sherman e, mais tarde, de Schoenfeld - definem para sempre o seu formato. As características que o distinguem dos procedimentos tradicionais de ensino e fazem dele um paradigma de aprendizagem baseado na instrução programada são essencialmente cinco:

- a possibilidade de proceder com velocidade mais adequada que permite a cada estudante ajustar os ritmos de aprendizagem ao próprio nível de habilidade;
- domínio absoluto - *mastery learning* - da unidade imediatamente precedente como requisito para avançar de um nível ao seguinte;
- o uso de aulas e de demonstrações como *veículos* para induzir a motivação mais do que como fontes de informação;
- a importância crítica reconhecida às modalidades escritas de comunicação entre professor e estudante;
- a utilização do *proctor* - isto é, dos estudantes de nível avançado, competentes numa determinada matéria, bem instruídos e, por sua vez, supervisionados - que apoiam um grupo de estudantes e propiciam averiguações imediatas, reforços contingentes, uma proteção constante e a promoção também dos aspectos sociais do processo educativo.

A analogia com a instrução programada é imediatamente evidente. Há a mesma ênfase na análise da tarefa, o mesmo interesse pela *performance* final, a mesma atenção para um progresso individualizado. O que difere é o contexto de ação, muito mais semelhante ao tradicional do exercício ou do "dever de casa", já que a resposta não está definida pelo preenchimento simples de uma sucessão de estruturas, mas é o resultado de uma atividade mais ampla de compreensão dos princípios e conceitos e que, sobretudo, implica a interação pessoal entre o estudante que aprende e seu semelhante.

O *proctor* assume, nessa ótica, um papel de tutor mais complexo e articulado do que o de simples distribuidor de *feedback*, na medida em que fornece ao estudante um apoio constante e num raio mais amplo de atividades implicadas direta ou indiretamente nas interações de aprendizagem. Keller [1968, p. 84] enfatiza, especialmente, o fato de que

> um método de ensino desse tipo subordina, de fato, qualquer diferença de ordem social, econômica, cultural e étnica à interação intelectual amistosa entre dois seres humanos [...] de modo que a um estudante pouco sociável, doente, problemático, pouco escolarizado ou até com deficiência é garantido, pelo menos, um mínimo de atenção individual, de aprovação e de possibilidade de sucesso. O único pré-requisito para a realização do programa é um nível quantitativo e qualitativo de competência acadêmica bem definido.

O *proctor*, portanto, organiza de maneira imediata e personalizada aquelas contingências de reforço cujas funções de condução e manutenção do processo de aprendizagem já foram abordadas amplamente. O papel que exerce representa, sem dúvida, um dos aspectos fundamentais do programa. Cada vez mais definido e articulado, assumiu uma função sempre mais relevante nos diversos níveis institucionais – da universidade aos institutos regionais para a pesquisa educativa, além de todas as estruturas de formação e atualização profissional – que reservam à formação de tutores espaços sempre mais proporcionais àqueles tradicionalmente reservados apenas aos professores e educadores oficiais.

O elenco das disciplinas às quais o *PSI tutorial* foi aplicado com sucesso, no âmbito da instrução superior e universitária, é longo e variegado: astronomia, arte, música, biologia e biofísica, química, economia, estatística, eletrônica, engenharia, matemática, filosofia, antropologia, sociologia, além, obviamente, de psicologia. Como já foi dito, são mais de duas mil averiguações conduzidas sobre os resultados da sua adoção em cursos universitários de todo o mundo: dos Estados Unidos ao Canadá e Austrália, da América Latina à Nova Zelândia e Índia [Sherman, 1992].

Em grande parte atribui-se ao sucesso do PSI o fato de, atualmente, os pesquisadores do setor da educação, qualquer que seja a sua orientação teórica de referência, concordarem que a instrução individualizada é o objetivo a ser perseguido e a multiplicação das tentativas de encontrar alternativas válidas para a aula tradicional frontal também para as escolas de nível fundamental e médio.

O sistema *Ensino de precisão* representa um esforço bem-sucedido para transferir os princípios do reforço e da individualização do ensino que caracterizam a abordagem programada para a instrução superior e também para a instrução fundamental e média.

4. Ensino de precisão

Elaborado por Lindsley [1971; 1991; 1992], o sistema *Ensino de precisão* não exige uma programação específica dos conteúdos a serem ensinados, permitindo, assim, a aplicação aos currículos acadêmicos já formalizados. O aspecto crítico da intervenção é definido pelo monitoramento constante da aprendizagem, que assegura altos níveis de atenção de cada estudante, e de forma personalizada. Portanto, representa um modo eficaz de resolver o problema fundamental de todo professor: promover o crescimento de todos os seus alunos, fornecendo a cada um deles coisas diferentes, em resposta às necessidades específicas. Isso se dá envolvendo-se os estudantes de maneira direta e participativa, o que, entre outras coisas, permite a aplicação do sistema também dentro de turmas numerosas.

A divisão das tarefas, outro aspecto em comum com o PSI, pela qual cada estudante autocontrola, graças a fichas padronizadas de registro, os próprios progressos em termos de frequência das *performances*, e enquanto o professor toma as decisões educativas de maneira individualizada e com base nas avaliações objetivas das competências, permite uma gestão compartilhada do processo educativo, sem agravamentos ulteriores do papel docente. Os princípios que inspiram o sistema de ensino de precisão derivam diretamente da análise experimental e aplicada do comportamento e se reduzem principalmente a cinco conceitos básicos [Greer, 1989; Lindsley, 1992].

- As modificações do comportamento são multiplicativas, e não simplesmente aditivas. Em outras palavras, pode-se falar em aprendizagem lá onde os progressos em relação ao ponto de partida, avaliado no *baseline*, descrevem uma curva cumulativa, assim como é definida em laboratório, pelo registro das respostas no condicionamento operante. Em termos educacionais, o professor dispõe, portanto, de um critério padronizado e de um parâmetro de avaliação objetivo com o qual toma decisões acerca da oportunidade de manter ou de modificar as estratégias didáticas.
- O comportamento é único *dentro* e *entre* os indivíduos. Os tipos de respostas exibidos pelo mesmo estudante em tempos sucessivos, assim como os de estudantes diferentes, são caracterizados pela unicidade e, portanto, exigem um monitoramento específico. Todo estudante e cada comportamento seu devem ser objeto de atenção especial.
- O comportamento é específico em função dos fatores do *setting*, bem como do lugar e do momento em que se verifica. A generalização das respostas adquiridas num contexto específico para outros fatores novos não é uma consequência natural do processo de aprendizagem e, portanto, seu ensinamento deve ser programado.
- Os comportamentos são frequentemente independentes entre si. Os repertórios de respostas verbais e não verbais, como, aliás, já foi enfatizado, nem sempre e não necessariamente estão correlacionados e, portanto, não se diz que as modificações de uns reflitam imediatamente nos outros. Também nesse caso o monitoramento torna explícito o fenômeno e sugere uma intervenção educacional mais apropriada.
- O comportamento é modelado pelas consequências. Portanto, a organização de contingências adequadas de reforço é um elemento crítico para obter os objetivos de progressão cumulativa, de unicidade, de independência dos fatores contextuais e de especificidade do comportamento.

A aplicação desses critérios faz do ensino de precisão um sistema educacional em que o professor tem um papel de organizador das estratégias de intervenção e o estudante, chamado a participar de modo ativo e consciente nas diversas fases do processo educativo, torna-se o seu parceiro num relacionamento de colaboração que favorece, além do mais, a obtenção gradual de níveis adequados de autoestima, de motivação para aprender e, no final das contas, de autonomia. O sucesso que nos garante diversos contextos institucionais de educação normal e especial – não aquele último direcionado à educação dos adultos [Johnson e Layng, 1991] – está amplamente documentado, entre outros, no *Journal of Precision Teaching*, revista fundada exatamente para debater e confrontar os princípios básicos do programa e tornar públicos os resultados das suas aplicações em campo.

5. Instrução direta

Também o sistema conhecido como *Direct Instruction* [Instrução Direta] dedica uma atenção especial ao professor e, diferentemente do que acontece no âmbito do ensino de precisão, atribui-lhe um papel que vai além do de simples programador *on-line* do percurso educativo. Sua maior eficácia em relação aos outros modelos pedagógicos propostos no decurso de um experimento plurianual de larga escala está exaustivamente documentada pelos resultados que permitiu obter com as mais variadas tipologias de sujeitos socioculturalmente prejudicados [Abt Associates, 1977; Greer, 1983].

Elaborado por Becker [1988], concilia pelo menos três elementos básicos da interação ensino-aprendizagem, organizando-os de maneira a serem suscetíveis de controle e de verificação:

- a organização dos procedimentos de apresentação dos estímulos que derivam diretamente dos princípios da instrução programada e da análise funcional do comportamento;
- a organização sequencial do material curricular sugerida pela análise estrutural da tarefa;
- a organização das condutas verbais segundo os princípios sugeridos pela análise funcional feita por Skinner e em forma *scriptada*.

Já falamos bastante sobre as operações e os processos de apresentação dos estímulos e sobre a análise da tarefa. É nos detalhes da programação *scriptada*, da maneira de comunicar instruções verbais eficazes, que vale a pena nos determos mais.

Os *scripts* "são sequências de ações finalizadas e organizadas em termos espaçotemporais que envolvem atores especiais e, ao mesmo tempo, objetos especiais e que se sucedem sempre na mesma ordem" [Pinelli e Perini. 1996, p. 448]. A rotina – elemento crítico de todo *script* – favorece a aquisição de condutas discriminativas controladas por uma propriedade – ou por combinações de propriedades – dos objetos ou dos eventos que se repetem conforme aquelas sucessões específicas e, portanto, a aprendizagem dos conceitos. Não só isso; permite prever os eventos recorrentes, antecipar as respostas e, portanto, elaborar estratégias oportunas que facilitarão o seu reconhecimento em situações novas. Ensinar regras e princípios gerais a serem utilizados com competência nos contextos que os exigem é o objetivo da intervenção educativa realizada por meio da instrução direta.

Mas, como se sabe, a aprendizagem de conceitos, princípios e regras implica necessariamente a verbalização. Um conceito não é senão um tipo de estímulo cujas características – ou combinações de características – controlam diferencialmente um comportamento específico, isto é, agem como estímulos discriminativos em relação a uma resposta específica, aí subentendida, por exemplo, a de rotular a maçã verbalmente de *fruta* em vez de *maçã*. Proceder de modo que o rótulo verbal assuma aos poucos o controle exclusivo do tipo de estímulos a que se refere é, evidentemente, um dos objetivos do ensino. A organização do comportamento verbal, tanto ao se comentar e realçar as características dos estímulos presentes na situação, como ao se substituir gradualmente sua função discriminativa, é, por isso, tão importante quanto a organização dos procedimentos de apresentação dos estímulos. E segue as mesmas regras.

A comunicação instrucional representa um evento antecedente e como todos os eventos antecedentes pode ser organizada com a finalidade de prevenir os erros – de acordo com os mesmos princípios utilizados pelos procedimentos de controle dos estímulos conhecidos como discriminação sem erros –, planejando os aspectos estruturais do estímulo que fornecem sugestões úteis à descoberta da resposta correta. Se a modificação gradual das instruções verbais do professor que devem produzir como resultado final o controle do comportamento do estudante, também na ausência dos estímulos a que se referem, realiza-se no decurso das sequências *scriptadas*, isto é, de sequências rotineiras de eventos organizados, o percurso de aprendizagem não só se verifica com um número muito reduzido de erros, mas também os aspectos críticos decorrentes dos estímulos discriminativos verbais são mais facilmente generalizados e utilizados em situações novas de aprendizagem.

A contribuição do sistema de instrução direta é bastante apreciável, em nível pedagógico, precisamente na medida em que permite programar o ensinamento de regras gerais, por causa da elaboração sistemática de *cues* verbais que concorrem para definir os tipos de estímulos sob cujo controle o comportamento será emitido numa variedade de *settings*.

Sua importância é bastante fundamental também no plano teórico: de fato, representa um bom exemplo de conciliação entre abordagens, muitas vezes, alternativas. De fato, é o produto de análises conduzidas em diversos níveis e que operam em sinergia mais do que em competição: a psicologia comportamental fornece informações básicas sobre a resposta de quem aprende em relação ao comportamento verbal de quem ensina e, portanto, salienta os aspectos funcionais da interação, ao passo que a análise dos componentes lógicos da tarefa e das instruções verbais contribui para esclarecer as características estruturais daquilo que se deve aprender. O resultado é uma sequência planejada de comunicações instrucionais que inicialmente acompanhavam a apresentação de estímulos discriminativos de outra natureza e que, no decurso do processo educativo, adquirem gradualmente as suas funções de controle sobre o comportamento e, no final, são capazes de mantê-lo e de promover a sua generalização a todos os outros contextos que o exigirem.

6. Modificação do comportamento

> Pode-se definir a modificação do comportamento como a aplicação da pesquisa de base e da teoria derivada da psicologia experimental para influenciar o comportamento com a finalidade de resolver os problemas pessoais e sociais e incrementar o funcionamento humano [Kazdin, 1979, p. IX].

Deixamos por último, propositadamente, esta área aplicativa especial, que recolhe uma categoria ampla de técnicas e tecnologias, já que não define um sistema específica e organicamente destinado ao mundo da educação. Foi durante as décadas de 1960-1970 que se assistiu a uma divulgação progressiva das técnicas de modificação do comportamento para áreas setoriais diferentes das psiquiátricas, às quais, inicialmente, ficaram circunscritas. Não obstante as várias posições que sublinham aspectos diferentes com base nas orientações teóricas específicas dentro da abordagem, os denominadores comuns permitem articular uma definição única do ponto de vista comportamental em relação ao desenvolvimento normal e patológico do comportamento e intervir conforme uma praxe compartilhada [Kazdin, 1979]. Entre eles, lembramos os que assumem especial importância também em âmbito educacional:

- os comportamentos normal e anormal definem um *continuum* que não prevê as diferenças qualitativas, por isso os princípios da aprendizagem são aplicáveis a todos os comportamentos;
- a praxe da intervenção utiliza os resultados comprovados pela pesquisa experimental sobre a aprendizagem;
- o foco da intervenção está centrado no comportamento, mais do que nos estados hipotéticos ou nas estruturas internas do indivíduo;
- o método de intervenção prevê um diagnóstico baseado na avaliação sistemática do comportamento e na avaliação experimental do treinamento.

Não podem passar despercebidas as analogias com a ótica proposta por Bijou a propósito das ofertas da psicologia do comportamento para a educação, apresentadas na introdução desta obra. E é dever realçar, uma vez mais, que a concordância nas premissas gerais, que definem a filosofia de base da abordagem comportamental, confirma também em nível epistemológico a validade do sistema, como teoria geral.

A eficácia das técnicas de modificação do comportamento para uma ampla gama de comportamentos já está apoiada em milhares de experimentos e protocolos de pesquisa. Seu sucesso está documentado com pessoas com deficiências graves ou ainda excepcionalmente inteligentes, com crianças muito jovens ou pessoas em idade avançada, em *settings* institucionais altamente controlados ou em comunidades organizadas de modo mais natural [Martin e Pear, 1992]. Além do âmbito psiquiátrico, no qual foram testados no início, os âmbitos aplicativos compreendem atualmente os setores educativo, clínico, comunitário, médico, esportivo, industrial, empresarial e permitem operar sobre o mais simples comportamento motor, modificando-o, assim como sobre a mais sofisticada solução de problema intelectual.

No plano estritamente educativo já é quase unânime o reconhecimento de sua utilidade, especialmente na gestão dos problemas de sujeitos com deficiências. O sucesso "foi, porém, uma faca de dois gumes" [Axelrod, 1992, p. 31]. Por um lado, favoreceu a aquisição do crédito, por outro, contribuiu para consolidar a ideia de que as técnicas de modificação do comportamento, assim como, de forma mais abrangente, as tecnologias derivadas da análise experimental do comportamento, representam uma psicologia de segunda categoria, limitada à solução de distúrbios individuais específicos, em geral de natureza desajustada, mais do que para a gestão das condições que permitiriam a todos aprender e fazer evoluir as próprias possibilidades e, sem dúvida, inadequadas para transmitir conteúdos acadêmicos complexos e de autonomia pessoal e social [Perini, 1996].

As razões do sucesso, em situações tão especiais e em contextos muito difíceis, como os ligados à deficiência evolutiva, são determinadas pelo respeito de todas aquelas assunções de base já discutidas e que, prevendo a *continuidade* do comportamento e sua sensibilidade aos princípios da aprendizagem, não podem excluir, aliás, exigem e, de fato, obtiveram confirmações em todos os níveis.

A pouca difusão da abordagem reduz-se, então, a outras circunstâncias. Já falamos sobre aquelas relacionadas a um conhecimento limitado e propositadamente equivocado da história científica da análise experimental e aplicada do comportamento. Uma segunda ordem de fatores, mais práticos, detecta-se – como parece aqui defendido – no empenho constante de que a aplicação dos princípios exige conteúdos complexos, sobretudo em contextos escolares de sala de aula e de aprendizagem curricular. O contato direto e repetido com o sujeito por todas as sessões necessárias ao desenvolvimento do programa, a atenção direcionada às suas respostas, mais do que a um modelo hipotético de referência, a praxe daí decorrente de registro e monitoramento constante dos dados no decurso de toda a intervenção como requisito essencial para o processo de decisão *in itinere*, são apenas algumas das técnicas sistematicamente usadas.

Querendo tentar uma análise funcional das contingências que mantêm, em muitos professores, uma atitude de rejeição, poder-se-ia dizer que, provavelmente, os comportamentos de contato direto, de atenção, de programação, de monitoramento e assim por diante determinam um repertório complexo, cujo *custo* previsível e imediato não é compensado pelas consequências reforçadoras tão imediatamente contingentes. Além disso, o fato de aceitar o preconceito de que formas tão *mecânicas* e *redutivas* de análise e gestão dos problemas sejam funcionais para recuperar pessoas com deficiências, mas pouco compatíveis com a formação de competências e de habilidades de maior ressonância, reforça imediatamente e sem nenhum custo. A análise é apoiada em uma série de averiguações experimentais, por isso um número crescente de professores envolvidos em formas de *instrução programada* para aprender modalidades alternativas de ensino – caracterizadas pela análise da tarefa, sequência hierárquica das unidades de aprendizagem e contingências de reforço adequadas – modificam o próprio comportamento de professor, mantêm-no graças aos resultados que produz na turma e o generalizam a todas as situações novas que o exigirem.

7. A pedagogia analítico-comportamental

Não é possível concluir essa visão de conjunto sobre alguns dos sistemas educativos formalizados mais conhecidos e eficazes sem tentar uma síntese dos aspectos epistemológicos de base que formam as suas linhas pedagógicas e que têm raízes comuns na análise experimental e aplicada do comportamento. As asserções que serão propostas aqui são, no entanto, a síntese do que foi apresentado e discutido ao longo de todo o livro.

O comportamento individual é tudo o que se pode observar. Inferir estruturas hipotéticas – inteligência, caráter, cognição, criatividade etc. – que o determinam e do qual seria apenas uma manifestação é, acima de tudo, absolutamente inútil. O processo educativo só pode trabalhar com manifestações explícitas e, portanto, com os comportamentos inteligentes, cognitivos, criativos e assim por diante.

Cada indivíduo tem uma história filogenética e ontogenética única. A ênfase que a análise experimental do comportamento põe no indivíduo não contradiz, porém, a validade geral dos princípios de aprendizagem. Nenhum comportamento e nenhum ambiente têm o mesmo valor para todos; o comportamento individual fala de quais aspectos do ambiente controlam aquela pessoa específica, e os princípios gerais permitem, se for o caso, modificar as relações.

O comportamento modifica-se, com efeito, modificando o ambiente e, especialmente, modificando os eventos que o controlam. Em âmbito pedagógico, seria possível, portanto, descrever a interação de maneira mais correta e, talvez, mais aceitável por todos, falando das operações que se destinam a modificar o ambiente mais do que o comportamento.

O comportamento é função de contingência de três termos: estímulo discriminativo-resposta-consequências. A educação formal diferencia-se da informal na medida em que o comportamento pode ser reforçado, pelo menos inicialmente, por contingências não naturais.

Os procedimentos eficazes de intervenção baseiam-se exclusivamente em operações de controle dos eventos ambientais, isto é, dos estímulos discriminativos antecedentes e das consequências. Embora num *setting* natural, como a sala de aula, talvez seja complicado realizá-los e "avaliar as abordagens educativas graças aos instrumentos que usam é mais difícil e controvertido que avaliar os estudantes, as dificuldades não devem constituir álibis para abandonar os esforços" [Carnine, 1992, p. 15].

É sempre o comportamento do aluno que guia o processo educativo, isto é, que informa o professor sobre o que é oportuno fazer. As decisões tomadas *a priori*, com base nas hipóteses ou modelos, correm o risco de serem improdutivas em relação ao objetivo específico e, amiúde, são até contraproducentes em nível de motivação para aprender e de obtenção da autonomia.

Os indivíduos não aprendem a comportar-se de modo independente das contingências ambientais. A tarefa da educação é também favorecer a ativação dos sistemas de controle menos explícitos e administrados de maneira sempre mais autônoma.

O processo educativo estará completo apenas quando a *performance* for dominada de modo seguro e, portanto, for mantida por consequências naturais e autoadministradas.

O comportamento do professor é um componente básico do ambiente dos estudantes e vice-versa. A verificação da qualidade da interação educativa implica também, necessariamente, um automonitoramento e uma autoavaliação do comportamento de professor com a finalidade de poder, eventualmente, intervir nos eventos que o controlam.

A comunicação verbal, instrumento privilegiado do relacionamento com os outros, mas também consigo mesmo, é um comportamento e, como todos os comportamentos, é controlada e controlável por contingências ambientais específicas.

A ideia de uma sala de aula que funcione baseada nessas implicações pode suscitar muitas reações diferentes. Skinner [1975b], ao apresentar as suas considerações a propósito da *tecnologia do ensino*, perguntava-se por que uma sala de aula deveria ser menos aparelhada tecnologicamente que uma cozinha de uma casa moderna. A possibilidade de usar o forno de micro-ondas para descongelar rapidamente a comida quando os amigos chegam de improviso para o jantar não tem nenhuma relação com a habilidade da dona de casa como cozinheira nem permite inferências casuais desse tipo; no máximo favorece suas relações sociais. Além disso, a criatividade que os grandes mestres de cozinha exprimem na preparação de pratos originais não pode senão tirar proveito dos pequenos e grandes instrumentos que permitem, por exemplo, preparar flores com rabanetes e, portanto, tornar suas criações apreciáveis também esteticamente.

Em geral, porém, a maioria rejeita a ideia de uma tecnologia educacional avançada em nome de uma defesa do direito à iniciativa do professor e de uma elaboração também pessoal por parte do estudante daquilo que lhe é proposto. Só a perspectiva de ter de organizar e controlar, registrar os dados, medir e avaliar individualmente, personalizar os percursos de aprendizagem e reforçar, articular sequências de eventos e de instruções verbais e assim por diante faz com que a sala de aula seja para eles como um laboratório de pesquisa árido e desumano, ou como um bloco cirúrgico frio, ou como a cozinha de um *chef* famoso, ou como uma seção de planejamento de *software*, ou como a cabine de piloto de um avião, ou como... qualquer *setting* onde saber fazer bem o próprio trabalho é o aspecto essencial. Sem dúvida, seria possível discutir os critérios que definem o *saber fazer bem o próprio trabalho*, mas que um piloto no comando do seu avião deva reprimir toda veleidade criativa, assim como para o cirurgião parece ser algo essencial para o sucesso de sua profissão.

O problema, então, reduz-se, embora com uma hipersimplificação que, como toda simplificação, deve ser levada em consideração pelo seu valor didático, a um único elemento fundamental: decidir se educar significa, antes de mais nada, transmitir a todos e a cada um, de maneira eficaz, conhecimentos e amor pelo conhecimento ou se, em lugar disso, significa alguma outra coisa. No primeiro caso, basta acolher de bom grado o uso dos instrumentos que se mostraram os mais produtivos para atingir tal objetivo. Não está em conformidade com o parecer construtivo aqui defendido - mas um alarme deve ser acionado - acenar nesta altura da discussão que a escolha profissional do piloto e do cirurgião traz na sua formação curricular o rigor científico e tecnológico, ao passo que ao docente é, por tradição, concedido um campo amplo mediante aquela formulação perniciosamente equívoca que é a *liberdade didática*, que, de uma vez por todas, deveria ser reformulada e definida como *liberdade* de dispor e *dever* de utilizar todos os instrumentos úteis para o objetivo da educação, em nome da verdade, além da beleza.

Se, ao contrário, educar significa outra coisa, antes de mais nada deve-se esclarecer o objetivo a ser perseguido e, em todo caso, não há dúvida de que uma tecnologia para transmitir a educação já está disponível ou pode ser rapidamente focalizada. O nível de conhecimento atingido já é tal e são tão numerosos os elementos a serem considerados, que as soluções não poderão senão fluir naturalmente. Entre as mais recentes campanhas comerciais, a de uma empresa famosa de computadores transmite uma ideia talvez inquietante, mas sobre a qual vale a pena refletir: "e se a tecnologia fosse capaz de amar?".

POSFÁCIO

Para desenvolver o tema "a educação tem a finalidade de tornar o sujeito autônomo", o motivo condutor daquilo que foi sendo descrito no decurso do livro, antes de mais nada, partimos de um exame completo do termo.

Autônomo significa, *ao pé da letra,* "independente", mas uma interpretação filosófica amplia e enobrece o termo para alguém "espiritualmente livre", dono de seus pensamentos, guiado por uma escala de valores realizada pela experiência, pela reflexão, pelos processos lógicos e pelas normas éticas.

Como a linguagem evolui do balbucio e atinge a complexidade do comportamento verbal, síntese das interações produtivas, das considerações corretas, das formulações lógicas, a educação procede das primeiras indicações que o ambiente fornece, das primeiras tentativas de escolha coerente, das categorias cognitivas e éticas que são adquiridas aos poucos.

No decurso do tempo, na sucessão das interações psicológicas, com a contribuição dos elementos autopropulsores, com a exatidão do exame exaustivo para cada dado experiencial, com o hábito de integrar os novos conhecimentos à bagagem das conquistas precedentes, vai delineando-se no indivíduo aquilo que, sinteticamente, é definido como "caráter".

Caráter (de etimologia grega: marco com entalhes especiais para delimitar uma propriedade) é a propriedade do indivíduo como um todo, do organismo avaliado holisticamente. Propriedade biológica - dado inicial - desenvolvida no sentido da história e do ambiente existencial - diacronia e *setting* - até atingir uma constante que constitui a dignidade e a coerência de comportamento, reverberando sobre o sujeito a validade da força. Podemos recordar aqui a mensagem de Sidney Phillis: "Os homens se tornam mais fortes no momento em que se dão conta de que a mão de que necessitam está na extremidade do seu braço".

A educação é, portanto, uma tarefa complexa que deve ser levada a termo sem tentações sugestivas, atenta em conjugar a liberdade do discente com as obrigações que a sociedade e a história não permitem que sejam transgredidas.

A função educativa é tal quando parte de um profissionalismo que sempre se mantém nos próprios limites disciplinares e age conforme as técnicas científicas, evitando improvisações fantasiosas, desleixos perigosos ou concessões que tiram o rigor e atrapalham, do externo, um processo de formação do qual o aluno deve participar por meio de interações programadas, realizadas e controladas por tempos preestabelecidos.

Pode-se acrescentar que educar não é apenas *e-ducere* o que de potencial e informe existe no indivíduo, mas é transmitir um *iter* que somente quando se tornar patrimônio pessoal será respeitado por toda a duração da existência a ponto de permitir a cada um ser "aquele indivíduo".

REFERÊNCIAS BIBLIOGRÁFICAS

ABT ASSOCIATES INC. *National evaluation*; detailed effects. Washington: Department of Education, 1977.

ADLER, M. J. (org.). *A proposta Paideia*. Brasília: Universidade de Brasília, 1984.

ALBERS, A. E.; GREER, R. D. Is the three-term contingency a predictor of effective instruction? *Journal of Behavioral Education*, 1, pp. 337-354, 1991.

AMIDON, E. J.; HUNTER, E. *Improving teaching*; the analysis of classroom verbal interaction. New York: Holt, Reinehart & Winston, 1967.

ANDREANI DENTICI, O. Cinque-sette: l'età della transizione. In: ______. (org.). *Il pensiero in erba*. Milano: Angeli, 1991.

ANDREANI DENTICI, O.; GATTICO, E. (orgs.). *La scuola di Ginevra dopo Piaget*. Antologia di testi. Milano: Raffaello Cortina, 1992.

ANGELL, J. R. (org.). *Psychology*: an introductory study of the structure and function of human consciousness. New York: Holt, Rinehart & Winston, 1904.

ARNOLD, W.; EYSENK, H. J.; MEILI, R. (orgs.). *Dicionário de psicologia*. São Paulo: Loyola, 1982.

AUSTIN, J. L. *Quando dizer é fazer*: palavras e ação. Porto Alegre: Artes Médicas, 1990.

AUSUBEL, D. P. *Educational psychology*: a cognitive view. New York: Holt, Rinehart & Winston, 1968.

AUSUBEL, D. P.; NOVAK, J. D.; HANESIAN, H. *Psicologia educacional*. 2. ed. Rio de Janeiro: Interamericana, 1980.

AXELROD, S. Disseminating an effective educational technology. *Journal of Applied Behavior Analysis*, 25, pp. 31-35, 1992.

AYER, A. J. (org.). *Logical positivism*. New York: The Free Press, 1959.

AYLLON, T.; AZRIN, N. *The token economy*; a motivational system for therapy and rehabilitation. New York: Appleton-Century-Crofts, 1968.

BAER, D. M. Teacher proposes, student disposes. *Journal of Applied Behavior Analysis*, 25, pp. 89-92, 1992.

BAER, D. M.; PETERSON, R. F.; SHERMAN, J. A. The development of imitation by reinforcing behavioral similarity to a model. *Journal of Experimental Child Psychology*, 10, pp. 405-416, 1976.

BAER, D. M.; WOLF, M. M.; RISLEY, T. R. Some current dimensions of applied behavior analysis. *Journal of Applied Behavior Analysis*, 1, pp. 91-97, 1968.

______. Some still-current dimensions of applied behavior analysis. *Journal ol Applied Behavior Analysis*, 20, pp. 313-327, 1987.

BALLANTI, G. Introduzione. In: Skinner, B. F. *O comportamento verbal*. São Paulo: Cultrix, 1978.

______. Introduzione all'edizione italiana. In: Benjamin, H. W. *La tigre dai denti a sciabola*. Teramo: Lisciani e Zampetti, 1979a.

BALLANTI, G. *Analisi e modificazione del comportamento insegnante*. Teramo: Lisciani e Zampetti, 1979b.

BALLANTI, G.; FONTANA, L. *Discorso e azione nella pedagogia scientifica*. Teramo: Lisciani e Giunti, 1981.

BANDURA, A.; WALTERS, R. H. *Social learning and personality development*. New York: Holt, Rinehart & Winston, 1963

BARRETT, B. H. et alii. The right to effective education. *The Behavior Analyst*, 14, pp. 79-82, 1991.

BECKER, W. C. Twenty years of direct instruction. In: WEST, R.; HAMMERLYNCK, L. (orgs.). *Designs for educational excellence*; the legacy of B. F. Skinner. Hillsdale: Erlbaum, 1988.

BELLACK, A. A. *Theory and research in teaching*. New York: Teachers College, Columbia University Press, 1963.

_______. *The language of the classroom*. New York: Teachers College, Columbia University Press, 1968.

BENEDETTO, L.; CAMMÀ, M.; PERINI, S. Procedure discriminative nella didattica speciale: l'apprendimento di un contenuto logico-matematico. *Bollettino di Psicologia Applicata*, 186, pp. 29-46, 1988.

BENEDETTO, L.; INGRASSIA, M.; PERINI, S. Procedure di apprendimento senza errori nella prevenzione del ritardo cognitivo: una comparazione meta-analitica. *Bollettino di Psicologia Applicata*, 199, pp. 13-23, 1991.

_______. Intervento e normalizzazione nel ritardo evolutivo: analisi di una sequenza programmata per l'apprendimento del concetto di numero. *Giornale Italiano di Psicologia*, 3, pp. 481-501, 1995.

BENJAMIN, H. W. *La pédagogie paléolithique, ou prehistoire de la contestation*. Bruxelles: Labor, 1970.

BERLYNE, D. E. *O pensamento*: a sua estrutura e direção. São Paulo: EPU, Edusp, 1973.

BERNSTEIN, B. Some sociological determinants of perception. *British Journal of Sociology*, 9, pp. 159, 1958.

_______. Language and social class. *British Journal of Sociology*, XI, pp. 271-276, 1960.

_______. Social structure, language and learning. In: PASSOW, H.; GOLDBERG, M.; TANNENBAUM, A. J. (orgs.). *Education of the disadvantaged*. New York: Holt, Rinehart & Winston, 1967.

BIJOU, S. W. Studies in experimental development of left-right concepts in retarded children using fading techniques. In: ELLIS, N. R. (org.). *International review of research in mental retardation*. New York: Academic Press, 1968.

_______. What Psychology has to offer education-now. *Journal of Applied Behavior Analysis*, 3, pp. 65-71, 1970.

_______. *Child development*: the basic stage of early childhood. Englewood Cliffs: Prentice Hall, 1976.

BIJOU, S. W. Exploratory behavior in infants and animals: a behavior analysis. *The Psychological Record*, 30, pp. 483-495, 1980.

_______. *Psicologia del desarrollo infantil.* Mexico: Trillas, 1982.

_______. Cross-sectional and longitudinal analysis of development: the interbehavioral perspective. *The Psychological Record*, 34, pp. 525-535, 1984.

_______. Behavior analysis. *Annals of Child Development*, 6, pp. 61-83, 1989.

_______. Concepts of mental retardation. *The Psychological Record*, 42, pp. 305-322, 1992.

_______. *Behavior analysis of child development.* Reno: Context Press, 1993.

BIJOU, S. W.; BAER, D. M. *Behavioral analysis of child development.* Englewood Cliffs: Prentice Hall, 1961.

_______. *Child development.* New York: Appleton-Century-Crofts, 1965.

_______. *Child development*: the basic stage of early childhood. Englewood Cliffs: Prentice Hall, 1976.

_______. The prevention of mild and moderate retarded development. *Congress on Mental retardation*: the search for cures. Sea Islands, 1980a.

_______. *O desenvolvimento da criança*: uma análise comportamental. São Paulo: EPU, 1980b.

BIJOU, S. W.; PETERSON, R. F.; AULT, M. H. A method to integrate descriptive and experimental field studies at the level of data and empirical concepts. *Journal of Applied Behavior Analysis*, 1, pp. 175-191, 1968.

BIJOU, W. S. et alii. Methodology for experimental studies of young children in natural settings. *The Psychological Record*, 19, pp. 177-210, 1969.

BIRNBRAUER, J. S. et alii. Classroom behavior of retarded pupils with token reinforcement. *Journal of Experimental Child Psychology*, 2, pp. 219-235, 1965.

_______. Programmed instruction in the classroom. In: ULLMANN, L. P.; KRASNER, L. (orgs.). *Pesquisa sobre modificação de comportamento.* São Paulo: Herder/Edusp, 1972.

BLOOM, B. S. *Características humanas e aprendizagem escolar.* Porto Alegre: Globo, 1981.

BLUMA, S. M. et alii. *Portage guide to early education.* Wisconsin: Cooperative Educational Service, Agency 12, 1976.

BORKOWSKI, A. A.; REID, M. K.; KURTZ, B. E. Metacognition and retardation: paradigmatic, theoretical and applied perspectives. In: BROOKS, P. H.; SPERBER, R.; McCAULEY, C. (orgs.). *Learning and cognition in the mentally retarded.* Hillsdale: Erlbaum, 1984.

BOYD, R.; KUHN, T. S. Metaphor and theory change: What is «Metaphor» a metaphor for & metaphor in science. In: ORTONY, A. (org.). *Metaphor and thought.* Cambridge: Cambridge University Press, 1983.

BRAINERD, C. J. Learning research and Piagetian theory. In: SIEGEL, S.; BRAINERD, C. J. (orgs.). *Alternatives to Piaget*: critical essays on the theory. New York: Academic Press, 1977.

BRIDGMAN, P. W. *The logic of modern physics.* New York: Macmillan, 1927.

BRUNER, J. S. The untogenesis of speech acts. *Journal of Child Language*, 1, pp. 1-19, 1975.
BRUNER, J. S.; GOODNOW, J. J.; AUSTIN, S. A. *A study of thinking*. New York: Wiley, 1956.
BUIS, G. La crisi dell'epistemologia, In: VV.AA. *Les crises de la pensée scientifique dans le monde actuel*. Paris: Desclée de Brouwer, 1971.
BUSH, K. M.; SIDMAN, M.; DE ROSE, T. Conditional control of stimulus classes. *Journal of the Experimental Analysis of Behavior*, 51, pp. 29-45, 1989.
CARACCIOLO, E. *L'intelligenza e la sua misura*. Firenze: Le Monnier, 1976.
______. L'approccio comportamentale ai metodi di indagine della psicologia dell'età evolutiva. *Età Evolutiva*, 19, pp. 91-104, 1984.
______. Il problema "mente-cervello": si possono coniugare "mente" e monismo materialista? In: CHIARI, S. (org.). *Cervello e mente*: un dibattito interdisciplinare. Milano: Angeli, 1987.
______. Presentazione all'edizione italiana. In: SIEGEL, S.; CASTELLAN Jr., N. J. *Statistica non parametrica*. Milano: McGraw-Hill, 1992.
CARACCIOLO, E.; PERINI, S. Ritardo mentale. In: BATTACCHI, M. W. (org.). *Trattato enciclopedico di psicologia dell'età evolutiva*. Padova: Piccin, 1989.
CARACCIOLO, E.; ROVETTO, F. (orgs.). *Handicap*. Nuove metodologie per il ritardo mentale. Milano: Angeli, 1988.
______. *Ritardo mentale*. Strategie e tecniche di intervento. Milano: Angeli, 1994.
CARACCIOLO, E.; LARCAN, R.; CAMMÀ, M. Il test "C": un modello statistico per l'analisi clinica e sperimentale di serie di dati in serie temporali relativi ad un soggetto singolo (N = 1). *Bollettino di Psicologia Applicata*, 175, pp. 43-54, 1986.
CARACCIOLO, E.; MODERATO, P.; PERINI, S. Analysis of some concrete-operational tasks from an interbehavioral standpoint. *Journal of Experimental Child Psychology*, 46, pp. 391-405, 1988.
______. L'approccio intercomportamentale allo sviluppo. *Età Evolutiva*, 36, pp. 101-115, 1990.
CARNINE, D. Expanding the notion of teachers' rights: access to tools that work. *Journal of Applied Behavior Analysis*, 25, pp. 13-19, 1992.
CATANIA, A. C. *Learning*. Englewood Cliffs: Prentice Hall, 1979.
______. *Learning*. 2. ed. Englewood Cliffs: Prentice Hall. 1984.
______. The gifts of culture and eloquence: an open letter to Michael J. Mahoney in reply to his article, "Scientific psychology and radical behaviorism". *The Behavior Analyst*, 14, pp. 61-72, 1991.
______. *Learning*. 3. ed. Englewood Cliffs: Prentice Hall, 1992.
CATANIA, A. C.; HARNAD, S. (orgs.). *The selection of behavior*. Cambridge: Cambridge University Press, 1988.
CHARLES, D. C. The emergence of educational psychology. In: GLOVER, J. A.; RONNING, R. R. (orgs.). *Historical foundations of educational psychology*. New York: Plenum Press, 1987.

CHENEY, T.; STEIN, N. Fading procedures and oddity learning in kindergarten children. *Journal of Experimental Child Psychology*, 17, pp. 313-321, 1974.

COLADARCI, A. The relevancy of educational psychology. In: MAGOON, R. A. (org.). *Education and psychology*. Columbus: Beil and Howell Company, 1973.

COPE, D. E. Reasoning with conditionals: the effect of a binary restriction. *British Journal of Psychology*, 70, pp. 3-17, 1979.

CORNOLDI, C. *Metacognizione e apprendimento*. Bologna: Il Mulino, 1995.

CORNOLDI, C.; SORESI, S. *La diagnosi psicologica nelle difficoltà di apprendimento*. Pordenone: Erip, 1980.

D'AMATO, M. R. et alii. Symmetry and transitivity of conditional relations in monkeys and pigeons. *Journal of the Experimental Analysis of Behavior*, 44, pp. 35-47, 1985.

DAVIDSON, E. S.; BENJAMIN Jr., L. T. A history of the child study movement in America. In: GLOVER, J. A.; RONNING, R. R. (orgs.). *Historical foundations of educational psychology*. New York: Plenum Press, 1987.

DAWKINS, R. *O gene egoísta*. Belo Horizonte: Itatiaia, 1979.

_______. *The blind watchmaker*. London: Longman Group/Longman Scientific and Technical, 1986.

DAY, W. E. The historical antecedents of contemporary behaviorism. In: REIBER, R. W.; SALZINGER, K. (org.). *Psychology*: theoretical-historical perspective. New York: Academic Press, 1980.

DE CECCO, J. P. (org.). *Educationol technology*. New York: Holt, Rinehart & Winston, 1964.

DE LANDSHEERE, G. *Come si insegna*; analisi delle interazioni verbali in classe. Teramo: Lisciani e Zampetti, 1979.

DE ROSE, J. C. et alii. Emergent simple discrimination established by indirect relation to differential consequences. *Journal of the Experimental Analysis of Behavior*, 50, pp. 1-20, 1988.

DI VESTA, F. J. The cognitive movement and education. In: GLOVER, J. A.; RONNING, R. R. (orgs.). *Historical foundations of educational psychology*. New York: Plenum Press, 1987.

DOISE, W.; MUGNY, G. *Le développement social de l'intelligence*. Paris: Interéditions, 1981.

DOLL, E. A. The essentials of an inclusive concept of mental deficiency. *American Journal of Mental Deficiency*, 46, pp. 214-229, 1941.

DONALDSON, M. *A mente da criança*. São Paulo: Martins Fontes, 1994.

DUGDALE, N.; LOWE, C. F. Naming and stimulus equivalence. In: BLACKMAN, D. E.; LEJEUNE, H. (orgs.). *Behavior analysis in theory and practice*. Hillsdale: Erlbaum, 1990.

EBBINGHAUS, H. *Über das Gedächtnis*. Leipzig: Duncker und Umbolt, 1885.

ESQUIROL, J. E. D. *Des maladies mentales*. Paris: J. B. Baillière, 1838.

EVANS, J. St. B. T. Current issues in the psychology of reasoning. *British Journal of Psychology*, 71, pp. 227-239, 1980.

EVANS, J. St. B. T. Heuristic and analytic processes in reasoning. *British Journal of Psychology*, 75, pp. 451-468, 1984.

EYSENCK, M. W.; KEANE, M. T. *Psicologia cognitiva*: um manual introdutório. Porto Alegre: Artes Médicas, 1994.

FERSTER, C. B. Intermittent reinforcement and matching to sample in the pigeon. *Journal of Experimental Analysis of Behavior*, 3, pp. 259-272, 1960.

FIELDS, L. et alii. Stimulus generalization and equivalence classes: a model for natural categories. *Journal of Experimental Analysis of Behavior*, 55, pp. 305-312, 1991.

FLANDERS, N. A. *Interaction analysis in the classroom*: a manual for observer. Ann Arbor: University of Michigan Press, 1966.

_______. *Analyzing teaching behavior.* Reading: Addison-Wesley, 1970.

FRALEY, L. E. The spread of behavior analysis to the applied fields. *The Behavior Analyst*, 4, pp. 33-42, 1981.

FROHLICH, W. D. Situazione sociale. In: ARNOLD, W.; EYSENK, H. J.; MEILI, R. (orgs.). *Dizionario di psicologia.* Torino: Paoline, 1990.

FROSTIG, M.; LEFEVER, D. W.; WHITTLESEY, J. A developmental test of visual perception for evaluating normal and neurologically handicapped children. *Perceptual and Motor Skills*, 12, pp. 383-394, 1961.

GAGNÉ, R. M. *Como se realiza a aprendizagem.* Rio de Janeiro/Brasília: LTC/INL, 1974.

GALLUP Jr., G. G. Towards an operational definition of self-awareness. In: TUTTLE, R.T. (org.). *Socioecology and psychology of primates.* The Hague: Mouton, 1975.

GENTILE, R.; MODERATO, P.; PINO, O. Linguaggio e riabilitazione: analisi teorica e proposte operative. In: CARACCIOLO, E.; ROVETTO, F. (orgs.). *Ritardo mentale.* Strategie e tecniche di intervento. Milano: Angeli, 1994.

GEWIRTZ, J. L. Some contextual determinants of stimulus potency. In: PARKE, R. D. (org.). *Recent trends in social learning theory.* New York: Academic Press, 1972.

GEWIRTZ, J. L.; STINGLE, K. G. Learning of generalized imitation as the basis for identification. *Psychological Review*, 75, pp. 374-397, 1968.

GLOVER, J. A.; RONNING, R. R. (orgs.). *Historical foundations of educational psychology.* New York: Plenum Press, 1987.

GOLDIAMOND, I.; DRYUD, J. Behavioral analysis for psychotherapy. In: SCHLIEN, J. (org.). *Research in psychotherapy.* Washington: American Psychological Association, 1967.

GOLLIN, F. S.; SAVOY, P. Fading procedures and conditional discrimination in children. *Journal of the Experimental Analysis of Behavior*, 11, pp. 443-451, 1968.

GOZZER, G. *Il capitale invisibile.* Roma: Armando, 1975.

GREER, R. D. Contingencies of the science and technology of teaching and prebehavioristic research practices in education. *Educational Researchers*, pp. 3-9, 1983.

GREER, R. D. Education. In: BROWNSTEIN, A. J. (org.). *Progress in behavioral studies.* Hillsdale: Erlbaum, 1989.

_______. L'enfant terrible meets the educational crisis. *Journal of Applied Behavior Analysis*, 25, pp. 65-69, 1992.

GROSSMAN, H. J. *Classification of mental retardation.* Washington: American Association on Mental Retardation, 1983.

GURALNICK, M. J. Effects of distinctive feature training and instructional technique on letter and form discrimination. *American Journal of Mental Deficiency*, 80, pp. 202-207, 1975.

GUTHRIE, E. R. *The psychology of learning.* New York: Harper, 1952.

HALL, J. S. The contents of children's minds. *Princeton Review*, 2, pp. 249-272, 1883.

HARLOW, H. F. The formation of learning sets. *Psychological Review*, 56, pp. 51-65, 1949.

HOFFMAN, R. R.; NEAD, J. M. General contextualism, ecological science, and cognitive research. *The Journal of Mind and Behavior*, 4, pp. 507-560, 1983.

HOLLAND, J. G.; SKINNER, B. F. *A análise do comportamento.* São Paulo: EPU/ Edusp, 1977.

HOMME, L. et alii. *How to use contingency contracting in the classroom.* Champaign: Research Press, 1970.

HUGHES, M. M. *Development of the means for the assessment of the quality of teachers in elementary schools.* Salt Lake City: University of Utah, 1959.

HULL, C. L. *Principles of behavior:* an introduction to behavior theory. New York: Appleton-Century-Crofts, 1943.

HULSE, S. H.; EGETH, H.; DEESE, J. *The psychology of learning.* 5. ed. New York: McGraw-Hill, 1980.

ITARD, J. *Memoires sur les premieres developpements de Victoir de l'Aveyron.* 1801.

_______. *Rapport sur les nouveaux developpements de Victoir de l'Aveyron.* 1806.

JAMES, W. *Principles of psychology.* New York: Holt, Rinehart & Winston, 1890.

JENKINS, J. J. Four points to remember: a tetrahedral model. In: CERMAK, L. S.; CRAIK, F. I. (orgs.). *Levels of processing in human memory.* Hillsdale: Erlbaum, 1979.

_______. Can we have a fruitful cognitive psychology? In: HOWE, H. E. *Nebraska Symposium of Motivation.* Lincoln: University of Nebraska Press, 1980.

JENSEN, K. Differential reactions to taste and temperature stimuli in newborn infants. *Genetical and Psychological Monographs*, 12, pp. 361-379, 1932.

JOHNSON, K. R.; LAYNG, T. V. J. *Breaking the structuralist barrier*; literacy and numeracy with fluency. Seattle: Morningside Corporation, 1991.

KAMIN, L. J. *The science and politics of I.Q.* New York: Wiley, 1974.

KANNER, L. *Child psychiatry.* 4. ed. Springfield: Charles C. Thomas, 1972.

KANTOR, J. R. *A survey of the science of psychology.* Chicago: Principia Press, 1933.

_______. *Interbehavioral psychology.* 2. ed. Chicago: Principia Press, 1959a.

_______. Evolution and science of psychology. *The Psychological Record*, 9, pp. 131-142, 1959b.

KANTOR, J. R. Feelings and emotions as scientific events. *The Psychological Record*, 16, pp. 377-404, 1966.

_______. Behaviorism in the history of psychology. *The Psychological Record*, 18, pp. 151-166, 1968.

_______. An analysis of the experimental analysis of behavior. *Journal of the Experimental Analysis of Behavior*, 13, pp. 101-108, 1970.

_______. *Psychological linguistics*. Chicago: Principia Press, 1977.

_______. *Selected writings in philosophy, psychology and other sciences*. Chicago: Principia Press, 1984.

KANTOR, J. R.; SMITH, N. W. *The science of psychology*; an interbehavioral survey. Chicago: Principia Press, 1975.

KAZDIN, A. E. *The token economy*: a review and evaluation. New York: Plenum Press, 1977.

_______. *History of behavior modification*. Baltimore: University Park Press, 1979.

_______. Behavior modification in education: contribution and limitations. *Developmental Review*, 1, pp. 34-57, 1981.

_______. The token economy. In: TURNER, R. M.; ASCHER, L. M. (orgs.). *Evaluating behavior therapy outcome*. New York: Springer, 1985.

KELLER, F. S. Good-bye teacher... *Journal of Applied Behavior Analysis*, 1, pp. 79-89, 1968.

_______. Instructional technology and educational reform. *The Behavior Analyst*, 1, pp. 48-53, 1978.

_______. *Pedagogue's progress*. Lawrence: Tri Publications, 1982.

KELLER, F. S.; SHERMAN, J. C. *PSI, the Keller plan handbook*. Menlo Park: W. A. Benjamin, 1974.

_______. *The PSI handbook*. Lawrence: Tri Publications, 1982.

KELLER, F. S.; SHOENFELD, W. N. *Princípios de psicologia*; um texto sistemático na ciência do comportamento. São Paulo: Herder, 1966.

KOSSO, P. *Reading the book of nature*. An introduction to the philosophy of science. Cambridge: Cambridge University Press, 1992.

KOZLOFF, M. A. *Educating children with learning and behavior problems*. New York: Wiley and Sons, 1974.

KRATOCHWILL, T. R.; BIJOU, S. W. The impact of behaviorism on educational psychology. In: GLOVER, J. A.; RONNING, R. R. (orgs.). *Historical foundations of educational psychology*. New York: Plenum Press, 1987.

KUGLEMASS, I. N. *The management of mental deficiency in children*. New York: Grune and Stratton, 1954.

KUHN, T. S. *A estrutura das revoluções científicas*. São Paulo: Perspectiva, 1998. (Debates, 115).

KUYPERS, D. S.; BECKER, W. C.; O'LEARY, K. D. How to make a token system fail. *Exceptional Children*, 35 (2), pp. 101-109, 1968.

LABOV, W. The boundaries of words and their meanings. In: BAILEY, C. N.; SHUY R. W. (orgs.). *New ways of analyzing variations in English*. Washington: Georgetown University Press, 1973.

LAMBERT, J. The development of thinking in mentally retarded children: has behaviourism something to offer? In: BLACKMAN, D. E.; LEJEUNE, H. (orgs.). *Behavior analysis in theory and practice*. Hillsdale: Erlbaum, 1990.

LANCIONI, G. E. *Facilitare l'apprendimento*. Trento: Centro Studi Erickson, 1992.

LANCIONI, G. E.; SMEETS, P. M. Procedures and parameters of errorless discrimination training with developmentally impaired individuals. In: ELLIS, R.; BRAY, M. W. (orgs.). *International Review of Research in Mental Retardation*. New York: Academic Press, 1986.

LARCAN, R. *Il reversal shift*: sperimentazioni e applicazioni. Messina: Carbone, 1984.

LAUDAN, L. *Progress and its problems*; toward a theory of scientific growth. Berkeley: University of California Press, 1977.

_______. *Science and values*; the aims of science and their role in scientific debate. Berkeley: University of California Press, 1984.

LAZAR, R. M.; KOTLARCHYK, B. J. Second order control of sequence-class equivalences in children. *Behavior Processes*, 13, pp. 205-215, 1986.

LINDSLEY, O. R. Characteristics of the behavior of chronic psychotics as revealed by free-operant conditioning. *Diseases of the Nervous System, Monograph Supplement*, 21, pp. 66-78, 1960.

_______. From Skinner to precision teaching: the child knows best. JORDAN, J. B.; ROBBINS, L. S. (orgs.). *Let's try doing something else kind of thing*. Arlington: Council for Exceptional Children, 1971.

_______. B. F. Skinner-Mnemonics for his contribution to precision teaching. *Journal of Precision Teaching*, 8, pp. 2-7, 1991.

_______. Why aren't effective teaching tools widely adopted. *Journal of Applied Behavior Analysis*, 25, pp. 21-26, 1992.

LIPKENS, R.; KOP, P. F. M.; MATTHIJS, W. A test of symmetry and transitivity in the conditional discrimination performances of pigeons. *Journal of the Experimental Analysis of Behavior*, 49, pp. 395-409, 1988.

LIPSITT, L. P.; REESE, H. W. *Psicologia do desenvolvimento da criança*. Rio de Janeiro: Interamericana, 1979.

LOWE, C. F. *The role of verbal behavior in the emergence of equivalence relations*. Paper apresentado na Annual Conference of the Association for Behavior Analysis, Milwaukee, 1986.

LOWENKRON, B. Generalization of delayed identity matching in retarded children. *Journal of the Experimental Analysis of Behavior*, 50, pp. 163-172, 1988.

LUNZER, E. A. The development of advanced reasoning abilities. *Giornale Italiano di Psicologia*, 2, pp. 369-370, 1975.

LURIJA, A. R. *The origin and cerebral organization of man's conscious action*. Palestra no XIX Congresso Internacional de Psicologia, Londres, 1969.

MACKAY, H. A.; SIDMAN, M. Teaching new behavior via equivalence relations. In: BROOKS, P. H.; SPERBER, R.; McCAULEY, C. (orgs.). *Learning and cognition in the mentally retarded*. Hillsdale: Erlbaum, 1984.

MAGOON, R. A. (org.). *Education and psychology.* Columbus: Bell and Howell Company, 1973.

MARKOVITS, H. Awareness of the "possible" as a mediator of formal thinking in conditional reasoning problems. *British Journal of Psychology,* 75, pp. 2-24, 1984.

MARTIN, G.; PEAR, J. *Behavior modification.* Englewood Cliffs: Prentice Hall, 1992.

MASSIMI, P. Introduzione. In: ITARD. *Il fanciullo selvaggio.* Roma: Armando, 1970.

McBURNEY, D. H. *Research methods.* Pacific Grove: Brooks/Cole Publishing Co., 1994.

McCONAHEY, O. L.; THOMPSON, T.; ZIMMERMANN, R. A token system for retarded women: Behavior therapy, drug administration, and their combination. In: THOMPSON, T.; GRABOWSKI, J. (orgs.). *Behavior modification of the mentally retarded.* New York: Oxford University Press, 1977.

McDONAGH, E. C.; McILVANE, W. J.; STODDARD, L. T. Teaching coin equivalences via matching to sample. *Applied Research in Mental Retardation,* 5, pp. 177-197, 1984.

McSHANE, J. *Cognitive development.* An information processing approach. Oxford: Blackwell, 1991.

MEAZZINI, P. *La conduzione della classe.* Firenze: Giunti-Barbera, 1978.

MERVIS, C. B.; ROSCH, E. Categorization of natural objects. *Annual Review of Psychology,* 12, pp. 89-115, 1981.

MICHAEL, J. Distinguish between discriminative and motivational functions of stimuli. *Journal of the Experimental Analysis of Behavior,* 37, pp. 149-155, 1982.

MODERATO, P. Generalizzazione e mantenimento di comportamenti acquisiti mediante una "token economy" in classe. In: LARCAN, R.; MODERATO, P. (orgs.). *Contributi sperimentali alla tecnologia dell'apprendimento.* Messina: Carbone Editore, 1982.

_______. La valutazione cognitivo comportamentale del ritardo mentale: presupposti, metodologie, strumenti. In: CARACCIOLO, E.; ROVETTO, F. (orgs.). *Handicap.* Nuove metodologie per il ritardo mentale. Milano: Angeli, 1988.

MODERATO, P.; CHASE, P. N. Temi critici nell'analisi del comportamento: operanti, relazioni verbali, comportamento governato da regole. In: MODERATO, P.; SIRIGATTI, S. (orgs.). *L'uomo che cambia.* Milano: Angeli, 1995.

MODERATO, P.; PERINI, S. Modelli dello sviluppo e modelli educativi; il loro rapporto in un'ottica sperimentale. In: LAENG, M.; TITONE, R. (orgs.). *Traguardi delle scienze dell'uomo.* Roma: Anicia, 1987.

MORAVIA, S. *La scienza dell'uomo nel settecento.* Bari: Laterza, 1970.

MORRIS, E. K. Some relationships between interbehavioral psychology and radical behaviorism. *Behaviorism,* 10, pp. 187-216, 1982.

_______. The aim, progress, and evolution of behavior analysis. *The Behavior Analyst,* 15, pp. 3-29, 1992.

MOUNOUD, P. The ontogenesis of different types of thought. In: WEISKRANTZ, L. (org.). *Thought without language.* Oxford: Oxford University Press, 1988.

_______. The emergence of new skills: dialectic relations between knowledge systems. In: SALVESBERGH, G. J. P. (org.). *The development of coordination in infancy.* Amsterdam: North Holland, 1993.

MOWRER, O. H. On the dual nature of learning – a reinterpretation of "conditioning" and "problem solving". *Harvard Educational Review*, 17, pp. 102-148, 1947.

_______. *Learning theory and behavior.* New York: Wiley, 1969.

MUSSEN, P. H. et alii. *Desenvolvimento e personalidade da criança.* São Paulo: Harbra, 1995.

NEISSER, U. (org.). *Concepts and conceptual development*; ecological factors in categorization. Cambridge: Cambridge University Press, 1987.

NELSON, R. O.; HAYES, S. C. The nature of behavioral assessment: a commentary. *Journal of Applied Behavioral Analysis*, 12, pp. 491-500, 1979.

NEWELL, A. Physical symbol systems. *Cognitive Science*, 4, pp. 135-183, 1980.

O'BRIEN, D.; OVERTON, W. F. Conditional reasoning following contradictor evidence: a developmental analysis. *Journal of Experimental Child Psychology*, 30, pp. 44-61, 1980.

_______. Conditional reasoning and the competence-performance issue: a developmental analysis of training task. *Journal of Experimental Child Psychology*, 34, pp. 274-290, 1982.

O'LEARY, K. D.; DRABMAN, R. Token reinforcement programs in the classroom: a review. In: *Psychological Bulletin*, 75, pp. 379-398, 1971.

OSGOOD, C. E. *Método e teoria na psicologia experimental.* Lisboa: Fundação Calouste Gulbenkian, 1973.

OVERTON, W. F.; NEWMAN, J. L. Cognitive development: a competence-activation utilization approach. In: FIELD, T. M. et alii. (org.). *Review of human development.* New York: Wiley, 1982.

OYAMA, S. Ontogeny and the central dogma: do we need the concept of genetic programming in order to have an evolutionary perspective? In: GUNNAR, M. R.; THELEN, E. (orgs.). *Systems and development*; the Minnesota symposium on child psychology. Hillsdale: Erlbaum, 1989. v. 22.

PAVLOV, I. P. *Conditioned reflexes.* London: Oxford University Press, 1927.

PEPPER, S. C. *World hypotheses*; a study in evidence. Berkeley: University of California Press, 1942.

_______. *World hypotheses*; a study in evidence. ed. rev. Berkeley: University of California Press, 1960.

PERINI, S. Controllo degli stimoli e soluzione di problemi logico-formali. *Acta Comportamentalia*, 0, pp. 191-214, 1992.

_______. L'evoluzione della psicologia dell'educazione: oltre la dicotomia istruzione-educazione. *Acta Comportamentalia*, 4, pp. 85-106, 1996.

_______. Lo sviluppo fra continuità e discontinuità. In: MODERATO, P.; ROVETTO, F. (orgs.). *Lo psicologo verso la professione.* Milano: McGraw-Hill, no prelo.

PERINI, S. Processi di categorizzazione in età evolutiva. In: MODERATO, P.; PINO, O. (orgs.). *Apprendimento e organizzazione dell'esperienza.* Padova: Cedam, 1997.

PERINI, S.; BIJOU, W. S. *Lo sviluppo del bambino ritardato.* Milano: Angeli, 1993.

PERINI, S.; CAMMÀ, M. Assessment non verbale della conservazione della lunghezza in soggetti normali e svantaggiati di età prescolare, In: LARCAN, R.; MODERATO, P. (orgs.). *Contributi sperimentali alla tecnologia dell'apprendimento.* Messina: Carbone, 1982.

______. Effetti di specifici trainings sull'apprendimento discriminativo in bambini normali ed insufficienti mentali. In: GROPPO, M. (org.). *Psicologia dell'Educazione.* Milano: Unicopli, 1983.

______. Procedure di manipolazione dello stimolo e apprendimento discriminativo in bambini normali e gravemente ritardati. In: PERINI, S.; LARCAN, R. (orgs.). *Nuove prospettive delle scienze del comportamento: normalità e patologia dell'apprendimento.* Messina: Carbone, 1984.

______. L'apprendimento discriminativo: un'analisi sperimentale. *Bollettino di Psicologia Applicata,* 178, pp. 17-26, 1986.

PERINI, S.; FABIO, R. *L'evoluzione dei modelli logico cognitivi.* Messina: Accademia Peloritana dei Pericolanti, 1986.

______. Convenzioni linguistiche e convenzioni formali nella logica condizionale. *Giornale Italiano di Psicologia,* 1, pp. 61-85, 1990.

PERINI, S.; MAISTRELLO, L. *Apprendimento precoce della lettura.* Confronto fra diverse procedure di discriminazione senza errori. Tese di Laurea. Università di Milano, 1988.

PERINI, S.; ROLLO, D. Applicazione educativa del disegno a soggetto singolo: un caso di mutismo elettivo. *Psicoterapia Cognitiva e Comportamentale,* 2, pp. 19-29, 1996.

PERINI, S.; SACCALANI, P. *Il comportamento attentivo in classe;* strategie di controllo e di modificazione. Tese di Laurea. Università di Parma, 1995.

PERINI, S.; CAMMÀ, N. I.; BENEDETTO, L. Analisi sperimentale sull'influenza di procedure di discriminazione senza errori nelle prime fasi di apprendimento della lettura. MENEGHELLI, A.; SACCHI, D. (orgs.). *Terapia e modificazione del comportamento negli anni '80.* Milano: Ghedini, 1989.

PERINI, S.; FABIO, R.; CAMMÀ, M. Il pensiero logico nello sviluppo cognitivo: verifica sperimentale del modello della logica proposizionale. In: MENEGHELLI, A.; SACCHI, D. (orgs.). *Terapia e modificazione del comportamento negli anni '80.* Milano: Ghedini, 1989.

PERINI, S.; NOTARBARTOLO, A.; DE MOJA, C. Connettivi logici ed elaborazione dell'informazione. In: *Studi di Psicologia dell'Educazione,* 1, pp. 55-65, 1986.

PERRET-CLERMONT, A. N. *La construction de l'intelligence dans l'interaction sociale.* Berne: Peter Lang, 1979.

______. *Approches psychosociologiques de l'apprentissage en situation collective.* Dossier de Psychologie. Neuchâtel: Université de Neuchâtel, 1981.

PESSOTTI, I. *Deficiência mental*: da superstição à ciência. São Paulo: Queiroz, 1984.

PHILLIPS, E. L. Achievement place: token reinforcement procedures in a home-style rehabilitation setting for "pre-delinquent" boys. *Journal of Applied Behavior Analysis*, 1, pp. 213-223, 1968.

PIAGET, J. Piaget's theory. In: MUSSEN, P. H. (orgs.). *Manual de psicologia da criança*. São Paulo: EPU/Edusp, 1975.

_______. Intellectual evolution from adolescence to adulthood. *Human Development*, 15, pp. 1-13, 1972.

_______. *A linguagem e o pensamento da criança*. São Paulo: Martins Fontes, 1993.

PINELLI, M.; PERINI, S. Script e categorie: quale interdipendenza nello sviluppo. In: *Giornale Italiano di Psicologia*, 3, pp. 447-469, 1996.

PINELLI, M.; ROLLO, D.; PERINI, S. Strategie di insegnamento di regole sociali nella scuola materna. In: *Studi di Psicologia dell'Educazione*, 1999.

PINO, O. Le relazioni verbali nella memoria: fra analisi cognitiva e analisi comportamentale. In: MODERATO, P.; SIRIGATTI, S. (orgs.). *L'uomo che cambia*. Milano: Angeli, 1995.

POLITZER, G. Differences in interpretation of implication. In: *American Journal of Psychology*, 94, pp. 3-18, 1981.

PONTECORVO, C.; PONTECORVO, M. *Psicologia dell'educazione*. Bologna: Il Mulino, 1985.

PREMACK, D. Reversibility of the reinforcement relation. In: *Science*, 136, pp. 255-257, 1962.

REESE, H. W. Models of memory and models of development. *Human Development*, 16, pp. 397-416, 1973.

_______. Rules and rule-governance: cognitive and behavioristic views. In: HAYES, S. C. (org.). *Rule-governed behavior*. New York: Plenum Press, 1989.

REICHERT, H. *Neurobiologie*. Stuttgart: George Thieme Verlag, 1990.

REPP, A. C.; SINGH, N. *Perspectives on the use of nonaversive and aversive interventions for persons with developmental disabilities*. Sycamore: Sycamore Publishing Co., 1990.

RESNICK, L. B.; WANG, M. C.; KAPLAN, J. Task analysis in curriculum design: a hierarchically sequenced introductory mathematics curriculum. *Journal of Applied Behavior Analysis*, 6, pp. 679-710, 1973.

RIBES, E. Estado y perspectivas de la psicologia interconductual. In: HAYES, L. J.; RIBES, E.; LOPEZ VALADEZ, F. (orgs.). *Psicologia interconductual*. Universidad de Guadalajara, 1994.

RICHELLE, M. *L'acquisition du langage*. Bruxelles: Dessart, 1971.

RIPS, L. J.; SHOBEN, E. J.; SMITH, E. E. Semantic distance and the verification of semantic relations. *Journal of Verbal Learning and Verbal Behavior*, 12, pp. 1-20, 1973.

ROBERT, M. (org.). *Fondements et étapes de la recherche scientifique en psychologie*. Québec: Edisem Inc., 1984.

ROSCH, E.; MERVIS, C. B. Family resemblance studies in the internal structure of categories. *Cognitive Psychology*, 7. pp. 573-605, 1975.

ROSENTHAL, L.; JACOBSON, L. *Pygmalion in the classroom.* New York: Holt, Rinehart & Winston, 1968.
ROSENTHAL, R.; RUBIN, D. B. Comparing significance levels of independent studies. *Psychological Bulletin*, 86, pp. 1165-1168, 1979.
RUSSEL, J. Non verbal and verbal judgments of length invariance by young children. *British Journal of Psychology*, 70, pp. 313-317, 1979.
SALZINGER, K. *Cognitive problems, behavioral solutions.* Behaviorists' European Summer Academy, 1986.
SAUNDERS, R. R.; WACHTER, J.; SPRADLIN, J. E. Establishing auditory stimulus control over an eight-member equivalence class via conditional discrimination procedures. *Journal of the Experimental Analysis of Behavior*, 49, pp. 95-115, 1988.
SCHILMOELLER, G. L. et alii. The effectiveness of fading in programming a simultaneous form of discrimination for retarded children. *Journal of the Experimental Analysis of Behavior*, 31, pp. 405-420, 1979.
SCHUSTERMAN, R. J. Stimulus equivalence and cross-modal perception: a testable model for demonstrating symbolic representation in bottlenose dolphins. In: THOMAS, J.; KASTELEIN, R. (orgs.). *Sensory abilities of cetaceans.* New York: Plenum Press, 1990.
SEGUIN, E. *Traitement moral, hygiène et éducation des idiots.* Paris: J. B. Baillière, 1846.
SHERMAN, J. G. Reflections on PSI: good news and bad. *Journal of Applied Behavior Analysis*, 25, pp. 59-64, 1992.
SHIRLEY, M. M. Postural and locomotor development. In:_____. *The first two years*: a study of twenty-five babies. Institute of Child Welfare Monographs. Minneapolis: University of Minnesota Press, 1933. v. 1.
SIBBACH, L.; BALL, T. Long-term maintenance of a token economy program. In: THOMPSON, T.; GRABOWSKI, J. (orgs.). *Behavior modification of the mentally retarded.* New York: Oxford University Press, 1977.
SIDMAN, M. *Tactics of scientific research.* New York: Basic Books, 1960.
_______. Reading and auditory-visual equivalence. *Journal of Speech and Hearing Research*, 14, pp. 5-13, 1971.
_______. Remarks. *Behaviorism*, 6, pp. 265-268, 1978.
_______. Functional analysis of emergent verbal classes. In: THOMPSON, T.; ZELLER, M. U. (orgs.). *Analysis and integration of behavioral units.* Hillsdale: Erlbaum, 1986.
_______. Equivalence relations: where do they come from? In: BLACKMAN, D. E.; LEJEUNE, H. (orgs.). *Behaviour analysis in theory and practice*: contribution and controversies. Hillsdale: Erlbaum, 1990.
SIDMAN, M.; CRESSON Jr., O. Reading and transfer of crossmodal stimulus equivalence in severe retardation. *American Journal of Mental Deficiency*, 77, pp. 515-523, 1973.

SIDMAN, M.; STODDARD, L. T. The effectiveness of fading in programming a simultaneous form of discrimination for retarded children. *Journal of the Experimental Analysis of Behavior*, 12, pp. 3-15, 1967.

SIDMAN, M.; TAILBY, W. Conditional discrimination vs. matching to sample: an expansion of the testing paradigm. *Journal of the Experimental Analysis of Behavior*, 37, pp. 5-22, 1982.

SIDMAN, M.; KIRK, B.; WILLSON-MORRIS, M. Six-members stimulus classes generated by conditional-discrimination procedures. *Journal of the Experimental Analysis of Behavior*, 43, pp. 21-42, 1985.

_______. Matching-to-sample procedures and the development of equivalence relations: the role of naming. *Analysis and Intervention in Development Disabilities*, 6, pp. 1-19, 1986.

SIEGEL, L. S. Is the young child really preoperational or the relationship of language and thought in the preoperational child: a reconsideration of non verbal approaches to piagetian tasks. In: SIEGEL, L. S.; BRAINERD, C. J. (orgs.). *Alternatives to Piaget*: critical essays on the theory. New York: Academic Press, 1977.

SILVERMAN, K. et alii. Establishing and generalizing audience control of new language repertoires. *Analysis and Interventions in Developmental Disabilities*, 6, pp. 21-40, 1986.

SILVERMAN, R. E. Auto-instructional devices: some theoretical and practical considerations. In: DE CECCO, J. P. (org.). *Educational technology*. New York: Holt, Rinehart & Winston, 1964.

SKINNER, B. F. The generic nature of the concepts of stimulus and response. *Journal of General Psychology*, 12, pp. 40-65, 1935.

_______. *The behavior of organism*. Englewood Cliffs: Prentice Hall, 1938.

_______. Are theories of learning necessary? *Psychological Review*, 57, pp. 193-216, 1950.

_______. A new method for the experimental analysis of the behavior of psychotic patients. *Journal of Nervous and Mental Disease*, 20, pp. 403-506, 1954a.

_______. The science of learning and the art of teaching. *Harvard Educational Review*, 24, pp. 86-97, 1954b.

_______. Why we need teaching machines. *Harvard Educational Review*, 31, pp. 377-398, 1961.

_______. Why we need teaching machines. In: DE CECCO, J. P. (org.). *Educational technology*. New York: Holt, Rinehart & Winston, 1964.

_______. Operant behavior. In: HONIG, W. K. (org.). *Operant behavior*: areas of research and application. New York: Appleton-Century-Crofts, 1966a.

_______. The philogeny and the ontogeny of behavior. *Science*, 153, pp. 1205-1213, 1966b.

_______. *Cumulative record*. New York: Appleton-Century-Crofts, 1972.

_______. *Sobre o behaviorismo*. São Paulo: Cultrix, 1974.

SKINNER, B. F. The shaping of phylogenic behavior. *Journal of the Experimental Analysis of Behavior*, 24, pp. 117-120, 1975a.

_______. *Tecnologia do ensino*. São Paulo: EPU/Edusp, 1975b.

_______. *O comportamento verbal*. São Paulo: Cultrix, 1978.

_______. *Contingências do reforço*. São Paulo: Abril Cultural, 1980. (Os pensadores.)

_______. The shame of american education. *American Psychologist*, 39, pp. 947-954, 1984.

_______. *Ciência e comportamento humano*. São Paulo: Martins Fontes, 1989.

_______. *Questões recentes na análise comportamental*. 2. ed. Campinas: Papirus, 1995.

SKINNER, B. F.; SOLOMON, H. C.; LINDSLEY, O. R. *Studies in behavior therapy*. Metropolitan State Hospital, Waltham, Status Report, I, 1953.

SORESI, S. *Guida all'osservazione in classe*. Firenze: Giunti-Barbera, 1978.

SPRADLIN, J. E.; COTTER, V. W.; BAXLEY, N. Establishing a conditional discrimination without direct training: a study of transfer with retarded adolescent. *American Journal of Mental Deficiency*, 77, pp. 556-566, 1973.

STRAUSS, A. A.; KEPHART, N. C. *Psychopathology and the education of the brain-injured child*. New York: Grune and Stratton, 1955.

STRAUSS, A. A.; LEHTINEN, L. E. *Psychopathology and the education of the brain-injured child*. New York: Grune and Stratton, 1947.

STRAUSS, A. A.; WERNER, H. The mental organization of the brain-injured mentally defective child. *The American Journal of Psychiatry*, 97, pp. 1194-1203, 1941.

STROMER, R.; OSBORNE, J. G. Control of adolescents' arbitrary matching-to-sample by positive and negative stimulus relations. *Journal of the Experimental Analysis of Behavior*, 37, pp. 329-348, 1982.

TALBOT, M. Edouard Seguin. *American Journal on Mental Deficiency*, 72, pp. 184-189, 1967.

TERRACE, H. S. Discrimination learning with and without "errors". *Journal of the Experimental Analysis of Behavior*, 6, pp. 1-27, 1963a.

_______. Errorless transfer of a discrimination across two continua. *Journal of the Experimental Analysis of Behavior*, 6, pp. 223-232, 1963b.

THORNDIKE, E. L. *Educational psychology*. New York: Lemcke e Buechner, 1903.

_______. The original nature of man. *Educational psychology*. New York: Teachers College, Columbia University Press, 1913a. v. 1.

_______. *Introduction to the theory of mental and social measurements*. 2. ed. New York: Teachers College, Columbia University Press, 1913b.

_______. The nature, purposes and general methods of measurements of educational products. *The measurement of education products*. National Society for the study of education Yearbook, 17, pp. 16-24, 1918.

_______. *Educational psychology*. New York: Teachers College, Columbia University Press, 1921.

THORNDIKE, E. L. *The foundamentals of learning.* New York: Teachers College, Columbia University, 1932.

TOLMAN, E. C. *Purposive behavior in animal and men.* New York: Appleton-Century-Crofts, 1932.

TOULMIN, S. *The philosophy of science.* London: Hutchinson and Co., 1967.

_______. The concept of "stages" in psychological development. In: MISCHEL, T. (org.). *Cognitive development and epistemology.* New York: Academic Press, 1971.

TRAVERS, R. M. W. *How research has changed American Schools*; a history from 1984 to the present. Kalamazoo: Mython Press, 1983.

TREDGOLD, A. F. *A textbook of mental deficiency.* 4. ed. Baltimore: William Wood and Co., 1937.

TYRON, W. W. The test trait fallacy. *American Psychologist*, 34, pp. 402-406, 1979.

VALITUTTI, S. Introduzione. ADLER, Mortimer J. (org.). *Il progetto Paideia*: un manifesto sull'educazione. Roma: Armando, 1985.

VAUGHAN Jr., W. Formation of equivalence sets in pigeons. *Journal of the Experimental Psychology*: Animal Behavior Processes, 14, pp. 36-42, 1988.

VIGOTSKY, L. S. Thought and speech. *Psychiatry*, 2, pp. 29-54, 1939.

_______. *Pensamento e linguagem.* 2. ed. São Paulo: Martins Fontes, 1999.

VIGOTSKY, L. S.; LURIA, A. R. *Estudos sobre a história do comportamento*; o macaco, o primitivo e a criança. Porto Alegre: Artes Médicas, 1996.

VV.AA. *Priorities for action.* Final report of the Canergie commission on higher education. New York: McGraw-Hill, 1973.

_______. *Manual de diagnóstico e estatística de distúrbios mentais.* American Psychiatric Association. São Paulo: Manole, 1989.

_______. *Diagnostic and statistic manual of mental disorders.* 4. ed. Washington: The American Psychiatric Association, 1995.

WATSON, J. B. Psychology as the behaviorist views it. *Psychological Review*, 20, pp. 158-177, 1913.

_______. *Behaviorism.* Chicago: University of Chicago Press, 1930.

WETHERBY, B.; KARLAN, G. R.; SPRADLIN, J. E. The development of derived stimulus relations through training in arbitrary-matching sequences. *Journal of the Experimental Analysis of Behavior*, 40, pp. 69-78, 1983.

WHELDALL, K. *The behaviourist in the classroom.* London: Allen and Unwin, 1987.

WHELDALL, K.; POBORCA, B. Conservation without conversation? An alternative, non verbal paradigm for assessing conservation of liquid quantity. *British Journal of Psychology*, 71, pp. 117-134, 1980.

WINER, G. A. Class inclusion reasoning in children: a review of the empirical literature. *Child Development*, 45, pp. 309-328, 1980.

WOLF, M. M.; GILES, D. K.; HALL, R. V. Experiments with token reinforcement in a remedial classroom. *Behaviour Research and Therapy*, 6, pp. 51-64, 1968.

WOLF, M. M.; RISLEY, T. R.; MEES, H. Application of operant conditioning procedures to the behavior problems of an autistic child. *Behaviour Research and Therapy*, 1, pp. 305-312, 1964.

WRIGHT, A. A.; CUMMING, W. W. Color-naming functions for the pigeon. *Journal of the Experimental Analysis of Behavior*, 15, pp. 7-17, 1971.

WUNDT, W. *Grundzüge der physiologischen Psychologie.* 4. ed. Leipzig: Engelmann, 1893.

ZIGLER, E.; HODAPP, R. M. *Understanding mental retardation.* New York: Cambridge University Press, 1986.

ZYGMONT, D. M. et alii. Teaching arbitrary matching via sample stimulus-control shaping to young children and mentally retarded individuals: a methodological note. *Journal of the Experimental Analysis of Behavior*, 57, pp. 109-117, 1992.

Impresso na gráfica da
Pia Sociedade Filhas de São Paulo
Via Raposo Tavares, km 19,145
05577-300 - São Paulo, SP - Brasil - 2015